Paul Haupt
Biblische Liebeslieder

Sarastro Verlag

Paul Haupt

Biblische Liebeslieder

1. Auflage 2012 | ISBN: 978-3-86471-195-4

Erscheinungsort: Paderborn, Deutschland

Sarastro GmbH, Paderborn. Alle Rechte beim Verlag.

Nachdruck des Originals von 1907.

Paul Haupt

Biblische Liebeslieder

Sarastro Verlag

BIBLISCHE
Liebeslieder

DAS SOGENANNTE HOHELIED SALOMOS

UNTER STETER BERÜCKSICHTIGUNG

DER ÜBERSETZUNGEN

Goethes und Herders

IM VERSMASSE DER URSCHRIFT VERDEUTSCHT UND ERKLÄRT

VON

PAUL HAUPT

PROFESSOR DER SEMITISCHEN SPRACHEN UND DIREKTOR
DES ORIENTALISCHEN SEMINARS AN DER
JOHNS-HOPKINS-UNIVERSITÄT
IN BALTIMORE

Leipzig
J. C. HINRICHS'SCHE BUCHHANDLUNG
1907

Baltimore
THE JOHNS HOPKINS PRESS

Basil Lanneau Gildersleeve

zu feinem goldenen Professor-Jubiläum

ALS

ΔΟΣΙΣ ΟΛΙΓΗ ΤΕ ΦΙΛΗ ΤΕ

DARGEBRACHT

Einleitung.

Goethe sagt in seinen Noten und Abhandlungen zu besserem Verständnis des *West-östlichen Diwans*[1] von den biblischen Liebesliedern: *Wir verweilen sodann einen Augenblick bei dem Hohen Lied, als dem Zartesten und Unnachahmlichsten, was uns von dem Ausdruck leidenschaftlicher, anmutiger Liebe zugekommen.*[2] *Wir beklagen freilich, daß uns die fragmentarisch durcheinander geworfenen, übereinander geschobenen Gedichte keinen vollen reinen Genuß gewähren, und doch sind wir entzückt, uns in jene Zustände hinein zu ahnen, in welchen die Dichtenden gelebt. Durch und durch wehet eine milde Luft des lieblichsten Bezirks von Kanaan;*[3] *ländlich trauliche Verhältnisse, Wein-, Garten-, und Gewürzbau, etwas von städtischer Beschränkung,*[4] *sodann aber ein königlicher Hof im Hintergrunde.*[5] *Das Hauptthema jedoch bleibt glühende Neigung jugendlicher Herzen, die sich suchen, finden, abstoßen,*[6] *anziehen, unter mancherlei höchst einfachen Zuständen. — Mehrmals gedachten wir aus dieser lieblichen Verwirrung einiges herauszuheben, aneinander zu reihen; aber gerade das Rätselhaft-Unauflösliche gibt den wenigen Blättern Anmut und Eigentümlichkeit. Wie oft sind nicht wohldenkende, ordnungsliebende Geister angelockt worden irgend einen verständigen Zusammenhang zu finden oder hineinzulegen und einem folgenden bleibt immer dieselbige Arbeit.*

Goethe hatte im Alter von 26 Jahren (ein Jahr nach dem Erscheinen von *Werthers Leiden*) im Herbst 1775 eine Übersetzung des Hohenliedes verfaßt.[7] Während er damals das Hohelied für rein lyrisch hielt, *die herrlichste Sammlung Liebeslieder, die Gott erschaffen hat*,[2] wie er etwa am 8. Oktober 1775 an Merck schrieb, bekannte er sich, wie Loeper (S. 145) hervorhebt,[7] nach dem Erscheinen der Umbreitschen Übersetzung und Erklärung des Buches (Göttingen 1820) zu der schon von Origenes (185—254) vertretenen dramatischen Auffassung. Der kleine Aufsatz ist erst nach Goethes Tode veröffentlicht worden; er findet sich in der Ausgabe der *Nachgelassenen Werke*, 1833, 6, 293; in der Hempelschen Ausgabe: Band 29, S. 805; in der Ausgabe des Bibliographischen Instituts, Band 21, S. 137, unten. Goethe sagt in dieser Besprechung von K. F. Umbreits (1795—1860) Buch *Das älteste und schönste Lied der Liebe aus dem Morgenlande* (Göttingen 1820; zweite Auflage: Heidelberg 1828): *Im Diwan wird der Versuch, in diese Fragmente Zusammenhang zu bringen, zwar wohlgemeint, aber unausführbar genannt. Mich dünkt aber, der Versuch ist diesmal glücklich gelungen, und zwar weil er auf die im Diwan angegebene Zerstückelung gegründet ist. Nämlich als Gegenstand des Ganzen nimmt der Verfasser an: Nur Wärme und Entzücken im vollen Genusse der sinnlichen Gegenwart.*

Der besondere Inhalt ist: Ein junges, schönes Hirtenmädchen, während es von seinen Brüdern zur Hüterin eines Weinbergs gestellt war, wird in Salomons[8] *Frauengemach entführt.*[9] *Der König*[5] *liebt die schöne Schäferin*[10] *unaussprechlich und bestimmt sie zu seiner ersten Gemahlin. Aber das Mädchen hat ihre Liebe schon einem jungen Hirten auf den Fluren der Heimat gewidmet. Bei ihm ist sie im Wachen und Träumen, und der Geliebte sehnt sich nach ihr. Nichts hilft* es, daß Salomon⁸ sie zur ersten Königin einweiht, sie mit aller Pracht und höchsten Liebkosungen umgibt. Sie bleibt kalt, und der König⁹ muß sie in ihre Täler wieder ziehen lassen. Die sich wiederfindenden Liebenden besiegeln den Bund ewiger Treue ihrer Herzen unter dem Apfelbaum¹¹ ihrer ersten süßen Zusammenkunft.

Die Anlage und Ausführung ist dramatisch; alle Beteiligten äußern sich unmittelbar, jedes auf seinem Ort, seiner Lage, seinen Neigungen und Wünschen gemäß. Und so löst sich der epische Unzusammenhang doch in einem Zusammenhange auf.

Diese gereifte Gesamtauffassung Goethes ist ebenso verfehlt wie verschiedene Einzelheiten seiner Jugendübersetzung, z. B. *Stützet mich mit Flaschen, polstert mir mit Äpfeln, denn krank bin ich für Liebe* (VII, iii).¹⁸

Loeper (S. 140)⁷ meinte, Goethes Übertragung der biblischen Liebeslieder sei nicht nach dem hebräischen Texte gemacht, obwohl Goethe Hebräisch gelernt hatte,¹² sondern nach der Vulgata mit Benutzung Luthers.¹³ Eine genaue Vergleichung von Goethes Übersetzung¹⁴ mit der lateinischen Bibel und unsrer Lutherbibel zeigt aber, daß Goethe die Luthersche Übersetzung zu Grunde gelegt hat,¹⁵ nicht die Vulgata.¹⁶ Eher könnte man annehmen, daß Goethe neben der Lutherbibel auch die englische *Authorized Version* benutzt habe, da einige Stellen seiner Übersetzung, die weder mit der Vulgata noch mit der Lutherbibel übereinstimmen, der englischen Bibel entsprechen.¹⁷ Abgesehen von einigen auffälligen Übersetzungsfehlern¹⁸ hat Goethe verschiedene Stellen weggelassen, und zwar nicht bloß überflüssige Wiederholungen und Glossen,¹⁹ sondern auch echte Verse, die für das richtige Verständnis gerade von besonderer Wichtigkeit sind.²⁰ Seine Übersetzung ist in 31 Abschnitte geteilt; dabei ist mehrfach Zusammengehöriges getrennt worden.[21] Einen Versuch, versprengte zusammengehörige Bruchstücke zu vereinen,[22] hat Goethe nicht gemacht. Mit Recht hat er aber seine Übersetzung mit der Verherrlichung der Liebe in 8, 6. 7 (XII, iv. v) geschlossen.[23] Auch Herder bemerkte zu dieser Stelle: *Ich wollte beinahe, das Buch schlösse mit diesem göttlichen Siegel. — Es ist auch so gut wie geschlossen; denn was folgt, scheint mir nur ein beigefügter Nachhall, damit nichts dieser Art verloren ginge.*

Herders Übersetzung und Erklärung des Hohenliedes erschien im Jahre 1778 unter dem Titel: *Lieder der Liebe. Die ältesten und schönsten aus Morgenlande. Nebst vier und vierzig alten Minneliedern.*[24] *Leipzig, in der Weygandschen Buchhandlung;*[25] doch hat Herder ausdrücklich bezeugt, daß dieses Buch schon einige Jahre früher als es gedruckt wurde, geschrieben war. In dem 1780 erschienenen ersten Teil der *Briefe, das Studium der Theologie betreffend,* sagt Herder in bezug auf das Hohelied: *Was ich vor fünf oder mehreren Jahren davon gehalten, mögen Sie in den Liedern der Liebe lesen.* Herders Auffassung des Hohenliedes stand also im Herbst 1775, als Goethe seine Übersetzung der biblischen Liebeslieder verfaßte, durchaus fest; Herder hat seinen Standpunkt schon zehn Jahre früher in den *Königsberger Gelehrten Anzeigen* vom 18. Oktober 1765 zum Ausdruck gebracht (siehe Meyer,[25] S. 3, A. *). Im Nachlaß Herders fanden sich drei vollständige im Jahre 1776 niedergeschriebene Bearbeitungen der biblischen Liebeslieder, nämlich (1) *Die ältesten Lieder der Liebe* (korrigiert aus *Minnelieder*). *Ein biblisches Buch* (mit der handschriftlichen Bemerkung *der alte Minnemann soll hinten an geschoben werden*) — (2) eine entsprechende Umarbeitung im Konzept — und (3) eine veränderte Reinschrift dieses Konzepts.[26]

Nr. 1 oder Nr. 3, wahrscheinlich Nr. 1, hat Goethe vorgelegen und ist von ihm im April 1777 Frau von Stein mitgeteilt worden. Das zur Michaelismesse 1778 erschienene Buch sandte Goethe im Oktober dieses Jahres an Frau von Stein.

Herder, der bei der Veröffentlichung seiner Bearbeitung schon seit zwei Jahren Generalsuperintendent und Mitglied des Oberkonsistoriums in Weimar war,²⁷ sagt in § 2 seiner angehängten Bemerkungen über den *Inhalt, die Art und den Zweck dieses Buchs in der Bibel: — Es ist ... ein Lied der Liebe, und zwar wird Liebe darin gesungen, wie Liebe gesungen werden muß, einfältig, süß, zart, natürlich* und in § 9 bemerkt er: *Da der Wortverstand des Textes so klar ist und dieser doch nicht in die Bibel.... zu passen schien: so quälte man sich, so ersann man. Schon Theodor von Mopsvest*²⁸ *ward auf einem Konzilium verdammt, weil er einen Wortverstand dieses Buches annahm; unter Juden und Christen ward dieser bald verdrungen und statt dessen Allegorie und Mystik gefädelt.*²⁹ *In der neuern Zeit endlich, da der Scharfsinn so sehr emporkommt, ist's beinah Mode geworden, daß jeder glückliche Ausleger auch eine eigne glückliche Hypothese habe. Dem großen Bossuet*³⁰ *war's ein Hochzeitlied Salomons in sieben Tagen....*³¹ In § 11 sagt Herder: *Wer die Ursprache dieses Liedes und aller ebräischen Lieder dem Bau der Worte, ja auch nur dem Laut und Klange nach kennt, wird an einer poetischen Übersetzung derselben in unsre schwere, kalte, nordische, ganz anders gebauete und geformte Sprache beinah, und an dem Übertragen ihres Silbenmaßes (gesetzt, daß wir's auch genau wüßten) gewiß ganz verzweifeln.*³² *Ein Weib (hierin der beste Richter) lasse sich die süßesten Stellen des Buchs, die wahre Kol-Dodi-li nur vorlesen und wörtlich übersetzen und urteile.*³³ *Der Sinn schwindet mir, wenn ich denke, daß* *jemand alle Psalmen, die erhabensten, strömendsten, entzückendsten Lieder der Ebräer, Moses, Hiob und alle Propheten in so viele Verse, Silben und Töne der deutschen Sprache hat bringen wollen, als die Urschrift hat, zugleich mit dem Sinn und dem Wohlklange derselben. Eher wollte ich das Lallen eines Kindes und das Girren der Turteltaube in die Rednersprache des Cicero bringen, daß beide noch, was sie sind, blieben — —.* Von Luthers Übersetzung¹³ sagt Herder in § 12, daß sie uns, trotz einzelner Fehler, *noch immer unersetzt, und unerreichbar an Süßigkeit und ungezwungener Einfalt so wie an Stärke und Leben* sei (vgl. Meyers Ausgabe,²⁵ S. 84. 87. 89. 90).

Ohne Herders Ruhm als Aneigner und Erläuterer fremden poetischen Volksgeistes irgendwie zu nahe zu treten, wird man doch sagen müssen, daß seine Übertragung der biblischen Liebeslieder ebensowenig einen rechten Begriff von dem Originale gibt wie die Luthersche Übersetzung.¹³ Herder hat aber das große Verdienst, nachdrücklich darauf hingewiesen zu haben, daß wir in dem Hohenliede nicht eine fromme Allegorie vor uns haben mit Wechselgesprächen zwischen Christus und seiner Braut, der christlichen Kirche, wie es die Kapitelüberschriften in der Lutherbibel andeuten,²⁹ sondern weltliche Liebeslieder; auch nicht ein zusammenhängendes Drama, woran viele hervorragende Gelehrte noch bis in die neueste Zeit festgehalten haben,³⁴ sondern eine Reihe einzelner Lieder, die nicht mehr mit einander zusammenhängen als *eine Reihe schöner Perlen auf eine Schnur gefasset*.³⁵ — Herder fand sechs verschiedene Szenen in dem Buche, doch glaubte er nicht, daß es ein Drama, Singspiel oder Oper sei. Er sagt an einer späteren Stelle: *Bringt diese Auftritte der Natur und Liebe (mich gereut schon, daß ich sie Szenen genannt habe) auf's Theater, so ist ihr Reiz dahin . . . . . Da nun im Morgenlande . . . kein Fest, am aller-*

meisten kein Brautfest ohne Musik und Lieder gefeiert werden kann,[36] *was haben wir nötig zu suchen und zu raten? Sind dies nicht offenbare Abdrücke und Reste solcher Liebes- und Hochzeitsfreuden? — Damit aber auch hier niemand sogleich Kreis ziehe und das Hohelied zum Gesang Eines Brautfests, zum Drama von sieben Tagen und dgl. mache,*[31] *füge ich gleich hinzu, daß nichts davon den Sitten des Morgenlands gemäß ist* (siehe Meyers [25] Ausgabe, S. 99, Z. 20. 34; S. 100, Z. 1. 5).

Von den Sitten (und Unsitten) des Morgenlandes hatte Herder allerdings eine allzuhohe Meinung. Infolge dessen hat er, ebenso wie Goethe, die von ihm begeistert gepriesene *Unschuld und Zartheit* dieser Liebeslieder weit überschätzt.[2] Er bemerkt z. B. zu dem für unser Gefühl doch recht unzarten Schluß von VIII und dem Anfang von IX: *Süßer Streit der Liebe und Unschuld, der männlichen Entzückung und weiblichen Schamröte! sanft Gewebe, das die Hand des zartesten Künstlers spann und die Hand des Menschenfreundes in unsere Natur webte! Mit der Perle der Unschuld, mit der Rose der Zucht ist dem Brautschmuck seine beste Zier, dem Garten des heiligsten Vergnügens die schönste Blume geraubt, und der heiterste Quell trübe. — Und siehe, eben von der Stelle des Hohenliedes, die sie so zart feiert, hat man sie verjagen, hat Worte der Unschuld zu schändlichen Zweideutigkeiten machen wollen, die nach allen Zeugnissen, alt und neu, der Orient gar nicht kennet, gar nicht leidet,*[37] *sondern uns zweideutigen, gesitteten Europäern als Schlamm und Schande in's Gesicht speiet* (vgl. A. 44 zu VIII). Das klingt auch wieder sehr schön, und der Mangel an Verständnis für orientalische Zweideutigkeiten kann Herder nur ehren, ebenso wie es eine reine Frau ehrt, wenn sie eine Zweideutigkeit nicht versteht; aber die wirklichen Orientalen sind eben anders. Übrigens muß die uns heutzutage etwas überschwenglich anmutende Begeisterung und Entrüstung Herders mit dem Maßstabe der *Sprache der Schwärmerzeit* gemessen werden.

Auf die Frage: *Aber warum steht denn das Lied in der Bibel?* antwortet Herder: *Ich kann nicht anders antworten als: Warum steht Salomo in der Bibel und warum war er, der er war? . . . . Stünde es im Verfolg der Geschichte Salomons: „Seiner Lieder waren dreitausend und fünf, und dies ist das Lied, d. i. der Ausbund seiner Lieder,"*[38] *wer könnte was dagegen haben?* — In bezug auf die allegorische Deutung[29] des Hohenliedes bemerkt Herder: *Ich lese das Buch und finde in ihm selbst nicht den kleinsten Wink, nicht die mindeste Spur, daß ein andrer Sinn Zweck des Buchs, erster Wortverstand Salomons gewesen wäre.* Jede allegorische Erklärung[29] des Hohenliedes ist, wie Herder mit Recht hervorhebt, *Anwendung*, nicht Wortsinn (siehe Meyers Ausgabe,[25] S. 100, Z. 17; S. 101, Z. 22; S. 110, Z. 29; S. 112, Z. 21).

Herders metrische Anordnung,[39] insbesondere die strophische Gliederung der biblischen Liebeslieder ist verfehlt; aber er bringt die poetische Form weit besser zur Anschauung als Goethe. Auch Herders Erklärungen sind im einzelnen vielfach verfehlt; doch setzen sie den Leser wenigstens in den Stand, sich etwas zu denken bei dem Buche, das ohne Erklärung den meisten gänzlich unverständlich bleiben würde. Viele sind ja schon damit zufrieden, wenn eine Stelle in der alten Bibelübersetzung schön klingt und verlangen gar nicht, daß man sich dabei auch etwas denken könne. Eine genaue Erklärung stört ihnen den poetischen Zauber dieser geheimnisvollen Unverständlichkeit. Selbst für Goethe hatte die *liebliche Verwirrung* und das *Rätselhaft-Unauflösliche* des überlieferten Textes der biblischen Liebeslieder einen besonderen Reiz (siehe oben, Seite v).[40] Allerdings ist Herders

Auffassung viel dezenter als sie der Wirklichkeit entspricht, aber das ist ja auch kein Schade. *Mehr Wissen bringt mehr Unmut, mehr Erkenntnis mehrt nur die Leiden.*[41] Für Herder ist die Braut in den biblischen Liebesliedern der *Inbegriff der Unschuld, Bescheidenheit und Schamhaftigkeit.*[42] Herder hielt die biblischen Liebeslieder durchaus für salomonisch.[43] Wenn auch Salomo nicht der Verfasser der Lieder sein sollte, so wäre das Buch doch ein *Abdruck von dem Geschmack, von der Liebe, von der Üppigkeit und Zier, wie sie zu Salomons Zeiten und sonst nimmer im ebräischen Volke lebten* (in Meyers[25] Ausgabe, S. 91, Z. 25). Herder erklärte das Hohelied für *das schönste Denkmal der friedseligen salomonischen Periode*, die nach Herder im 72. Psalm verherrlicht wird;[44] das Buch sei *die Blüte der Jugendseele Salomons, sein Lied der Liebe, voll Feinheit, Geschmack, Liebe und Jugendfreude.*

Das sogenannte Hohelied Salomos ist aber keine Sammlung von Liebesliedern aus der Zeit Salomos (um 950 v. Chr.)[43] geschweige denn eine von Salomo selbst verfaßte einheitliche Dichtung, sondern eine mehr als sechs Jahrhunderte später nach Beginn der Seleuciden-Ära (312 v. Chr.) in Damaskus[3] zusammengestellte Sammlung volkstümlicher hebräischer Hochzeits- und Liebeslieder, die alle bei Hochzeiten gesungen worden sein können, wenn sie auch zunächst nicht für diesen Zweck verfaßt waren. Auf die syrische *Dreschtafel*, die nach Wetzstein[31] bei den Hochzeitsfeiern in der Gegend von Damaskus und einem Teil des Ḥaurân eine große Rolle spielt,[45] wird in diesen Liedern nirgends Bezug genommen. Es ist nicht unmöglich, daß einzelne dieser Volkslieder Theokrit in Alexandria bekannt wurden (vgl. besonders Theokr. 10, 28 und Hoheslied 2, 1; 1, 5. 6).[46] Abgesehen von dem Wort für die *Sänfte der Braut*, das eine Umgestaltung des griechischen φορεῖον zu sein scheint, finden sich keine griechischen Lehnwörter in den biblischen Liebesliedern (vgl. A. 11 zu I; A. 14 zu VIII).

In der vorliegenden Übersetzung, die sich dem Versmaße der hebräischen Urschrift nach Möglichkeit anschließt, ist der Versuch gemacht worden, den ursprünglichen Zusammenhang herzustellen.[3a] Die *fragmentarisch durcheinander geworfenen, übereinandergeschobenen* Gedichte in der überlieferten Anordnung erscheinen hier neugeordnet in zwölf Gesängen. Die *Tafel* auf S. 135 ermöglicht die sofortige Auffindung eines Verses der überlieferten Reihenfolge in der hier gegebenen Anordnung. Über die Ursachen, die zum Teil die Durcheinanderwerfung in dem überlieferten Texte veranlaßt haben mögen, vgl. A. 1 zu IX; auch den Schluß von A. 34 zu III; A. 22 zu VI; A. 40 zu VII; A. 18 zu VIII. Schon Herder sagt von 2, 15 (S. 47, Z. 23; S. 48, Z. 3 in Meyers[25] Ausgabe): *Es hängt weder mit dem Vorigen, noch mit dem Folgenden zusammen . . . . Der Sammler setzte das Lied hieher, ohne Zweifel, weil im Vorigen die Jahreszeit, zu der auch knospende Weinberge gehören, als blühend beschrieben ward.*

Mit Ausnahme des *Liebesfrühlings* in Nr. X, der aus drei Strophen von je fünf Halbzeilenpaaren mit Kehrvers am Schluße besteht, sind die biblischen Liebeslieder durchweg in Strophen (oder Periodenpaaren) von je zwei Reihenpaaren (oder vier Halbzeilen) abgefaßt.[47] Jedes Reihenpaar besteht aus zwei Halbzeilen, und jede Halbzeile hat drei Hebungen (Takte oder Füße).[48] Halbzeilen mit zwei Hebungen kommen nur ausnahmsweise vor (2, 8—10. 14. 15; 4, 16a).[49] Zwischen zwei Hebungen kann eine oder zwei, oder auch drei Senkungen stehen.[50] Wo vier Senkungen vorhanden zu sein scheinen, wurde eine Silbe übergangen, ebenso wie wir *ew'ge* statt *ewige*, *Bewund'rung* statt *Bewunderung*, *trat'st tratest, bet'st* statt *betest* usw[51] sagen können. Wenn mehrere unbetonte Silben zwischen zwei Hebungen stehen, wird das Tempo lebhafter; wenn die Hebungen näher aneinanderrücken, wird das Tempo ruhiger.[52] Die Zahl der Silben einer Zeile ist an sich für das Metrum gleichgültig, ebenso wie die Zeitdauer eines Taktes unverändert bleibt, gleichviel ob er aus ganzen oder halben oder viertel oder zweiunddreißigstel usw Noten besteht. Mitunter stoßen auch zwei Hebungen zusammen ohne daß sie durch eine unbetonte Silbe getrennt sind; vgl. z. B. die Verse in Goethes *Faust* (2817):

> Die Frau hat gar einen feinen Geruch,
> Schnuffelt immer im Gebetbuch
> Und riecht's einem jedem Möbel an,
> Ob das Ding heilig ist oder profan.

Wenn man hier nicht *Schnúffélt ímmér im Gébétbúch*[53] betonen will, muß man in *Gebétbúch* zwei Hebungen zusammenstoßen laßen, wobei die Silbe *bet* mit persiflierender salbungsvoller Betonung in meckernder Weise überdehnt wird. Ebenso ist es in der vierten Zeile besser, *Ding* zu betonen, obwohl die erstbetonte Silbe von *heilig* darauf folgt, nicht *Ob dás Díng héilig*. Nach Ding ist eine Pause.[54]

Die hier gegebene Übersetzung ist am 16. März 1902 abgeschlossen worden;[55] was seitdem über die biblischen Liebeslieder erschienen ist, habe ich geprüft, aber mich nicht veranlaßt gefunden, irgend welche Änderungen vorzunehmen.[56] Insbesondere muß ich die Vorschläge Wincklers in seinen *Altorientalischen Forschungen* 3, 237—242 durchweg ablehnen.[57] Dagegen enthält Georg Jacobs Schrift eine Reihe nützlicher Bemerkungen.[58]

Zur Erläuterung gewisser Wendungen in den biblischen Liebesliedern habe ich eine Anzahl von Parallelen aus alten und neuen deutschen Liedern angeführt. Um nicht zuviel Raum mit Zitaten von Büchertiteln zu vergeuden, habe ich mich darauf beschränkt, die neueste Ausgabe von *Des Knaben Wunderhorn*[59] zu zitieren und eine kürzlich erschienene lyrische Anthologie betitelt *Die Ernte*.[60] Ich bezeichne das *Wunderhorn*[59] mit W, und *die Ernte*[60] mit E. Bei der Anführung von erläuternden Parallelstellen aus neuarabischen Liedern habe ich mich mit wenigen Ausnahmen auf zwei jedem leicht zugängliche Werke beschränkt, nämlich Dalmans *Palästinischen Diwan*[61] und Littmanns *Neuarabische Volkspoesie*.[62] Ich bezeichne Dalmans *Diwan* mit D, und Littmanns Lieder mit L. Die Abkürzung M verwende ich für Max Müllers altägyptische Liebeslieder.[63] G bezeichnet das von Hermann Guthe herausgegebene Bibelwörterbuch, auf das ich der Kürze wegen für einige Abbildungen verwiesen habe.[64]

Weitere Parallelen kann man in den Versen finden, die in den Erzählungen von Tausendundeine Nacht zitiert werden,[65] auch in den von E. W. Lane in seinem bekannten Buche *Manners and Customs of the Modern Egyptians*, fifth edition (London, 1871) 2, 78 (deutsche Übersetzung von Zenker, Leipzig 1856) angeführten modernen ägyptischen Liebesliedern.[66]

Nach Lessing kann ein jeder sich seines Fleißes rühmen, und ich stehe nicht an zu erklären, daß ich viel Zeit auf diese Arbeit verwandt habe, Zeit, die ich häufig nur schwer erübrigen konnte.[55] Die Erklärung der biblischen Liebeslieder ist das Ergebnis meiner Vorlesungen über das Hohelied an der Johns-Hopkins-Universität zu Baltimore (im Winter 1901/2) und meiner Veröffentlichungen über diesen Gegenstand im *Journal of Biblical Literature*[67] und in *The Book of Canticles*.[68] Dort ist auch eine vollständige metrische Wiederherstellung des hebräischen Textes mit kritischen Anmerkungen gegeben worden.[69] Ich kann mit dem alten Liede (W 782) sagen:

> Was ich gelehrt mit Zung' und Mund
> Auch selbst geglaubt von Herzensgrund,
> Das bracht' ich fleißig zu Papier,
> Der Leser kann es finden hier.

Zur Einführung meiner unter dem Namen der *Regenbogenbibel* bekannt gewordenen neuen Bibelübersetzung (zunächst des Alten Testaments in englischer Sprache) fand ich nichts Passenderes als einen Auszug aus dem Vorwort zur englischen *Authorized Version* von 1611. Meiner Bearbeitung der biblischen Liebeslieder möchte ich ein anderes Zitat aus *Des Knaben Wunderhorn* vorausschicken, nämlich einige Auszüge aus den Vorbemerkungen zu *Anmutiger Blumenkranz aus dem Garten der Gemeinde Gottes, ans Licht gegeben im Jahre 1712* (W 787). Ich wiederhole hier: *Man hat also allen Fleiß angewendet, den Kern der Besten zu finden; ob man es allen recht gemacht habe, daran zweifelt man, worauf man daher auch nicht hat sehen können. Ja, man kann nicht in Abrede sein, daß hier eine mehrere Freiheit gebraucht worden, als man bishero bei dergleichen Gesangbüchern möchte gewohnt sein, und daß man der Regel nicht genau nachgekommen sei, die gern haben will, daß man alles beim Alten lasse. Man hat kein Bedenken getragen, hie und da an den Gesängen zu ändern.... So sind dann auch einige Lieder wieder in ihre erste Gestalt hergestellt worden, da solche von andern durch Zusätze und Veränderung eben nicht allezeit verbessert worden. Gleichwie man nun gedachtermaßen Freiheit genommen, zu tun, was man getan, so lässet man auch Freiheit, darüber mit Bescheidenheit zu urteilen. Sollte aber jemand die verschiedenen Ausdrücke und ungewohnten Redensarten dieser Lieder nach den Lehrsätzen irgend einer Religion prüfen, und die unerforschlichen Wege Gottes mit dem kanonisierten Maßstabe der sogenannten*

Orthodoxie abzirkeln wollen, der wird diese Elle an beiden Enden zu kurz finden. Viele werden auch die hierin befindlichen Lieder nicht verstehen, viele können ihnen nicht anstehen.

Durch den weltlichen Charakter dieser Liebeslieder braucht sich niemand die Freude an diesem biblischen Buche trüben zu lassen. Auch wenn vieles aus alter Zeit überkommene jetzt in einem anderen Lichte erscheint; wenn gar manches, was früher als geschichtliche Tatsache angenommen wurde, sich jetzt nur als Fabel und Legende herausstellt, so mag man sich mit dem alten Spruche (W 764) trösten:

> Gesetzt, wenn es auch Fabeln wären,[70]
> Das, was ich lese in der Schrift,
> So macht mich doch das Fabelbuch
> Zum Leben und zum Sterben klug.

Cassel,
am Sedantage 1906.

Paul Haupt.

Anmerkungen zur Einleitung.

(1) *Goethes Werke* herausgegeben im Auftrage der Großherzogin Sophie von Sachsen, Band 7 (Weimar 1888) S. 8 = Band 4, S. 343 der Ausgabe des Bibliographischen Instituts.

(2) Dieses Urteil geht wohl etwas zu weit. Insbesondere sind verschiedene Stellen, wenigstens für unseren Geschmack, sehr unzart, z. B. II, vii; VII, ix; VIII, xi;* vgl. auch die am Schluß von A. 3 zu VI angeführte Bemerkung Herders und den Schluß von A. 8 und 30 zu II. In bezug auf die (in A. 26 zu II erläuterte) anstößige Glosse vom *Ersteigen des Palmbaums* sagt Herder, die Stelle sei so zart behandelt, daß er sich fast der Mißgeburt schäme, die davon etwas anstößig oder unanständig fände. Die von Herder so scharf verurteilte Auffassung beruht aber nicht auf einer unglücklichen Naturanlage, sondern auf einer genaueren Kenntnis des Orients. Wenn D† erklärt (vgl. den Schluß von A. 41 zu VII) daß er *es nicht für seine Aufgabe gehalten habe, den unschönen Nebensinn gewisser Stellen in den von ihm mitgeteilten palästinischen Liebesliedern zu enthüllen*, so mag man diesen Standpunkt als berechtigt anerkennen; jedenfalls darf man aber nicht sagen, daß die biblischen Liebeslieder ein Muster keuscher Zartheit und unschuldiger Reinheit seien. Man braucht keine europäische *Mißgeburt* zu sein, um Hesek. 16, 6—9; 23, 3. 8. 21 usw (vgl. dazu die Übersetzung und Erklärung in der *Regenbogen-Bibel*) oder 1 Mose 19, 31—36; 30, 16; 38, 2—10; 1 Sam. 18, 25; 2 Sam. 16, 22 (G 696 unten) anstößig zu finden. Auch der poetische Wert der biblischen Liebeslieder ist, wie J 31 (siehe unten, A. 58) mit Recht hervorhebt, seit Herder maßlos übertrieben

---
* Für die Bedeutung dieser römischen Ziffern siehe S. 134.
† Die Abkürzungen D, E, G, J, L, M, W usw sind auf S. lvi erklärt.

worden. Selbst Stellen, die auch uns sehr schön erscheinen, verlieren viel, wenn man die ursprüngliche Auffassung des orientalischen Dichters kennt; vgl. A. 12 zu XII.

(3) Die biblischen Liebeslieder sind wohl nicht in Kanaan, sondern in der Gegend von Damaskus entstanden. Vgl. S. 51, Z. 1; A. 6 zu III; A. 5 zu X; AoF 1, 295.

(4) Dies ist unrichtig. Die *Wächter* und *Mauerwächter* in VI, β sind irrige (tertiäre) Zusätze; auch in XII, γ ist *Wächter* sekundär. Von einer *organisierten Polizei und einem geregelten Nachtwächterdienste*, wie Cornill sagt, ist auch in diesen späten Zusätzen nicht die Rede. Jedenfalls braucht man nicht an unsere modernen (oder vielmehr unmodernen) Nachtwächter zu denken. Männer, die des Nachts wachten, während andere schliefen, hat es jedenfalls von den ältesten Zeiten her gegeben. Die Einrichtung der *Nachtwachen* (hebr. *ašmurôth*) ist uralt. Die *Stadt* in XII, ii kann sehr wohl ein *Dorf* gewesen sein. Über die Erwähnung *Jerusalems* siehe A. 6 zu III.

(5) Auch das ist nicht zutreffend; *König* ist in den biblischen Liebesliedern lediglich eine Bezeichnung des Bräutigams, etwa wie wir von der *Königin eines Festes* reden. Bertha von Suttner, *Die Waffen nieder!* (S. 85 der Volks-Ausgabe) sagt von einer Weihnachtsfeier: *Der König des Festes und der Meistbeschenkte war natürlich mein Sohn Rudolf.* Bei Schützenfesten gibt es auch einen *König*, ohne daß *ein königlicher Hof im Hintergrunde ist.* Vgl. A. 8 und 18 zu I.

(6) Davon ist nichts zu finden, selbst nicht in dem Scherzliedchen Nr. XI.

(7) Zum ersten Male vollständig herausgegeben von G. von Loeper in *Briefe Goethes an Sophie von La Roche und Bettina Brentano mit dichterischen Beilagen* (Berlin 1879) S. 130. Anfang und Schluß der Übersetzung waren schon vierzehn Jahre nach Goethes Tode in Adolf Schölls *Briefe und Aufsätze von Goethe aus den Jahren 1766—86* (Weimar 1846; zweite Auflage 1857) mitgeteilt worden. Jetzt ist die ganze Übersetzung auch in Band 37 (S. 301 ff.) der großen Weimarer Ausgabe (siehe oben, A. 1) zu finden und in Band 21 (S. 141—148) der Goethe-Ausgabe des Bibliographischen Instituts. Dr. Paul Holzhausen (Bonn) hat in der *Deutschen Revue*, herausgegeben von Richard Fleischer, Jahrgang XXI, Band 1 (Januar—März 1896) S. 370—372 ein kleines Manuskript veröffentlicht, das ihm (am 30. Juli 1895) der verstorbene Jenenser Orientalist Johann Gustav Stickel, der damals neunzig Jahre alt war, zur Verfügung gestellt

hatte. Stickel hatte als achtjähriger Knabe in seiner Heimat, dem Thüringer Landstädtchen Buttelstädt, Napoleon I gesehn, der kurz vorher in der Völkerschlacht bei Leipzig am 18. Okt. 1813 geschlagen worden war, und als 87jähriger Greis begrüßte er 1892 den 10 Jahr jüngeren Bismarck in Jena; er hatte in Paris den Vorabend der Julirevolution (1830) erlebt und in Weimar mit Goethe, für den er die höchste Verehrung hegte, verkehrt. Als Goethe starb, war Stickel 26 Jahr alt. Die von Stickel in seinem neunzigsten Lebensjahre eigenhändig niedergeschriebenen Bemerkungen lauten:

Goethe und seine Übersetzung des Hohenliedes.

Es würde dem Ruhm Goethes keinen Eintrag getan haben, wenn seine Übersetzung (Beilage zu den Briefen an La Roche und Bettina Brentano, herausgegeben von v. Löper, Berlin 1879) ungedruckt geblieben wäre. Von der, ich darf sagen, Höhe unseres heutigen Verständnisses auf jenen Versuch herabblickend, kann man nur ein Gefühl des Mitleids empfinden für den Genius des Dichters des Hohenliedes, der solche Verstümmelung erfahren hat. Die Zeit war noch nicht reif. Selbst die dichterische Begabung eines Goethe und Herder reichte für sich allein, ohne unsere heutige genaue philologische Kenntnis, nicht zu, um das Rätsel zu lösen. Und vollends nur nach Übersetzung.* *Wohl lassen sich gewisse Seiten der Dichtung von feinsinnigen Geistern erfassen, von Herder das Moralische, das Liebesgedicht; aber der Gang des Ganzen, die Verwicklung, die Lösung können von so unzulänglich Ausgerüsteten nicht erforscht werden.†*

Ich scheue mich aus tiefster Verehrung vor Goethe, seine Übersetzung zu kritisieren; sie wird heutzutage niemand genügen. Sie beweist nur, welchen Reiz und welche unwiderstehliche Anziehungskraft die einzelnen Schönheiten in der Dichtung des alten hebräischen Dichters für unsere ausgezeichnetsten Geister, Herder und Goethe, gehabt haben.

Goethe hat seine Übersetzung im Herbst 1775 nicht aus dem hebräischen Text, sondern aus der Vulgata und nach Luther gefertigt.* *Zum erstenmal herausgegeben von v. Löper mit Anmerkungen 1879. Die Übertragung enthält 31 Lieder; umfängliche Textstücke sind ausgelassen.✠*

---

* Dies ist unrichtig; vgl. A. 12.
† Herders und Goethes Auffassung des Hohenliedes ist entschieden richtiger als die Erklärung Stickels.
✠ Siehe unten A. 19 und 20.

Aus dieser Auslassung ist zu ersehen, daß Goethe nicht den König Salomo, sondern den Hirten Aminadit* für den begünstigten Liebhaber der Sulamit ansah.

Wie Herder legte Goethe dem Gedicht einen lyrischen Charakter bei und einen erotischen. Später, nach Umbreit 1820, sagte er:§ Die Anlage und Ausführung ist **dramatisch**. *Der König entführt das schöne Hirtenmädchen in sein Frauengemach. Das Mädchen liebt einen jungen Hirten der Heimat. Der König muß sie in ihre Täler wieder zurückziehen lassen.*

Alles ist da in der Hauptsache richtig. Goethe ist über Herder hinaus.† (Seine kleinen Aufsätze [Nachgelassene Werke 1833. VI. 293, in der Hempelschen Ausgabe Band 29, Seite 805].)

Dabei kann man dem greisen Gelehrten jedenfalls soweit beipflichten, daß es dem Ruhm Goethes keinen Eintrag getan hätte, wenn seine Übersetzung des Hohenliedes ungedruckt geblieben wäre. Sie ist hochinteressant, hat aber für den Fachmann nicht mehr Wert als der *Traité des écritures cunéiformes* Gobineaus. Hätte Goethe dieser Jugendarbeit eine besondere Bedeutung beigelegt, so würde er sie wohl selbst veröffentlicht haben.

Ein Hauptvorzug von Goethes Übersetzung ist, daß darin das Hohelied nicht als eine einheitliche dramatische Dichtung behandelt wird, sondern als eine Reihe einzelner Liebeslieder, ohne irgendwelche allegorische Bedeutung, wie sie auch in dem von Goethe benutzten *englischen Bibelwerk* (vgl. A. 17) angenommen wurde. Diese Erkenntnis verdankte Goethe aber ohne Zweifel dem Verkehr mit Herder, obgleich Herder seine Übersetzung des Hohenliedes erst im Jahre 1778 veröffentlichte (vgl. A. 25). Diese Abhängigkeit Herder gegenüber mag auch dazu beigetragen haben, daß Goethe seine Übersetzung nicht veröffentlichte. Ebensowenig konnte sich Goethe entschließen, seine (1773 anonym erschienene) Schrift *Zwo wichtige biblische Fragen* (vgl. A. 12) die von Herder gleichfalls stark beeinflußt ist, in seine *Werke* aufzunehmen (vgl. Band 21 der Ausgabe des Bibliographischen Instituts, S. 95, Z. 10). Daß Herder, *Goethes Deuter und Befreier*, Goethe zuerst die Poesie der Bibel schätzen lehrte, ist bekannt; vgl.

---

* Druckfehler für *Aminadib*; vgl. unten, S. 26, A. ‡ und S. 113, unten.
§ Siehe oben, S. vii.
† Die von Herder beeinflußte Ansicht des jungen Goethe vom Hohenliede war aber richtiger.

z. B. Albert Bielschowsky, *Goethe*, zehnte Auflage (München 1906) 1, 118.

Wie dem auch sei, Goethes (von Herder abhängige) Auffassung des Hohenliedes im Jahre 1775 ist jedenfalls richtiger als Stickels Erklärung vom Jahre 1888, auch besser als Goethes spätere (von Umbreit beeinflußte) Anschauung vom Jahre 1820. Entschieden überlegen zeigt sich Goethe, nicht bloß Herder, sondern auch Luther (vgl. A. 15) gegenüber, in bezug auf die Sprache; ebenso ist die Abteilung der einzelnen Lieder bei Goethe weit besser als bei Herder.

Diese zwei Punkte, Sprache und Anordnung, sind das Hauptverdienst Goethes bei dieser Jugendarbeit; die Leugnung eines dramatischen Zusammenhangs und die Ablehnung der allegorischen Erklärung verdankt Goethe dagegen dem Einfluß Herders.

(8) Vgl. dagegen A. 8 zu IV. (9) Vgl. dagegen VII, vii.

(10) Die Geliebte wird nirgends als *Schäferin* bezeichnet, auch nicht in XI. Höchstens könnte man (auf Grund von III, iii^d) sagen, daß sie *Weinbergshüterin* gewesen sei. Aber es ist nicht wahrscheinlich, daß alle zwölf Lieder sich auf dasselbe Mädchen beziehen.

(11) Vgl. dagegen Anmerkung 45 zu VII.

(12) Goethes 1773 erschienene Aufsätze *Zwo wichtige, bisher unerörterte biblische Fragen* (in der Ausgabe des Bibliographischen Instituts, Band 21, S. 109—119) werden noch heute von jedem Bibelforscher mit Interesse gelesen werden; aber die Ansicht, daß Goethe gründliche Kenntnisse im Hebräischen besessen habe, ist ein Irrtum. Er hatte als 15 jähriger Knabe 1764 einige Zeit lang bei dem greisen Rektor des Barfüßer-Gymnasiums in Frankfurt, J. G. Albrecht (1694—1770) Hebräisch getrieben; nach der in *Wahrheit und Dichtung* (in der Ausgabe des Bibliographischen Instituts, Band 12, S. 146) gegebenen Schilderung wird man aber kaum annehmen können, daß Goethes hebräische Studien sehr tief gegangen sind. Und selbst wenn Goethe im Jahre 1764 im Stande gewesen wäre, das AT aus dem Urtexte selbständig zu übersetzen, so hatte er sein Hebräisch im Jahre 1775 doch sicher zum größten Teil vergessen. Wem bekannt ist, wie es mit der Kenntnis des Hebräischen bei den meisten Geistlichen zehn Jahre nach ihrem Abgang von der Universität bestellt ist, obwohl sie vier Jahre Hebräisch auf dem Gymnasium und mindestens weitere drei Jahre auf der Universität getrieben haben, wird sich in dieser Hinsicht keiner Täuschung hingeben.

In seinem Aufsatze *Goethe als Übersetzer des Hohenliedes* (veröffentlicht in *Jahrbücher für Philologie und Pädagogik*, zweite Abteilung, herausgegeben von Hermann Masius, Jahrgang 27, Leipzig 1881, S. 346—357) hat Dr. Benno Badt (damals ordentlicher Lehrer am Johannes-Gymnasium zu Breslau) nachzuweisen versucht, daß Goethes Übersetzung des Hohenliedes gründliche Kenntnis des Hebräischen verrate; neben einem *nicht bloß oberflächlichem Verständnis des Hebräischen* soll auch *eine energische kritische Tätigkeit erkennbar* sein (Badt, S. 355). Diese Ansicht ist auch in der Goethe-Ausgabe des Bibliographischen Instituts (Band 21, S. 136, Z. 20) zum Ausdruck gekommen. Die angeblichen Verbesserungen Goethes im Vergleich zu seinen Vorgängern sind aber mehr als zweifelhaft. Wenn Goethe 2, 3 richtig übersetzt hätte: *in seinem Schatten ich gerne weile*, oder die letzte Halbzeile von XII als Frage erkannt hätte, dann könnte man über seine angeblich *nicht bloß oberflächlichen Kenntnisse im Hebräischen* anders urteilen. Goethe hat es ja aber auch wahrhaftig nicht nötig, sich noch als gründlichen Kenner des Hebräischen feiern zu lassen.

Daß Goethes Übersetzung von 1, 4 mehrere Verbesserungen enthielte, ist unzutreffend: Luthers *Ziehe mich dir nach, so laufen wir* ist richtiger als Goethes *Zeuch mich! Laufen wir doch schon nach dir!* Das *nach dir* gehört zu *ziehe mich*.

Ebensowenig ist die folgende Zeile konditional: *Führte mich der König in seine Kammer*. Winckler (AoF 1, 293) schlug eine ähnliche konditionale Fassung für 5, 7 vor; aber dies ist durchaus verfehlt (vgl. J 93, unten). Ich bestreite natürlich nicht, daß es im Hebräischen Konditionalsätze gibt ohne Konditionalpartikeln (vgl. die Bemerkungen zum hebr. Texte von Sprüche 23, 35 in der *Regenbogen-Bibel* und ZDMG 61, 291, Z. 34 sowie Haupt, *Nahum*, S. 34, zu 16[a]) ebenso wie es im Hebräischen Fragesätze ohne Fragepartikeln gibt (vgl. A. 12 zu XII) aber in der Stelle VII, vii[b] ist die konditionale Fassung unpassend.

Daß Goethes Übersetzung *Auch lieblich* (1, 16) richtiger sei als Luthers *und lieblich*, kann man auch nicht behaupten. Das Richtige hat die englische Bibel (vgl. A. 17): *yea, pleasant*.

Wenn die verunglückte Übersetzung *Polstert mir mit Äpfeln* (2, 5) auf einer sorgfältigen etymologischen Erwägung beruht, wie Badt, (S. 352) sagt, so ist man nicht ohne Weiteres berechtigt anzunehmen daß Goethe diese etymologische Erwägung angestellt hat; er mag die Übersetzung in einem von ihm benutzten Wörterbuch oder Kommentar gefunden haben; die englische Bibel (vgl. A. 17) hat am Rande:

Heb. *straw me with apples*. Herder bemerkt zu der Stelle: *Sie ruft: stützet, haltet, d. i. stärkt, labt mich, daß ich nicht sinke; nicht, bettet mich auf Weinflaschen, Äpfel und arabische Kräuter.* In der Zugabe zur ersten Fassung von 1776 (vgl. A. 26) S. 646, unten, in Redlichs Ausgabe sagt Herder: *Stärkt mich, ruft sie, haltet mich, stützt mich — heißt dies: legt mir Weinflaschen unter? oder gar bettet mich auf Gras und Äpfel? Offenbar zeigt ja die Parallele im zweiten Gliede, was das erste bedeutet, daß stützen, halten so viel als laben, stärken, erquicken, aufrechterhalten heiße, daß sie nicht sinke und sich bette auf Gräschen, und arabische Wurzelkräuter.* — Auf Goethe geht die Übersetzung *polstert* keineswegs zurück.

Daß Goethes *Er steht schon an der Wand* (2, 9) ein sehr feines Verständnis der hebräischen Sprache verrate (Badt, S. 352) ist auch ein Irrtum. Das hebr. Demonstrativpronomen *zêh* 'dieser' kann in gewissen Verbindungen (vor Zahlwörtern) im Deutschen mit *schon* übersetzt werden (z. B. 1 Mos. 27, 36; 31, 38. 41; 43, 10; 45, 6; 4 Mos. 14, 22; Richt. 16, 15; Est. 4, 11; Sach. 7, 3; vgl. Gesenius' *Hebr. Grammatik*, Leipzig 1902, § 136, d, am Ende) aber nicht an der fraglichen Stelle. Auch 1 Könige 19, 5 kann man nicht übersetzen: *schon rührt ihn ein Engel an*. Übrigens übersetzt auch Herder: *Siehe, da stehet er schon | dahinter der Wand*; auch in der früheren Fassung: *Da steht er schon vor mir!*

Da beginnt er (2, 10) ist richtiger als Luthers *mein Freund antwortet*, aber auch die englische Bibel hat *my beloved spake*, und es gehört keine große Kenntnis des Hebräischen dazu um zu wissen, daß das Verbum 'anáh 'antworten' häufig *anheben, zu sprechen anfangen* bedeutet. Das kann Goethe allenfalls noch nach zehn Jahren behalten haben, umsomehr als er beim Lesen der Bibel öfter auf Stellen stieß, wo die Übersetzung *antwortet* ungeeignet war, weil keine Frage oder andere Rede vorausging. Die Bibel hat der junge Goethe jedenfalls fleißig gelesen. Heinemann bemerkt in seiner Goethe-Ausgabe (Band 21, S. 92, Z. 4): *Es gibt wohl keinen andern Dichter, keinen Gelehrten, dessen Jugend so ausgefüllt ist mit theologischen und biblischen Studien*. Übrigens sagt auch Schiller in der ersten Strophe der *Bürgschaft*: *„Was wolltest du mit dem Dolche? Sprich!" | entgegnet ihm finster der Wüterich*, obwohl das keine Entgegnung ist.

Auf den Märkten und Straßen (3, 2) ist auch nicht richtiger als Luthers *auf den Gassen und Straßen*; das Richtige ist auf *den Gassen und Plätzen* (die englische Bibel hat *in the streets and in the broad ways*). Das hebr. Wort *sûq*, das (abgesehen von der vorliegenden Stelle) nur noch Sprüche 7, 8 und Pred. 12, 4. 5 (vgl. die Übersetzung auf S. 27 der in A. 41 zitierten Schrift) vorkommt, wo es Luther durchweg richtig *Gasse* übersetzt, ist ein Lehnwort aus dem Assyrischen,* und das assyr. *sûqu* heißt eigentlich *Enge, enge Passage*. Erst im Arabischen hat *sûq* die Bedeutung *Markt, Bazar* angenommen. Die orientalischen Bazare (dies ist das persische Wort für das arabische *sûq*) sind fast durchweg schmale (oft zum Schutz gegen die Sonne überdachte) Gassen; vgl. die Beschreibung in Baedekers *Ägypten* (Leipzig 1902) S. 39.

Kaum da ich sie vorüber war (3, 4) ist richtig, aber nur etwas freier als die Übersetzungen Luthers und der englischen Bibel.

Ich faß ihn (3, 4) ist nicht richtiger als Luthers *Ich halte ihn*.

Gebauet zur Wehre (4, 4) ist richtiger als Luthers *mit Brustwehr gebaut*, das sich an die Vulgata (*quae aedificata est cum propugnaculis*) anschließt; aber es erfordert keine großen hebräischen Sprachkenntnisse um zu wissen, daß die Präposition *lĕ-* nicht *mit*, sondern *zu* heißt; auch die englische Bibel hat *builded for an armory* (Herder: *gebauet zur Waffenburg*). Das von Goethe *Wehre* übersetzte Wort ist sehr unsicher und erst vor fünf Jahren einigermaßen befriedigend erklärt worden. Übrigens kann auch hebr. *lĕ-* unter Umständen *mit* bedeuten, ebenso wie dem deutschen *mit* unter Umständen im Französischen nicht *avec*, sondern *à* entspricht, z. B. *fouler aux pieds, dessiner à la plume, mesurer à l'aune, charger à balle*; vgl. auch *à pleines mains, à bras ouverts, à toute force, à la condition, à ces mots; l'enfant aux yeux bleus* &c.

Goethes *Schau her von dem Gipfel Amana* (4, 8) ist keineswegs richtiger als Luthers *tritt her von der Höhe Amana*.

Ebenso ist Luthers *seiner edlen Früchte* (5, 1) besser als Goethes *Frucht seiner Würze*.

Der *Reihentanz der Engel* (6, 12) beruht auch nicht auf den hebräischen Jugendstudien Goethes unter Leitung Albrechts, wie Badt (S. 354) meint, sondern gewiß, wie so vieles andere, auf Mitteilungen Herders; vgl. unten, S. 31, Z. 3. In einer (gestrichenen) Bemerkung der Zugabe zur ersten Fassung (vgl. A. 26) seiner Bearbeitung des Hohenliedes (in Redlichs Ausgabe, S. 651, unten) tut sich Herder

---

* Siehe die Noten zum hebr. Text der Bücher der Könige in der *Regenbogen-Bibel* (Leipzig 1904) S. 133, A. †.

etwas darauf zu gute, daß er seines Wissens den Sinn dieser Stelle (*Reigen der himmlischen Kriegsheere*) zuerst gefunden habe.

Die von Badt (S. 357) gerühmte Dreiteilung des Verses 4, 13 bei Goethe, *deine Gewächse ein Lustgarten, Granatbäume mit der Würzfrucht, Cypern mit Narden*, ist unmöglich; Luthers Übersetzung ist auch hier richtiger.

Wenn demnach Goethes Übersetzung des Hohenliedes keine gründlichen hebräischen Sprachkenntnisse voraussetzt, so bin ich doch der Ansicht, daß Goethe bei seiner Arbeit den hebräischen Text vor sich gehabt hat. Das ergibt sich weniger aus Übersetzungen wie *Auch lieblich* 1, 16; *da beginnt er* 2, 10; *auf den Märkten und Straßen* 3, 3; *kaum* 3, 4; *gebaut zur Wehre* 4, 4 (vgl. Badt, S. 353, Z. 13) oder dem Partizipium in *die umgehenden Hüter* (3, 3; 5, 7; vgl. Badt, S. 356) als vielmehr aus der Mitteilung Goethes an Merck, *Ich hab' das Hohelied Salomos übersetzt* (vgl. oben, S. vi) was doch kaum anders als von einer Übersetzung aus der hebräischen Urschrift verstanden werden kann. Katholische Theologen übersetzen wohl auch aus der Vulgata; aber Goethe war kein katholischer Theologe; außerdem weist nichts in seiner Übersetzung auf eine Benutzung der Vulgata hin (vgl. A. 16).

Ich glaube, daß Goethe den hebräischen Text vor sich hatte, ein hebräisches Wörterbuch, die Lutherbibel, die englische Bibel (vgl. A. 17) und einen oder mehrere Kommentare; außerdem aber gewiß auch die in *Wahrheit und Dichtung* (Band 12, S. 148, Z. 4 der Heinemannschen Ausgabe) erwähnte wörtliche lateinische Version Sebastian Schmids, an der der Straßburger Theologe vierzig Jahre bis zu seinem Tode (1696) gearbeitet hatte. Abgesehen von dieser lateinischen Version sowie der englischen Bibel, deren Benutzung selbst heutzutage noch vielen deutschen Gelehrten mit Gymnasialbildung unmöglich ist, arbeiten die meisten, die aus dem AT ins Deutsche zu übersetzen suchen, heute noch so; nur daß im günstigsten Falle seit einigen Jahren statt der Lutherbibel vielleicht die Kautzsch'sche Textbibel benutzt wird. Die Zahl der selbständigen Bibelforscher, die darüber hinausgehen, ist sehr gering.

Eine andere unhaltbare Ansicht Dr. Badts ist in A. 23 besprochen.

Für die richtige Übersetzung Goethes von 5, 1[b], *werdet trunken in Liebe*, die Badt (S. 350) für falsch hält, siehe A. 17 und S. 77, A. *.
Auch Meyer (siehe A. 25) bemerkt zu Herders Übersetzung *ihr*

Lieben (S. 56): *richtiger vielleicht: von Liebe (berauschet euch in Liebeswonnen! Stickel).*

(13) Luthers Übersetzung ist in *Luthers Dichtungen* ausgewählt von Will Vesper (München 1906) neu herausgegeben worden unter Weglassung gewisser Stellen und einigen Änderungen. Die Abteilung in verschiedene Abschnitte ist dabei ebenso unbefriedigend wie in Vespers Ausgabe der Lutherschen Übersetzung des *Prediger Salomo*; vgl. dazu meine neue metrische Verdeutschung und Erklärung in *Koheleth oder Weltschmerz in der Bibel* (Leipzig 1905).

(14) Loeper vergleicht Goethes Übersetzung hauptsächlich mit Kämpfs 1877 veröffentlichten Studie über das Hohelied (4. Auflage, Prag 1890).

(15) Charakteristische Stellen in Goethes Übersetzung, die teils wörtlich der Lutherbibel entnommen sind, teils nur unbedeutende Abweichungen von Luthers Fassung enthalten, sind z. B. *in meinem reisigen Zeug* 1, 9; *mit silbernen Pöcklein* 1, 11; *Trauben-Kopher* 1, 14; *Rose im Tal* 2, 1; *seine Rechte herzt mich* 2, 6; *guckt durchs Gitter* 2, 9; *der Lenz ist gekommen* 2, 12; *in meiner Mutter Haus, in meiner Mutter Kammer* 3, 4; *wie der Ritz am Granatapfel* 4, 3; *deine beiden Brüste, wie Rehzwillinge die unter Lilien weiden* 4, 5; *mit deiner Augen einem und mit deiner Halsketten einer* 4, 9; *liebe Braut* 4, 9. 10. 12; 5, 1; *meine Braut* 4, 11; *ein versiegelter Born* 4, 12; *dein Gewächs* 4, 13; *Calmus und Cynnamen* 4, 14; *wie ein Garten-Brunnen* 4, 15; *daß seine Würze triefen* 4, 16; *meine Fromme* 5, 2; 6, 8; *mein Haupt ist voll Taus und meine Locken voll Nachttropfen* 5, 2; *Myrrhen liefen über meine Hände an dem Riegel am Schloß* 5, 5; *nahmen mir den Schleier* 5, 7; *was ist dein Freund vor andern Freunden* 5, 9; *auserkoren unter viel Tausenden* 5, 10; *seine Augen Taubenaugen an den Wasserbächen, gewaschen in Milch, stehend in Fülle* 5, 12; *Würzgärtlein* 5, 13; *seine Hände Goldringe mit Türkisen besetzt, sein Leib glänzend Elfenbein geschmückt mit Sapphiren* 5, 14; *schrecklich wie Heerspitzen* 6, 3; *wende deine Augen ab von mir, sie machen mich brünstig* 6, 4; *schön ist dein Gang in den Schuhen, du Fürstentochter* 7, 1; *dein Nabel ein runder Becher* 7, 2; *deine Augen wie die Teiche zu Hesbon am Tore Bathrabbim* 7, 4; *wie Purpur des Königs in Falten gebunden* 7, 5; *wie schön bist du und wie lieblich, du Liebe in Wollüsten* 7, 6; *seine Zweige ergreifen* 7, 8; *der mir glatt eingehe* 7, 9; *die Lilien geben den Ruch* 7, 13; *mein Bruder, der meiner Mutter Brüste saugt* 8, 1; *die dich zeugte* 8, 5^b; *setze mich wie ein Siegel auf*

dein Herz, wie ein Siegel auf deinen Arm 8, 6; *Eifer* 8, 6; *Ströme sie nicht ersäufen* 8, 7.

Goethes Übersetzung ist aber entschieden poetischer als die Luthersche. Goethe behält häufig (ebenso wie die Vulgata) die Wortstellung des hebr. Originals bei, während Luther die natürliche Wortfolge der deutschen Prosa bevorzugt. Luther sagt z. B. in 1, 3: *dein Name ist eine ausgeschüttete Salbe*; Goethe dagegen: *ausgegossne Salb' ist dein Name*, entsprechend dem hebr. *šémn hûráq** *šĕmékha*, lat. *oleum effusum nomen tuum*; — Luther hat in 1, 5: *ich bin schwarz*, Goethe: *schwarz bin ich*, hebr. *šĕḥorắh ắnî*, lat. *nigra sum*; — Luther 1, 9: *ich gleiche dich, meine Freundin, meinem reisigen Zeuge an den Wagen Pharaos*; Goethe: *meinem reisigen Zeug unter Pharaos Wagen vergleich' ich dich, mein Liebchen*; hebr. *lĕsusathî bĕ-rikhvê Phar'ô dimmithîkh ra'jathî*, lat. *equitatui meo in curribus Pharaonis assimilavi te, amica mea*; — Luther 1, 13: *mein Freund ist mir ein Büschel Myrrhen*, Goethe: *ein Büschel Myrrhen ist mein Freund*, hebr. *çĕrôr hammór dodhî-lî*, lat. *fasciculus myrrhae dilectus meus mihi*; — Luther 2, 5: *denn ich bin krank vor Liebe*,§ Goethe: *denn krank bin ich für Liebe*, hebr. *ki-ḥoláth ahváh ắnî*, lat. *quia amore langueo*; — Luther 2, 9: *mein Freund ist gleich einem Reh*; Goethe: *Er† gleicht, mein Freund, einer Hinde*; hebr. *doméh dhodhî liçvî*, lat. *similis est dilectus meus capreae*; Luther 8, 6: *denn Liebe ist stark wie der Tod*, Goethe: *denn stark wie der Tod ist die Liebe*, hebr. *ki-'azzáh kammáṷth ahváh*, lat. *quia fortis est ut mors dilectio*.

Goethe bevorzugt diese Voranstellung des Prädikats oder Objekts auch in Fällen, wo sie sich weder im hebr. Text noch in der Vulgata findet; z. B. hat Goethe in 2, 3: *und süß ist meinem Gaum seine Frucht*, hebr. *u-firjô mathóq lĕ-ḥikkî*, lat. *et fructus ejus dulcis gutturi meo*; ebenso 2, 14: *denn lieblich ist deine Stimme, schön dein Antlitz*, hebr. *ki-qolékh 'arév u-mar'ékh nawéh*, lat. *vox enim tua dulcis, et facies tua decora*; — 4, 3: *lieblich deine Rede*, hebr. *u-midhbarékh nawéh*, lat. *et eloquium tuum dulce*. Für Luthers prosaische Wiedergabe *gehe hinaus auf die Fußstapfen der Schafe* (1, 8) setzt Goethe: *folg' nur*

---

* Das überlieferte anlautende *t* ist ein Schreibfehler für *ḥ*; die hebr. Schriftzeichen für *ḥ* und *t* werden häufig miteinander verwechselt. *Hûraq* ist ein Relativsatz mit Auslassung des Relativpronomens wie *çafánti lákh* in 7, 13.

§ Auch Herder übersetzt: *denn ich bin krank für Liebe*.

† Besser wäre *Es gleicht mein Freund einer Hinde*.

den Tapfen der Herde; für *wir wollen dir goldene Spangen machen* (1, 11): *Spangen von Gold sollst du haben*; in beiden Fällen gibt Goethe unbewußt den Rhythmus des Urtexts wieder.

Auch Goethes Bevorzugung der kürzeren Formen erhöht den rhythmischen Reiz, z. B. *all* für *alle*, *Ruch* (1, 12) statt *Geruch*, *draus* für *draußen*, *Gaum* statt *Gaumen*, *Parden** für *Leoparden*, *Gartenbrunn*, *unter viel Tausenden*, *bin ich gangen*, *unterm*, *wo dein pflegte*, *folg'*, *solang'*, *zeig'*, *tön'*. Besonders wendet Goethe diese Formen zur Vermeidung des Hiatus an, z. B. *Küss' er mich*, *Salb' ist*, *deine Lieb' über*, *hütet' ich*, *weißt du's nicht*, *vergleich' ich*, *begehr' ich*, *niedersitz' ich*, *ich beschwör' euch*, *steh auf*, *sucht' ich*, *ich fass' ihn*, *ich lass' ihn*, *sagt' ich*, *hätt' ich*, *bewahrt' ich*, *fänd' ich*.

(16) Das *Maiblümchen* in 2, 1 beweist nicht Einfluß der Vulgata; ebensowenig *der unter Lilien weidet* in 2, 16; 4, 5; vgl. die folgende Anmerkung. Auch die Akkusativkonstruktion in 3, 4 (*da ich sie vorüber war*) beruht nicht auf Einfluß der Vulgata (*cum pertransissem eos*) ebensowenig *bis der Tag atmet* 2, 17; *donec aspiret dies* hat eine andere Bedeutung. Die Voranstellung des Relativsatzes in 3, 3 (*den meine Seele liebt, saht ihr den nicht?*) die auch Herder hat, findet sich nicht nur in der Vulgata, sondern auch im hebr. Texte.

(17) Zum Beispiel 2, 5: *Stützet mich mit Flaschen, polstert mir mit Äpfeln* = Stay me with flagons, comfort (am Rande *straw*) me with apples; Vulgata: *fulcite me floribus, stipate me malis*; Luther: *Er erquicket mich mit Blumen und labet mich mit Äpfeln*; die Erklärung *flagons* beruht auf dem talmudischen *aśiśa*. Ebenso hat Goethe in 1, 13: *zwischen meinen Brüsten übernachtend* wie die englische Bibel: he shall lie all night betwixt my breasts, während die Vulgata übersetzt: *inter ubera mea commorabitur*, und Luther: *das zwischen meinen Brüsten hängt*. Vgl. auch Goethes *dein Haupt auf dir wie Carmel* (7, 5) = Thine head upon thee (is) like Carmel (Herder: *dein Haupt auf dir, wie der Karmel*). Goethes *der die schlafenden geschwätzig macht* (7, 9) entspricht der Übersetzung der englischen Bibel causing the lips of those that are asleep to speak; Luther: *und rede von fernigem*, Vulgata: *labiisque et dentibus illius ad ruminandum*. Auch Goethes freie Wiedergabe des Schlußes von 7, 12: *Da will ich dich herzen nach Vermögen* stimmt mehr zu dem There will I give

---

* So auch Herder; siehe Meyers Ausgabe (vgl. A. 25) S. 55 Z. 2 (S. 126, Z. 30: *Pardel*).

thee my loves der englischen Bibel als zu Luthers *da will ich dir meine Brüste geben* = *ibi dabo tibi ubera mea* der Vulgata (vgl. dazu A. 19 zu VII). Die richtige Übersetzung des Schlußes von 5,1 bei Goethe, *werdet trunken in Liebe*, entspricht der Erklärung am Rande der englischen Bibel: *be drunken with loves*; Vulgata: *et inebriamini, carissimi*; Luther: *meine Freunde, werdet trunken*. Das *in Liebe* am Schluße ist also keineswegs Goethes Zusatz wie Loeper (S. 143) anmerkt. Goethes *Maiblümchen* (2, 1) beruht wohl auch mehr auf dem *lily of the valleys* der englischen Bibel als auf dem *lilium convallium* der Vulgata. Letzteres würde Goethe wohl durch *Lilie in den Tälern* wiedergegeben haben. Der botanische Name der *Maiblümchen* oder *Maiglöckchen* ist *Convallaria majalis*. Die Übersetzung *Maiblümchen* geht jedenfalls auch auf Herder zurück; er bemerkt zu 2, 1: *sie ist die Blume des Feldes, womit die Natur dort Alles bedeckt hat, das Veilchen, die Maiblume, die sich unter den Füßen des Wanderers verliert.* In der Zugabe zur ersten Fassung von 1776 (S. 645 von Redlichs Ausgabe; vgl. A. 26) bemerkt Herder von der Saronsblume: *Sie ist hier, was die Parallelreihe auch klar sagt, eben das wozu Christus Matth. 6, 28 die Lilie des Feldes anführt, und wir etwa Veilchen, Maiblumen, Tallilien nennen würden, Symbol der Niedrigkeit und Demut.* Dies ist irrig; vgl. S. 35, Z. 1 und A. 4 zu III.

Es ist unmöglich anzunehmen, daß diese Übersetzungen in der englischen Bibel Goethe lediglich durch das sogenannte *große englische Bibelwerk* vermittelt worden sind, wie Badt (vgl. A. 12) meint. In 2,5 hat dieses aus dem Holländischen übersetzte Werk z. B. *stärket mich mit Äpfeln*; in 5,1: *werdet trunken, ihr Liebsten*; — in 2,1: *eine Lilie der Täler*; in den Anmerkungen dazu heißt es: *Für Lilie übersetzen andere: Veilchen . . . . Man muß aber hier durch die Lilie der Täler nicht das im Lateinischen so genannte Lilium convallium verstehen, sondern eine viel edlere und wohlriechendere Blume.* — Auch die von Badt S. 356 (vgl. A. 12) besprochene Übersetzung von 8, 1, *fänd' ich dich drauß, ich küßte dich*, hat Goethe nicht aus dem englischen Bibelwerk; dagegen hat die englische Bibel: *When I should find thee without, I would kiss thee*. Herder übersetzt: *daß, wo ich dich nur fände, ich könnte küssen dich*.

Das *große englische Bibelwerk*, das Goethe im vierten Buche des ersten Teils von *Wahrheit und Dichtung* erwähnt,* erschien in 19 großen,

---

* In der Ausgabe des Bibliographischen Instituts, Band 12, S. 148, Z. 27.

dicken Quartbänden zu Leipzig 1749—1770 (im Verlage von B. C. Breitkopf, dem Vater von J. G. I. Breitkopf, dessen Sohn C. G. Breitkopf später mit G. C. Härtel die Firma Breitkopf & Härtel begründete) unmittelbar vor der bekannten (in 19* dünnen Kleinquartbänden ausgegebenen) *Deutschen Übersetzung des Alten und Neuen Testaments mit Anmerkungen für Ungelehrte* von J. D. Michaelis (Göttingen 1769—1792). § Band 7 des *englischen Bibelwerks* mit den *Sprüchen*, dem *Prediger* und dem *Hohenliede* wurde 1756 veröffentlicht. Band 1 erschien im Geburtsjahre Goethes.

Das *englische Bibelwerk* war nicht aus dem Englischen übersetzt, sondern die unter Leitung von R. Teller (später J. A. Dietelmaier und J. Brucker) besorgte Bearbeitung eines Werkes, das zuerst in Holland (Haag 1742) unter dem Titel *La Sainte Bible avec un Commentaire littéral* in französischer, dann in holländischer Sprache erschienen war und eine Übersetzung der ganzen Bibel mit ausführlichen Einleitungen und Anmerkungen zusammengetragen aus den Werken englischer Bibelforscher enthielt.‖ Die beiden ersten (von R. Teller herausgegebenen) Bände mit dem Pentateuch sind aus dem Französischen, die übrigen aus dem Holländischen übersetzt. Die deutsche Übersetzung der beiden ersten Bände war von dem Subrektor des Gymnasiums in Gera, M. J. D. Heyde angefertigt worden.† Romanus Teller (der Pastor an der Thomaskirche und Professor der Theologie in Leipzig war) starb schon 1750 (47 Jahre alt) nach Herausgabe der beiden ersten Bände; die übrigen Teile (3—11) des Alten Testaments wurden von Johann Augustin Dietelmaier (der Archidiakonus an

---

* Das Alte Testament umfaßte 13 Teile, das Neue 6.

§ Michaelis, den Herder zu den *Säuen von Auslegern* rechnete (siehe die *Nachträge* zu S. 97, A. 3) hielt den Inhalt des Hohenliedes für anstößig und ließ deshalb das ganze Buch bei seiner Bibelübersetzung weg. Seine Ansicht war jedenfalls richtiger als die Auffassung Herders.

‖ Über die englischen Ausleger, deren Arbeiten in diesem Bibelwerke benutzt sind, handelt Baumgarten (siehe S. xxxiii, A. †) in seiner Vorrede zum dritten Bande. Am meisten wird Simon Patrick (gestorben 1707 als Bischof von Ely) angeführt.

† Auch das Buch Josua im dritten Bande ist noch aus dem Französischen übersetzt. Bei den folgenden Büchern besorgte die Übersetzung aus dem Holländischen Friedr. Dav. Müller. Die französische Ausgabe (die übrigens auch nach der holländischen gemacht war) wurde wegen 'Verfalls' der Verlagsbuchhandlung nicht fortgesetzt.

der Stadtkirche und Professor des Theologie in Altorf war)* herausgegeben, das Neue Testament von Jakob Brucker (Pastor zu St. Ulrich in Augsburg). Der Titel dieses englischen Bibelwerks ist *Die Heilige Schrift des Alten und Neuen Testaments, nebst einer vollständigen Erklärung derselben, welche aus den auserlesensten Anmerkungen verschiedener Engländischen Schriftsteller zusammengetragen, und zuerst in der französischen Sprache an das Licht gestellet,*§ *nunmehr aber in dieser deutschen Übersetzung auf das neue durchgesehen, und mit vielen Anmerkungen und einer Vorrede* † *begleitet worden.* Vgl. L. Diestel, *Geschichte des Alten Testaments in der christlichen Kirche* (Jena 1869) S. 637 und A. Hauck, *Realcyklopädie für protestantische Theologie und Kirche.* 3. Auflage, Band 3 (Leipzig 1897) S. 185, Z. 9; Band 19 (1907) S. 475, Z. 41.

(18) Zum Beispiel *Kelter* statt *Keller* 2, 4; *auf meiner Schlafstätte zwischen den Gebirgen* 3, 1; *auf seine Stimme kam ich hervor* 5, 6. In 2, 1 hat Goethe den ersten Ausdruck *Herbstzeitlose des Blachfelds* (Luther: *Blume zu Saron,* Vulgata: *flos campi*) ganz weggelassen und dafür zwei Übersetzungen des zweiten gegeben, nämlich die Luthersche (*eine Rose im Tal*) sowohl wie die der englischen Bibel (*ein Maiblümchen = lily of the valleys*).

(19) Nämlich 3, 5; 4, 6; 6, 4^b—6. 11; 7, 3; 8, 3. 4. 13. 14.

(20) Nämlich 3, 7—11; 7, 3; 8, 8—12. Nach Loeper (S. 142) soll Goethe 3, 7—11 weggelassen haben als nicht mit seiner Ansicht von den Liedern übereinstimmend, während die Verse bei der dramatischen Auffassung unentbehrlich seien. Das ist eine wenig befriedigende Erklärung. Die Verse passen auch zu der lyrischen Auffassung.

(21) Vgl. Goethes Abschnitte 5 und 6 = VII, iv. v; ebenso 17 und 18 = VI, vi. vii; auch der Anfang von 19 gehört zu 17 + 18; ferner 26 und 27 = IX, ii. iii.

(22) Zum Beispiel die beiden Hälften von XII oder die *disjecta*

---

* Die Universität Altorf (oder *Altdorf*) wurde 1809, als Nürnberg an Bayern fiel, aufgehoben.

§ Auf dem Titel des dritten Teiles (Leipzig 1752) heißt es dafür: *teils in der französischen, teils holländischen Sprache an das Licht gestellet*; in den späteren Bänden nur: *und in der holländischen Sprache an das Licht gestellet.*

† Im dritten Teile findet sich eine längere Vorrede von Dr. Siegmund Jakob Baumgarten, Professor der Theologie in Halle; vgl. oben, S. xxxii, A. ‖.

membra von VII. Goethes oben, S. v, am Schluß des ersten Abschnitts ausgesprochene Ansicht ist doch etwas zu resigniert und pessimistisch. Vgl. auch S. vi, Z. 21.

(23) Vgl. den Schluß des ersten Abschnitts von A. 12 zu XII. Die Annahme Badts (vgl. oben, A. 12) daß Goethe seine Arbeit nicht endgiltig abgeschlossen habe, sodaß die drei Kreuzchen am Ende des Manuskripts von Goethes Übersetzung des Hohenliedes nur einen vorläufigen Abschluß bedeuteten, scheint mir nicht berechtigt. Wenn Goethe die Stellen, die sich im Original wiederholen (vgl. A. 19) nur einmal übersetzte, so hatte er gewiß nicht die Absicht, wie Badt (S. 349) meint, das Weggelassene bei näherer Ausführung nachzutragen, sondern er hielt diese Doubletten eben mit Recht für müßige Wiederholungen. Auch daß Goethe seine Übersetzung mit 8,7 schließt, beruht sicherlich auf der Überzeugung des Dichters, daß dies der angemessenste Schluß sei. Die Weglassung der Wiederholungen und der Verse am Schlusse hinter 8,7 geht jedenfalls auf Anregungen Herders zurück. Daß Goethe seine Übersetzung des Hohenliedes allmählich ganz aus den Augen verloren habe, wie Badt (S. 349 unten) meint, ist im Hinblick auf die oben S. v angeführten Bemerkungen unwahrscheinlich. Die Nichtveröffentlichung seiner Jugendarbeit hatte wohl andere Gründe; vgl. den drittletzten Absatz von A. 7.

(24) Diese alten Minnelieder sind kürzlich in einer neudeutschen Übersetzung von Will Vesper herausgegeben worden unter dem Titel *Das Hohelied Salomonis in 43 Minneliedern* (München 1906). Die Lieder enthalten viel Schönes, geben aber keinen Begriff von dem biblischen Original. Sie sind wohl noch vor 1300 entstanden, wenn sie auch nur in Handschriften des 14.—15. Jahrhunderts vorliegen; siehe Meyer (vgl. A. 25) S. 7. Das vorletzte der von Herder mitgeteilten 44 Lieder hat Will Vesper ausgeschieden, da es mit dem Hohenliede nichts zu tun habe; das drittletzte Lied hat er ans Ende gestellt; vgl. den Schluß von A. 17 zu IX. Eine Probe von Vespers neudeutscher Fassung ist am Schluß von A. 3 zu VIII gegeben. Auf dem Reklamestreifen um den Einband von Vespers Büchlein heißt es von diesen Minneliedern: *„Ein Juwel deutscher Sprache"* nennt Herder diese so *lange vergessene Sammlung. Kleine, kostbare Kristalle einer großen Liebe. Einer der größten Schätze mittelalterlicher, ja deutscher Kunst überhaupt. Die Übersetzung, die erste, die überhaupt erschien, sucht der Originale würdig zu sein.* Die Begeisterung für diese Lieder scheint mir etwas zu weit zu gehen, ebenso wie Goethes und

Herders Schätzung der biblischen Liebeslieder etwas zu hoch war; vgl. oben, A. 2.

(25) In Bernhard Suphans Ausgabe von Herders *Sämtlichen Werken*, Band 8 (Berlin 1892) S. 485—588. Die Herausgabe dieses Bandes ist von C. Redlich (Hamburg) besorgt worden. Auch in Heinrich Meyers Ausgabe von Herders Werken in Joseph Kürschners *Deutscher Nationalliteratur*, Band 74 sind die beiden ersten Teile von Herders *Liedern der Liebe* (ohne den dritten mit den alten Minneliedern) auf S. 31—118 enthalten, und dahinter (S. 119—134) ist wenigstens der Text der Übersetzung nach der älteren Fassung (1776) gegeben. Auszüge aus den Erläuterungen Herders in diesem von Redlich vollständig abgedruckten Manuskript (siehe A. 26) gibt Meyer in seinen Anmerkungen. S. LIX dieses Bandes rühmt Meyer an Herders Bearbeitung des Hohenliedes *die unübertroffene Feinheit der Analyse und Interpretation*, und S. 23, unten sagt er: *Vielleicht zeigt sich diese Gabe, den Ton der Empfindung in einem Kunstwerk herauszufühlen und wiederzugeben, dies außerordentlich feine Stilgefühl nirgends glänzender als grade hier .... Das Herausschälen und Abgrenzen der einzelnen Stücke gehört zu den größten Triumphen Herderscher Interpretationskunst und hat auch heute noch nichts an Wert verloren.* Ebenso heißt es in der neuen *Deutschen Literaturgeschichte* von Alfred Biese (München 1907) S. 627: *Unnachahmlich ist die Zartheit und Überzeugungskraft, mit der er die Herrlichkeiten der orientalischen Poesie aufzeigt.* Aber schon Rudolf Haym hat mit Recht bemerkt, daß Herders Auffassung viel zu zart, zu jungfräulich ist um historisch treu zu sein; vgl. S. 16 von Meyers Ausgabe und oben, A. 2. Dr. W. Caspari sagt in der *Zeitschrift für die alttestamentliche Wissenschaft*, Band 27 (1907) S. 189 von Herder in etwas sonderbarem Deutsch: *Er lebt doch zu lang unter den Dichterkönigen, in den Kreisen der Literaturgeschichte und des Stils, als daß man ihm den Vorwurf ersparen könnte, er finde seine Aufgabe darin, Lorbeerkränze zu flechten für alttestamentliche Autoren, und er rezensiere, den er zuvor kreiert hat.*

(26) In Suphans Ausgabe, Band 8, S. 589-658. Proben der ersten Fassung sind daselbst S. 594, A. 1 und S. 680 (zu S. 643) mitgeteilt worden. Wenn auch diese drei Manuskripte nach Redlich (Band 8 von Suphans Ausgabe, S. 679, Z. 5; S. 680, zu S. 643) nicht vor 1776 geschrieben sind, so muß Herder seine Übersetzung der biblischen Liebeslieder doch schon mehrere Jahre vorher niedergeschrieben

haben; denn schon am 21. März 1772 schrieb er an seine Braut Karoline Flachsland: *Ich kann Ihnen, wenn Sie wollen, noch mehr (nämlich von den dem Briefe beigefügten englischen Romanzen) schicken, auch griechische Lieder, auch gar, falls Sie Appetit haben, den 'Hiob' und das 'Hohelied Salomons.'* Herder mag Goethe in Straßburg im Winter 1770/1 nicht nur einzelne Stellen der biblischen Liebeslieder mündlich erklärt, sondern auch eine schriftliche Übersetzung davon zu lesen gegeben haben. In Herders Nachlaß fanden sich (außer den drei Niederschriften aus dem Jahre 1776 und der Druckvorlage des 1778 erschienenen Buches) auch eine Anzahl Übersetzungsversuche auf einzelnen Blättern, die, wie Redlich bemerkt, der Handschrift nach aus der Bückeburger Zeit (d. h. Ende April 1771—Ende Sept. 1776) zu stammen scheinen. Herders Handschrift wird sich in Bückeburg schwerlich so schnell verändert haben, daß man mit Sicherheit behaupten dürfte, die Blätter könnten nicht schon zur Zeit des Straßburger Verkehrs mit Goethe geschrieben worden sein.

(27) Herders Bemerkungen zum Hohenliede haben nicht selten einen starken theologischen Anstrich; gewisse Stellen ähneln mehr einer Predigt als einer literarischen Erläuterung; siehe z. B. in Meyers Ausgabe (vgl. A. 25) S. 45. 60. 78. 92. 100—110.

(28) Theodorus, Bischof von Mopsuestia in Kilikien, gestorben im Jahre 428.

(29) Man vergleiche die Kapitelüberschriften in der Lutherbibel, z. B. bei Kapitel 1: *Der christlichen Kirche Verlangen nach ihrem Bräutigam Christo, mit dem sie sich in Liebe versprochen und verbunden.* In der englischen Bibel lautet die Überschrift des ersten Kapitels: *1 The church's love unto Christ. 5 She confesses her deformity, 7 and prayeth to be directed to His flock. 8 Christ directeth her to the shepherd's tents: 9 and showing His love to her, 11 giveth her gracious promises. 12 The church and Christ congratulate one another.* Die Auslegung des Hohenliedes in der jüdischen Gemeinde und in der griechischen Kirche ist 1898 in einem unter diesem Titel erschienenen Werke von W. Riedel behandelt worden. Auch in dem von Goethe benutzten *großen englischen Bibelwerk* (vgl. A. 17) war die Erklärung durchaus allegorisch (vgl. den drittletzten Abschnitt von A. 7). Allerdings sagt der Herausgeber der holländischen Originalausgabe, Johann van den Honert, in seiner der deutschen Bearbeitung vorgedruckten Vorrede (datiert: Leiden, den 30. Sept. 1744): *Es ist sicher, daß dieses erhabene Gedicht für ein Lied der Liebe gehalten werden muß, worinne*

zwo Personen, eine männliches, und die andere weibliches Geschlechts ihre beiderseitige zärtliche Liebe in entzückenden und alles übersteigenden Ausdrücken sehr lieblich vortragen .... *Diese so kräftige und überall herrschende Liebe ist ohne Zweifel eine solche Liebe, deren höchster Gipfel in der Ehevereinigung beider Personen zu finden ist* .... *Der Hauptinhalt kommt also darauf hinaus, daß man sich zwei in reiner Liebe entbrannte Herzen vorstellen muß, die nicht nur einander ihre Liebe vermelden, sondern sich auch einander in einem vergnügten Garten- und Landleben mitteilen.* Doch fügt er später hinzu: *Es scheint mir auch vollkommen sicher zu sein, daß man in dieser Vermählung Salomons, außer dem itzo kürzlich vorgestellten gewöhnlichen Sinnbilde, welches man in allen rechtmäßigen und beglückten Heiraten zugiebt, auch noch etwas vorbildendes erkennen müsse, welches eine prophetische Bedeutung hat.*

(30) Der berühmte französische Kanzelredner (1627—1704) der vielfach als *der letzte französische Kirchenvater* bezeichnet worden ist. Seine *Libri Salomonis, Proverbia, Ecclesiastes, Canticum Canticorum, Sapientia, Ecclesiasticus, cum notis* &c. erschienen zu Paris im Jahre 1693; siehe Redlichs (vgl. A. 26) Anmerkungen, S. 678.

(31) Die alte Ansicht Bossuet's, daß das Hohelied für die sieben Tage der Hochzeitswoche (vgl. 1 Mose 29, 27; Richter 14, 12; Tobias 11, 19) bestimmt sei, ist in neuerer Zeit besonders von Professor Budde in Marburg verteidigt worden, hauptsächlich auf Grund der Mitteilungen von Wetzstein, der lange Jahre als preußischer Konsul in Damaskus lebte (vgl. unten, A. 41 zu VII). Wetzsteins Aufsatz *Die syrische Dreschtafel* steht in Bastians *Zeitschrift für Ethnologie*, 1873, S. 187—294. Buddes Ausführungen erschienen in den *Preußischen Jahrbüchern*, Band 78, S. 92—117 (Okt. 1894) und vorher in *The New World* (Boston) März 1894; vgl. auch Stades *Geschichte des Volkes Israel* (Berlin 1881—88) 2, 197.

(32) Der Verzicht auf eine Verdeutschung im Versmaße der hebräischen Urschrift scheint mir ebensowenig am Platze wie Goethes Verzicht auf eine Ordnung der *fragmentarisch durcheinander geworfenen übereinander geschobenen Gedichte*. Ein Silbenmaß gibt es nicht im Hebräischen; nur die Zahl der Hebungen ist regelmäßig; vgl. oben, S. xv, Z. 5.

(33) Daß der hebräische Wortlaut wohlklingender sei als der deutsche, kann ich auch nicht zugeben. Die meisten Leserinnen werden jedenfalls die deutsche Übersetzung vorziehen. *Horch, mein Liebster* klingt

ihnen sicherlich mindestens ebenso schön wie das hebr. *qôl dôdhi-lî.*
Eine lateinische Transkription des hebr. Originaltextes von X und XII
habe ich in meinem Aufsatz *Die Form der biblischen Liebeslieder*
in den *Verhandlungen des XIII. Orientalisten-Kongresses in Hamburg,*
1902 (Leiden 1904) gegeben. Vgl. auch die akzentuierte Umschrift des
hebräischen Originals in den oben, im zweiten Absatz von A. 15 angeführten Stellen, auch den viertletzten Absatz von A. 49. In Herders
Nachlaß befindet sich auch ein Blatt, das *neben einer akzentuierten
Umschreibung des hebräischen Textes in deutschen Lettern fragmen-
tarische deutsche Nachbildungen enthält, für deren Tonfall der Urtext
Anleitung geben sollte* (siehe Redlich in Suphans Ausgabe, Band 8,
S. XIV).

(34) Zum Beispiel der hervorragende englische Bibelforscher
S. R. Driver, dessen *Einleitung* in die alttestamentliche Literatur
auch in deutscher Übersetzung erschienen ist. Auch der grundgelehrte
Bonner Hebraist, Ed. König (S. 148 seiner neuesten, unten S. 110, A. *
angeführten Schrift) meint noch immer, daß das Hohelied eine einheitliche Dichtung und seiner Form nach dramaähnlich sei (vgl. aaO
S. 150—152). Ebenso sei Psalm 45 dramatisch angelegt; vgl. aber
meine unten, S. 22 (Z. 6 von unten) zitierte Übersetzung. Für dramatische Legenden in der altbabylonischen Literatur vgl. Haupt, *Purim,*
S. 38, Z. 33. Mit Recht erhebt König (S. 149) aber Einspruch gegen
die unbegründete Behauptung, daß das Hohelied ganz die Situation
abbilde, in die uns die syrische Dreschtafel (vgl. A. 45) versetze und
daß das Buch die Vermählung der darin sprechenden Personen vor-
aussetze. Auch die Behauptung Königs (S. 154, Z. 3) *Ferner darf
man nicht meinen, daß im nachexilischen Israel nicht Liebesverhält-
nisse im Kreise der Jugend vorgekommen seien, soweit überhaupt sie
in jenen Gegenden und Zeiten naturgemäß — d. h. hauptsächlich unter
der Hirten- und Landbevölkerung — eintraten* ist ebenso einleuchtend
wie die Anmerkung (die Fritz Mauthner in seinen *Parodistischen
Studien* der Parodie eines Ebersschen Romanes beifügte) daß es nur
dem eingefleischtesten Zweifler einfallen könne, die Existenz von Kin-
dern im alten Ägypten zu bestreiten; schon die Auffindung von Kinder-
mumien sei für ihn beweiskräftig.

(35) Herder sagt: *Die einzelnen Stücke müssen ihr individuelles
Leben behalten; dies ist nur Fassung vieler Perlen an einer Schnur,
das Lied der Lieder;* vgl. Meyers Ausgabe, S. 98, Z. 14 (auch S. 91,
Z. 1). Cornill sagt in § 46, 3 (S. 286 der fünften Auflage) seiner aus-

gezeichneten *Einleitung in das AT* (Tübingen 1905) daß das Hohelied deutlich in einzelne kürzere oder längere Lieder zerfalle, *die nicht mehr miteinander zusammenhängen als eine Reihe schöner Perlen auf eine Schnur gefasset* (*Herder*). In dieser Form findet sich die Bemerkung bei Herder nicht. Vgl. auch in der ersten Fassung von 1776 (siehe A. 26) S. 592, unten, in Redlichs Ausgabe; S. 628, Z. 12 spricht Herder von dem *feinen Faden, den der Sammler bei Reihung dieser kostbaren Perlen hatte.*

Übrigens hatte man schon vor Herder erkannt, daß das Hohelied eine *Perlenschnur einzelner Liebeslieder* enthält. Herder sagt selbst, daß der *erste deutsche Dichter* Martin Opitz aus Bunzlau (1597—1639) das Hohelied nicht als Drama oder als mystische Hypothese, sondern als Lieder übersetzt habe. Opitzs Verdeutschung erschien unter dem Titel *Salomons des Hebr. Königes Hohes Liedt in deutsche Gesänge gebracht* (Breslau 1627). Siehe S. 678 von Redlichs Ausgabe.

(36) Vgl. A. 1 zu II.

(37) Vgl. dagegen A. 41 zu VII.

(38) Dies ist ein kleines Versehen Herders: das erste Buch der Könige (4, 32 = hebr. 5, 12) sagt von Salomo: *er redete dreitausend Sprüche und seiner Lieder waren tausend und fünf.* In den einleitenden Bemerkungen zur ersten Fassung von 1776 (vgl. A. 26) spricht Herder richtig von 1005 Liedern (S. 593 von Redlichs Ausgabe). Später aber (S. 629, unten) redet er wieder von 3005 Liedern, obgleich er auf der folgenden Seite die Stelle 1 K 4, 32 richtig angeführt (3000 Sprüche, 1005 Lieder). Zu *Ausbund* bemerkt Mörike am Schluß des Anhangs zu seinem Märchen *Das Stuttgarter Hutzelmännlein* (vgl. unten, die *Nachträge* zu S. 23, A. 7) daß dieser Ausdruck (wie das vormals gebräuchliche *Überbund*) bedeute: *was im Zusammenbinden auswärts gerichtet wird.* Ähnlich bezeichnet das schwäbische *Schaufalt* die Falte an Tüchern, die nach außenhin, um besonders gesehen zu werden, gelegt wird; daher das Vorzüglichste seiner Art.

(39) Herders Zeilen sind häufig zu kurz; er hat öfters eine Halbzeile in zwei Zeilen zerlegt, z. B. *Er küsse mich | mit seines Mundes Küssen* oder *So ist zerfließender Balsam | dein Name.* Ebenso: *O sage mir, | den meine Seele liebt: | Wo weidest du? | Wo lagerst du | am Mittag?* — Ferner: *Seine Linke | mir unterm Haupt. | Seine Rechte | umfaßt mich.* — Ebenso: *Die Königinnen | und Buhlerinnen | lobeten sie.* Wo er das Versmaß des Originals wiedergibt, beruht es lediglich auf Zufall. Auch Goethe hat öfter Verse unnötigerweise in zwei Hälften geteilt:

z. B. wäre es trotz der Reime richtiger gewesen im *Faust* (785) zu schreiben: Hat der Begrabene schon sich nach oben
Lebend Erhabene, herrlich erhoben.

Vgl. Hermann Paul, *Deutsche Metrik* (Straßburg 1905) § 67. Ebenso sollten die drei Zeilen *Freudvoll | und leidvoll | gedankenvoll sein* in einer Zeile geschrieben werden; vgl. J. Minor, *Neuhochdeutsche Metrik* (Straßburg 1902) S. 191,* auch die unten, in A. 49 angeführten Verse aus Fouqués *Undine* und die Bemerkungen daselbst über die unrichtige Zeilenabteilung in Goethes *Ach neige | du Schmerzenreiche.* Auch die ersten Zeilen (3776—3793) des Bösen Geistes in der *Domszene* sind falsch abgeteilt. Nach den ersten vier dreihebigen Zeilen wäre es metrisch richtiger gewesen zu schreiben:

        Gebéte lálltest, halb Kínderspiele,
        Halb Gótt im Hérzen! Grétchen!
        Wó stéht dein Kópf?
        In deinem Hérzen, wélche Míssetat?
        Bet'st dú für deiner Mútter Séele,
        Die durch dích zur lángen, lángen
        Péin hinüberschlief?

Hier liegen keineswegs *freie Rhythmen* (Minor, S. 327, Z. 7; vgl. Paul, *Deutsche Metrik*, S. 137) vor; die Verszeilen sind nur unrichtig abgeteilt; vgl. dazu Minor, S. 328, 2, Z. 4.

In Schillers *Tell* beginnt das *Lied des Fischerknaben* mit zwei vierhebigen Langzeilen:

        Es lächelt der See, | er ladet zum Bade,
        Der Knabe schlief ein | am grünen Gestade;

die folgenden zwei gleichgebauten Langzeilen

        Da hört er ein Klingen | wie Flöten so süß,
        Wie Stimmen der Engel | im Paradies

sind von Schiller aber in vier Zeilen geschrieben, ebenso in der zweiten Strophe; auch in dem *Lied des Alpenjägers*, dessen erstes Halbzeilenpaar lautet: *Es donnern die Höhen, | es zittert der Steg.* Im *Lied des Hirten* ist die Eingangs- und Schlußstrophe *Ihr Matten, lebt wohl, | ihr sonnigen Weiden! || Der Senne muß scheiden, | der Sommer ist hin ||* auf vier Zeilen verteilt, während in der mittleren Strophe die Halbzeilenpaare in einer Zeile stehen. Ähnlich sind in *Des Mädchens Klage* (Wallenstein): *Der Eichwald brauset, | die Wolken ziehn,* die

---

    * Es ist vielleicht nicht überflüssig zu bemerken, daß ich Minors Buch am 12. August 1907 zum ersten Male zu Gesicht bekommen habe, nachdem ich meine metrischen Untersuchungen abgeschlossen.

ersten beiden vierhebigen Langzeilen jeder Strophe in vier Halbzeilen geschrieben.

(40) Gar mancher hält die orakelhafte Dunkelheit für ein Haupterfordernis religiöser Anregung und sträubt sich gegen jede Modernisierung der alten Bibelübersetzung. Wenn man eine dunkle Stelle der Lutherschen Bibel in klares unmißverständliches Deutsch umgießt, dann ist es allerdings schwerer, alles Mögliche nach Gutdünken herausoder hineinzulesen.

(41) Vgl. meine Übersetzung des sogenannten Prediger Salomo in *Koheleth oder Weltschmerz in der Bibel* (Leipzig 1905) S. 17 (1, 18).

(42) Vgl. A. 44 zu VIII. Auch Franz Delitzsch (S. 6 unten in seinem 1875 erschienenen Kommentar über das Hohelied und Koheleth) hielt *Sulamith* (vgl. A. 6 zu II) für das *Ideal der zartesten und holdesten Weiblichkeit*.

(43) Noch vor 30 Jahren hielt einer der hervorragendsten englischen Bibelkritiker, W. Robertson Smith, dessen außerordentlich anregende Vorlesungen über das Alte Testament auch in deutscher Übersetzung erschienen sind, an der Abfassung der biblischen Liebeslieder zur Zeit Salomos fest.

(44) Der 72. Psalm ist nicht salomonisch, sondern ptolemäisch, verfaßt in Alexandria zur Feier der Thronbesteigung des Ptolemäus Philadelphus im Jahre 285 v. Chr. Der *König* ist Ptolemäus Lagi, und der *Königssohn*: Ptolemäus Philadelphus. Ptolemäus Lagi starb erst zwei Jahre nach der Thronbesteigung seines Sohnes. Psalm 127, den Herder ebenfalls für salomonisch hielt, ist zur Zeit Nehemias (um 430 v. Chr.) verfaßt; vgl. dazu unten, S. 118, Z. 11. Überhaupt gibt es kaum vorexilische Psalmen. Die Psalmendichtung beginnt erst nach der babylonischen Gefangenschaft und ist durch babylonische Vorbilder beeinflußt. Davidische Psalmen gibt es nicht. Das Klagelied über Saul und Jonathan, das sehr wohl davidisch sein kann, hat nichts Religiöses an sich; vgl. die metrische Verdeutschung und Erläuterung in der illustrierten Schrift *Die Regenbogen-Bibel* (Leipzig 1906) S. 23.

(45) Nach Budde (vgl. oben, A. 31) soll der Anfang von I (*Wer kommt da herauf aus der Flur?*) sich auf die *Dreschtafel* beziehen. Auch in seiner *Geschichte der althebr. Litteratur* (Leipzig 1906) hält Budde an dieser irrigen Auffassung fest, ebenso wie er (S. 286) die zweite Hälfte der Schlußzeile von XII (*Wenn einer für sie alles hingäbe, könnte man ihn darum verachten?*) noch immer übersetzt: *man würde ihn nur verachten*. Budde glaubt auch nach wie vor, daß die

biblischen Liebeslieder durchweg Hochzeitslieder seien; vgl. dagegen oben, S. xiii, Z. 25. Herder übersetzte ursprünglich (1776): *Was steigt dort aus der Wüsten auf?* aber 1778 hat er diesen Fehler verbessert. Vgl. Meyers Ausgabe, S. 125, Z. 1; S. 68, Z. 9; S. 96, Z. 31; S. 97, Z. 19. 31.

(46) Vgl. A. 20 zu II. Auch Franz Delitzsch (S. 13, unten, seines oben, in A. 42 erwähnten Kommentars) hielt es nicht für unmöglich, daß Theokrit die biblischen Liebeslieder in Alexandrien durch jüdische Literaten kennen gelernt. Es ist aber nicht notwendig, literarische Vermittlung anzunehmen; ein jüdischer Kaufmann aus Damaskus oder ein jüdischer Sklave aus der Umgegend von Damaskus konnte einzelne dieser Lieder zur Zeit Theokrits in Alexandrien mitteilen.

(47) Dies ist in Palästina und Syrien noch jetzt die üblichste Form der volkstümlichen städtischen Gedichte und der Lieder zu Tanz und Reigen bei Bauern und Beduinen (D xvii). Die strophische Anordnung ist dabei mindestens so gut wie in manchen deutschen Liedern, jedenfalls besser als z. B. in Ludwig Tiecks Gedicht *Siegfrieds Jugend*, dessen achte Strophe mit dem Vordersatz *und wünschten zu der Stund'* schließt, während der dazu gehörige Nachsatz *er wäre nie gekommen* die erste Zeile der folgenden Strophe bildet. Ebenso schließt Strophe xvi mit der Zeile *Als schon der Meister glaubt*, und der Nachsatz *er sei im Wald erstorben* ist die erste Zeile von Strophe xvii. Desgleichen schließt xix mit *Harnisch und Schwerter gut* und *versprach er flehn'd dem Werten* steht am Anfang von Strophe xx. Sievers' Bemerkungen am Schluß von § 79 seiner ausgezeichneten *Metrischen Studien* (Leipzig 1901) über *die für das Hohelied so charakteristische Kürze der einzelnen Abschnitte* und *den häufigen Wechsel des Metrums* sind unzutreffend.

(48) Man vergleiche dazu z. B. Mörikes Gedicht *Die Schwestern*:
Wir Schwestern zwei, wir schönen,
Wir haben lichtbraune Haar',
Und flichst du sie in einen Zopf
Man kennt sie nicht fürwahr.

Hier hat jede Halbzeile auch drei Hebungen, aber die beiden Halbzeilenpaare werden zusammengehalten durch den Reim, der im Hebräischen nur ausnahmsweise (und dann unbeabsichtigt) vorkommt; außerdem ist im Hebräischen die Abwechselung zwischen betonten und unbetonten Silben weniger regelmäßig. Übrigens ist auch in der zweiten Halbzeile von Mörikes Strophe *lichtbraune* auf der ersten Silbe betont, so daß zwischen den Hebungen *licht* und *Haar* zwei Senkungen stehen, und in der dritten Halbzeile sind *flichst, ein* und

Zopf betont, so daß *du sie in* drei Senkungen darstellen; ebenso haben wir in der dritten Halbzeile der folgenden Strophe, *Spazieren auf dem Wiesenplan* drei Senkungen zwischen den betonten Silben *zie* und *Wie*; allerdings können *zieren* und *auf dem* einsilbig (*ziern, auf'm* *) gesprochen werden.

Noch mehr entspricht den hebräischen Doppeldreiern mit 3 + 3 Hebungen das auf *die Schwestern* folgende Gedicht Mörikes, *Die Soldatenbraut*: Ach, wenn's nur der König auch wüßt',
Wie wacker mein Schätzelein ist!
Für den König da ließ' er sein Blut,
Für mich aber ebensogut;

weil das Tempo wegen der zweisilbigen Senkungen (auch im Auftakt der dritten Halbzeile) etwas belebter ist. Die Ähnlichkeit mit dem Hebräischen wird noch größer, wenn man *wenn es, wüßte, ließe* statt *wenn's, wüßt', ließ* schreibt, und *Schätzlein* statt *Schätzelein*; siehe dazu A. 51. Vgl. auch noch Mörikes *Früh im Wagen*, das unten in den *Nachträgen* zu S. 58, A. 29 zitiert ist; auch Mörikes *Sehnsucht* (*In dieser Winterfrühe | wie ist mir doch zumut!*). In beiden ist das Tempo infolge der einsilbigen Senkungen wieder ruhiger; vgl. A. 52.

(49) Vgl. dazu z. B. Fausts Frage:
Mein schönes Fräulein, | darf ich wagen,
Meinen Arm und Geleit | Ihr anzutragen?

und Margaretes Antwort:
Bin weder Fräulein, | weder schön,
Kann ungeleitet | nach Hause gehn;

auch Gretchen am Spinnrade: *Meine Ruh' ist hin, | mein Herz ist schwer; || ich finde sie nimmer | und nimmermehr.*

Durch Häufung der Senkungen bei lebhaftem Tempo können diese vierhebigen Zeilen so lang werden, daß sie auf den ersten Blick nicht 2 + 2, sondern 3 + 2† oder gar 3 + 3 Hebungen zu enthalten scheinen.

---

* In Österreich sagt man sogar *am* für *auf dem*.

† In der hebräischen Metrik werden Langzeilen mit 3 + 2 Hebungen häufig als *Klageliedvers* bezeichnet. Dieser Name ist aber durchaus unpassend. Es sind keineswegs nur Klagelieder in diesem Versmaße gedichtet. Das zweite und vierte Gedicht im Buche Nahum (vgl. die in A. 50 zitierte Stelle Nah. 2, 10) weist z. B. dieses Versmaß auf; ebenso Ps. 23 (siehe die Verdeutschung und Erklärung in der am Schlusse von A. 44 zitierten Schrift) und das erläuternde Zitat im Prediger Salomo: *Eine tote Fliege macht ranzig | des Würzlers Sälböl | Und ein Verräter vernichtet | gar viel des Guten* (vgl. die in A. 41 angeführte Verdeutschung, S. vi, A. *; S. 19, φ). Die Verszeile mit 3 + 2 Hebungen ist ein Doppeldreier mit Pause am Schluß der letzten

Unter den vierhebigen Zeilen im ersten Teil von Goethes *Faust* finden sich eine ziemliche Anzahl von anscheinenden Fünfern und Sechsern; aber diese *sechsfüßigen Bestien* laufen erst richtig, wenn man sie als Vierfüßler behandelt, wobei man öfters, wie in der hebräischen Poesie, dreisilbigen Auftakt und dreisilbige Senkungen zu Hülfe nehmen muß. So sind z. B. die Zeilen am Schluß der Schülerszene in Goethes *Faust* (2049/50):

> Folg' nur dem alten Spruch | und meiner Muhme, der Schlange,
> Dir wird gewiß einmal | bei deiner Gottähnlichkeit bange!

nicht mit sechs,* sondern nur mit vier Hebungen zu lesen; *folg' nur dem* und *dir wird ge-* sind dreisilbige Auftakte; ebenso sind *und meiner* und *bei deiner* sowie *-ähnlichkeit* dreisilbige Senkungen; nur die ersten Silben von *alten, Muhme, Schlange, Gottähnlichkeit, bange* und die zweiten Silben von *gewiß* und *einmal,* außerdem *Spruch* sind betont. Durch den dreisilbigen Auftakt und der Verlangsamung bei *alten Spruch* erhalten die Worte eine gewisse überlegen-spöttisch-mitleidige Betonung; ebenso erhöhen die drei Senkungen in *Gottähnlichkeit* die höhnische Betonung der ersten Silbe. Die drei Senkungen nach der betonten Silbe *Gott* in *Gottähnlichkeit* malen gewissermaßen das Herunterfallen von einem hohen Piedestale. Natürlich beruht das alles auf unbewußter Empfindung des dichterischen Genius, ebenso wie die Verarbeitung der Leitmotive in Wagners Musikdramen nicht etwa kontrapunktisch ausgeklügelt ist.

Am Schluß des neunten Kapitels von Fouqués *Undine* finden wir die Verse:

> Rascher Ritter,
> Rüst'ger Ritter
> Ich zürne nicht,
> Ich zanke nicht;
> Schirm nur dein reizend Weiblein stets so gut,
> Du Ritter rüstig, du rasches Blut!

Hier sind die ersten vier kurzen Zeilen zweihebige Halbzeilen, die besser als Langzeilen

> Rascher Ritter, rüst'ger Ritter
> Ich zürne nicht, ich zanke nicht;

geschrieben werden sollten (vgl. A. 39). Auch die lange Zeile *Schirm*

Hebung. Dasselbe Versmaß findet sich in dem *böhmischen Volksliedchen* am Ende von Mörikes Novelle *Mozart auf der Reise nach Prag:*

> Ein Tännlein grünet wo,   wer weiß? im Walde,
> Ein Rosenstrauch, wer sagt, in welchem Garten?
> Sie sind erlesen schön — denk es, o Seele! —
> Auf deinem Grab zu wurzeln und zu wachsen.

* Als Alexandriner oder Hexameter; siehe Minor (vgl. A. 39) S. 309.

nur usw hat nur vier Hebungen, nämlich die ersten Silben von *reizend* und *Weiblein* sowie *stets* und *gut*. *Schirm nur dein* ist dreisilbiger Auftakt wie *Folg' nur dem* in den oben angeführten Versen vom Schluß der *Schülerszene*.

Liest man derartige Zeilen in einem der Situation nicht angemessenen schleppenden Tempo,* so wird die dichterische Ton- und Stimmungsmalerei verpfuscht. In dem *Liebesfrühling* Nr. X könnte man den hebr. Text in der ersten Strophe an sich auch mit 3 + 3 Hebungen lesen wie in der zweiten Strophe, z. B. *mĕdhallégh ʻál hähharím | mĕqappéç ʻál haghvaʻôth*, mit Betonung der unwesentlichen Präposition *ʻál* 'über' oder mit Betonung des noch unwesentlicheren Artikels in *haghvaʻôth*; § dann fiele aber die dichterische Tonmalerei der Eile des Geliebten fort. Man muß lesen *mĕdhallégh ʻal-hähharím | mĕqappéç ʻal-haghvaʻôth* mit zweisilbigem Auftakt und dreisilbiger Senkung in beiden Halbzeilen. Die dreihebige Lesung von *Über Berge eilend | über Hügel springend*, mit Betonung jedes einzelnen Wortes (statt *über* als Auftakt zu behandeln) ist verfehlt.

Die mittlere Strophe des hebräischen *Liebesfrühlings* mit der Beschreibung des erwachenden Lenzes ist ruhiger (vgl. A. 52) als die vorhergehende und die nachfolgende Strophe; diese beiden haben 2 + 2 Hebungen, die mittlere aber 3 + 3. Auch in Goethes *Ach neige, du Schmerzenreiche* sind die dreihebigen Strophen in der Mitte (von *Wohin ich immer gehe* bis *In meinem Bett schon auf*) ruhiger als die vorhergehende und folgende Strophe mit zwei Hebungen in jeder Halbzeile. Die Goetheschen Zeilen *Was mein ármes Herz hier bánget, | was es zíttert, was verlánget* sind der vielen Senkungen wegen ebenso bewegt† wie der Anfang und Schluß unsres hebräischen

---

* Minor (vgl. A. 39) S. 21 hebt mit Recht hervor, daß man bei dem kunstgemäßen Vortrag von Versen *der Stimmung, dem Tempo, der Situation entsprechend lesen* muß; ebenso sagt er S. 89, unten, daß die richtige Betonung *nicht bloß von dem richtigen Verständnis, sondern auch von der richtigen Empfindung* abhängig ist.

§ Vgl. die Einwendungen Hubert Grimmes am Schlusse der in A. 69 zitierten Schrift über die Form der biblischen Lieseslieder.

† Sie müssen ungefähr gelesen werden wie die Verse in dem Monolog der Epimeleia in Goethes *Pandora* (in der Ausgabe des Bibliographischen Instituts, Band 20, S. 112, Z. 833; vgl. S. 470, VIII): *Meinen Angstruf | um mich selbst nicht — | ich bedarfs nicht — | aber hört ihn!* was angeblich ionische Verse sein sollen; siehe Minor (vgl. A. 39) S. 278. *Meinen Angstruf um mich selbst nicht* ist aber lediglich ein zweihebiger Vers mit zwei-

Liebesfrühlings. Dagegen ist die vierhebige Schlußzeile der vierten Strophe in Gretchens Gebet (*Weißt nur dú, nur dú alléin*) wieder gehaltener (vgl. A. 52). Diese vierte Strophe, die bei Goethe auf sechs Zeilen verteilt ist, besteht eigentlich aus drei Zeilen mit 2+2 Hebungen, während die vorhergehenden drei Strophen, die bei Goethe dreizeilig erscheinen, eigentlich Zweizeiler mit 2+2 Hebungen sind. Das *Ach* zu Anfang ist nicht Auftakt, sondern schwerbetont wie das folgende *neige*; vgl. das *ách!* am Schluß der dreihebigen Zeile *Betaut' ich mit Tränen, ach!* und das *ách!* in *Habe nún, ách! Philosophie*, wo vor und hinter *ach!* eine Pause ist, sodaß die Hebungen nicht zusammenstoßen. Der *Urfaust* hat *Hab nun, ach! die Philosophey*. Statt *Ach neige* haben wir bei der Wiederholung am Schluß des zweiten Teils (12069): *Neige, neige*. Hinter dem *Ach* vor *neige* sollte ein Ausrufungszeichen stehen: *Ach! Neige.*

Daß Goethe wohl gelesen *Hábe nun, ách, Philosophie*, aber gewiß *Philósophie* skandiert habe, wie Minor (vgl. A. 39) S. 84 (vgl. auch S. 14. 23. 29. 30. 61) annimmt, glaube ich nicht; dagegen spricht auch der vorgesetzte Artikel *die* im *Urfaust*. *Hábe nun* ist schon der Auftaktlosigkeit wegen weniger empfehlenswert als *Habe nún*; außerdem kommt das *Ach!* viel mehr zur Geltung wenn vorher und nachher eine Pause ist (vgl. A. 54). Minors Lesungen sind manchmal etwas sonderbar; z. B. will er (S. 182) *Faust* 530 als fünffüßigen Iambus lesen: *Ach, wénn man só in séin Muséum gebánnt ist*, wobei *seum* einsilbig (!) sein soll, während vielmehr zu betonen ist: *A'ch, wenn man só in sein Muséum gebánnt ist*, mit dreisilbiger Senkung vor *sé* und ohne Zusammenziehung von *sé* und *um*. In dem Urfaustverse* *Ohngefähr sagt das der Katechismus auch* betont Minor (S. 169) die erste Silbe *Ohn*, ferner *sagt, chis* und *auch*, mit viersilbiger Senkung vor *chis*; es ist aber die letzte Silbe von *ohngefähr* zu betonen; und nicht *sagt*, sondern *dás*; ebenso *Faust* 3460: *Ungefähr sagt das der Pfarrer auch.*

Für den Wechsel zwischen zweihebigen und dreihebigen Zeilen vgl. den Schluß von A. 41 zu VIII.

(50) Auch zu Anfang einer Zeile können vor der ersten Hebung bis zu drei Senkungen stehen; vgl. Fausts *Heiße Magister, heiße Doktor*

silbigem Auftakt und dreisilbiger Senkung zwischen den beiden Hebungen. Die vielen Senkungen malen die atemlose Angst; vgl. A. 52. Von der antiken Metrik hatte Goethe nur ganz elementare Begriffe; vgl. Minor, S. 450.

*V. 1152 (Band 21, S. 402) der Ausgabe des Bibliographischen Instituts.

gar, wo das erste *heiße* und die erste Silbe von *Magister* unbetont sind, während die zweite Silbe von *Magister* und die ersten von *heiße Doktor*, ebenso *gar*, Hebungen darstellen. Minor (vgl. A. 39) sagt S. 22, unten, daß man entweder *Héiße Magíster, heiße Dóktor gár* lesen könne, oder mit Auftakt: *Heiße Magíster, héiße Dóktor gár*; auch S. 105, unten, bemerkt er, daß beides an sich möglich ist. Aber an den anderen zehn Stellen (S. 30. 52. 158. 298. 301; vgl. die fünf weiter unten zitierten Seiten) wo er diese Zeile bespricht, nimmt er auf die zweite Möglichkeit gar keine Rücksicht; er meint, daß das zweite *heiße* unbetont sei,* ebenso wie er in Schillers *Kapuzinerpredigt* lesen will: *Sind wir Türken, sind wir Antibaptisten* (vgl. besonders S. 86. 121. 134. 170. 364). Auch in dem Schillerschen Knittelverse steht aber das erste *Sind wir* im Auftakt, während die Wiederholung betont ist. Nach *Sind wir | Türken?* | ist eine Pause, und das folgende mit erhobener Stimme gesprochene *sind wir* hat den Sinn von *sind wir wirklich* oder *in der Tat* oder *etwa gar?* Auch in hebräischen Gedichten ist öfter ein Wort das erste Mal unbetont, während die Wiederholung betont ist, z. B. Nah. 2, 10: *Raubt Silber, ráubt das Góld | unermeßlich der Vórrat*; hebr. *Bozzu-késf, bózzu zaháv | uen-qéçeh lattkhunáh*; siehe die am Schluß von A. 50 zu VIII zitierte Übersetzung und vgl. für das Versmaß oben, S. xliii, A. †.

(51) Wir können Wörter wie *Bestien* dreisilbig mit zwei Hebungen lesen, oder zweisilbig (*Bestjen*) mit einer Hebung. *Religion* kann viersilbig und zweihebig sein, aber auch zweisilbig und einhebig (*Reljón*).† Vgl. auch *ehrnen, glühnden, sehnden, ermordt, redte, findt, ungrisch, Ohrn, tapziert*. Andrerseits finden wir auch statt der gewöhnlichen kürzeren Formen: *zehenjährig, Jüngeling, Bresselau, Frankereich, Engelland, Ringelein, Vögelein, Hemdelein, Röselein, Mädelein, Kränzelein, Jungfräuelein, Brüstelein, Äpfelein, Rösselein, Mädechen, Berillen* (statt *Brillen*), *Genade, Sammet, Wammes, Hemmed, vergnüget, adelig, nacket*. Auch in der neuarabischen Volkspoesie (L 12) werden die kürzesten Vokale mit großer Freiheit ausgesprochen oder weggelassen. Für diese willkürlichen Wortverkürzungen und Wortverlängerungen

---

* Sievers liest § 113 seiner *Metr. Studien* (vgl. den Schluß von A. 47) ebenfalls: *Héiße Ma-|gíster, heiße | Dóktor | gár*.

† Faust 3415 muß man freilich lesen: *Nun ság', wie hást du's mit der Réligión?* mit dreisilbiger Senkung zwischen *hást* und *Rél* (nicht etwa *mit* betont und dann *Reljón!*). *Réligjón* zu lesen (Minor, S. 120. 176) ist unnötig.

siehe Minor (vgl. A. 39) S. 170—177. Die Wortverlängerung beruht entweder auf dem Gebrauch älterer (auch mundartlicher) Formen oder auf Analogiebildung. *Berillen* ist eine ältere Form von *Brillen*, denn dieses Wort hängt mit dem lat. *beryllus* 'Beryll' zusammen.

(52) Ich habe schon in der Erwiderung auf die Einwendungen Hubert Grimmes (vgl. A. 49) gegen meine in A. 69 zitierten Ausführungen über die Form der biblischen Liebeslieder bemerkt: *Wenn mehrere unbetonte Silben zwischen zwei Hebungen stehen, wird der Rhythmus lebhafter; wenn die Hebungen näher aneinander rücken, wird der Rhythmus gehaltener* (Rhythmus im Sinne von rhythmischer Bewegung). Minor (vgl. A. 39) S. 136 (vgl. S. 25, Z. 9) sagt: *Je mehr Senkungen ein Versfuß enthält, um so lebendiger und bewegter erscheint er; eine Vermehrung der Senkungen um einen Fuß* (Minor meint *um eine Silbe*) *kann dazu dienen, Überstürzung oder einen plötzlichen Überfall zu malen: Ich liebe dich, mich reizt deine schöne Gestalt* (vgl. auch S. 169, Z. 6 von unten). Das Beispiel ist nicht gut gewählt; das *e* in *liebe* ist kaum hörbar. S. 363, unten sagt Minor: *Vielsilbige Senkungen beschleunigen das Tempo des Vortrages, das um so lebhafter wird, je mehr Senkungen vorkommen, und um so schwerfälliger und langsamer, je öfter die Senkungen fehlen.*

(53) Manche lesen auch: *Warté nur bálde, | ruhést du áuch;* siehe Minors *Metrik* (vgl. A. 39) S. 425; vgl. S. 254, Z. 10. Ebenso skandieren manche (Faust 451) *Mit ségendúftendén Schwingén.* Minor (S. 114; vgl. S. 337. 340) meint, daß Hans Sachs gelesen habe: *Einén jungén schönén Studéntén;* S. 179 skandiert er: *Der gméin guté Exémpel gében;* vgl. auch S. 130, fünftletzte Zeile und S. 176, Z. 8 von unten; andrerseits die beiden letzten Zeilen auf S. 20 und 22 von Minors Buch; auch S. 32, Z. 6 von unten; S. 120, Z. 6; S. 128, zweite und vorletzte Zeile; S. 349; S. 465, Z. 4.

(54) Ebenso sind die scheinbar zusammenstoßenden Hebungen durch eine Pause getrennt in *Strich drauf éin Spánge, Kétt' und Ring'* (Faust 2844) und in Schillers *Den Dánk, Dáme, begéhr' ich nícht!* Vgl. Minor (A. 39) S. 25, unten; S. 169. 135. 129, unten. Eine solche Pause kann unter Umständen einen vollen Takt dauern, sodaß, da die Pausen in Gedichten gewöhnlich nicht angedeutet werden, ein Takt zu fehlen scheint. Am Schlusse von Schillers *Taucher* ist nach *Jüngling* eine Pause in der ersten Hälfte des zweiten Taktes, sodaß die zweite Hebung zu fehlen scheint. Man muß lesen: *Den | Jüngling | — bringt | kéines | wieder.* Man kann sich an Stelle der poetischen Pause das

prosaische *aber* einsetzen; besser ist es, wenn man sich vorstellt, daß der Vortragende nach dem Worte *Jüngling* für einen Augenblick die Hand über die Augen legt. Es ist ein Irrtum anzunehmen, daß *bringt* betont sei, so daß zwei Hebungen zusammenstoßen, wie Ludwig Bellermann in der Ausgabe des Bibliographischen Instituts (1, 196, A. 2) annimmt. Eine Pause kann nicht nur eine Senkung vertreten (Minor, S. 135) sondern auch eine Hebung; vgl. dazu die Bemerkung über die Entstehung der Zeilen mit 3 + 2 Hebungen aus Doppeldreiern mit 3 + 3 Hebungen, S. xliii, A. †.

In deutschen Volksliedern füllt oft eine Silbe einen ganzen Takt; vgl. Minor, S. 18 und 136. In den vier zweitaktigen Zeilen am Schluß der *Domszene* (Faust 3821—4) *Verbírg' dich! | Sünd' und Schánde || bleibt nicht | verbórgen. || Luft? | Licht? || Weh' | dir! ||* haben wir in den letzten beiden Zeilen vier einsilbige Takte, und das letzte *Weh!* des Bösen Geistes (3832) füllt sogar zwei Takte. Vgl. auch *Weh'! | Weh'!* (3796) und *Bébt | áuf* (3807) wozu man Minor, S. 90 und 107 vergleichen mag. Es ist aber ein Irrtum wenn man glaubt, daß Luthers *Ein' feste Burg ist unser Gott* einsilbige Takte hätte; so z. B. Paul (vgl. A. 39) § 60. Die vier Strophen des Liedes bestehen aus je 9 Zeilen mit 4, 3, 4, 3, 2, 2, 2, 3, 3 Hebungen. Lies: *Der ált böse Féind ... Fragst du, wer der ist* usw. Vgl. dagegen Minor, S. 338. Wir müssen dabei den natürlichen Rhythmus der metrischen Rezitation und den künstlichen Rhythmus der musikalischen Komposition (vgl. Minor, S. 17) scharf auseinanderhalten.

(55) Die Anmerkungen auf S. 21—85 sind im Sommer 1905 geschrieben, die folgenden, S. 86—112, auch die Einleitung nebst dem größten Teil der Anmerkungen dazu (S. xix—lv) in den fünf Wochen nach dem 11. August 1906. Die *Nachträge* (S. 113—133) wurden im Oktober 1906 verfaßt; aber ich bin infolge von anderen dringenden Arbeiten erst im August 1907 dazu gekommen, das Ganze abzuschließen, obwohl alles mit Ausnahme der *Nachträge* und einigen anderen nachträglich hinzugefügten Anmerkungen (vgl. oben, S. xl, A. *; auch unten, A. 66) schon im Sept. 1906 gesetzt war und S. 1—80 im Reindruck vorlag. Ich habe die Gelegenheit benutzt, noch auf einige vor kurzem erschienene Arbeiten aufmerksam zu machen.

(56) Die gereimte Übersetzung von Georg Seydel, *Das Hohelied in 31 Liedern verdeutscht* (Kiel 1906) ist recht ungereimt, voll von Mißverständnissen und Geschmacklosigkeiten: z. B. wird 2, 8 übersetzt: *Was fragst du lang' noch, gutes Kind | mit großem Aug' und heißen*

Wangen? | *Schau nur, wo meine Spuren sind,* | *und hetz' auf ihnen dein Verlangen!* — 2, 2: *Du unter Dornen Blume nur,* | *du Krone aller Männerquäler*; — 2, 3: *Und wenn du mich voll Inbrust küßt,* | *du Racker hast mich ganz am Fädchen*; — 2, 8: *Einem kecken Füllen gleich* | *hüpft schon meiner Nächte Scherge*; — 5, 5: *Nun poltert, Schüsseln nicht und Tiegel!* — 5, 8: *Zu Hilfe, zimmetfarbne Schwestern.* — Als Lied xxiii gibt Seydel die beiden Strophen

    Die ist's, zu der er nächtens eilt,
    Die Schwarze mit den Glutenaugen,
    Die dort ist's, die sein Prangen teilt,
    An die sich seine Sinne saugen.

    Was gilt's, daß man uns seine nennt,
    Daß Haremshürden uns umfangen?
    Wo solche Dämonsfackel brennt,
    Da müssen wir vergebens bangen.

Ich weiß nicht, auf welchen Versen der biblischen Liebeslieder dieser poetische Erguß beruht.

    Besser ist die Übersetzung des Hohenliedes in M. A. Klausner, *Die Gedichte der Bibel in deutscher Sprache*, Teil 3 (Berlin 1904) aber auch hier finden sich viele sonderbare Übersetzungen, z. B. 2, 14: *Auf, auf, meine süße Taube,* | *du schöne Schäferin!* | *Hinauf ins Felsgeklüfte,* | *dort führe ich dich hin*; — 4, 15: *In deinem Garten sprudelt* | *so mancher lebendige Born;* | *meine Braut, du meine Wonne,* | *du Duft, du Wein, du Korn!* Ich bin mir nicht ganz klar darüber, ob Klausner hier *Getreide* oder *Kornschnaps* meint. — Auch hier finden sich (S. 19) drei Strophen, bei denen ich nicht weiß, auf welchen Versen der biblischen Liebeslieder sie beruhen: *Nichts gilt mir dein Werben;* | *die höfische Gunst* | *ist Schaum mir und Lüge* | *und nichtiger Dunst.* || *Ich hasse das Lob,* | *das ein Anderer zollt;* | *wenn er es mir spendet,* | *so klingt es wie Gold.* || *Mit ihm will ich pflegen* | *so Blume wie Baum;* | *des Hofes Gepränge* | *bleibt fern meinem Traum.* — Klausner hält die biblischen Liebeslieder für poetische Zwiegespräche zwischen einem Hirten und einer Schäferin (vgl. A. 10) Sulamith (vgl. A. 6 zu II).

    In AJSL 22, 292—301 (Juli 1906) hat Dr. Hans H. Spoer (Meadville, Pa.) der mehrere Jahre in Palästina gelebt, *Some Contributions to the Interpretation of the Song of Songs, suggested by travel in Palestine* veröffentlicht. Diese Arbeit zeichnet sich mehr durch Nichtberücksichtigung der einschlägigen Literatur aus als durch annehmbare Verbesserungsvorschläge. Nach Dr. Spoer ist im Hohenliede eine nördliche und eine südliche Rezension von Liedern, die im südlichen

Palästina, insbesondere in der Umgebung Jerusalems (vgl. A. 3) entstanden sind, zusammengearbeitet worden. Daraus sollen sich die Doubletten (vgl. A. 19) erklären. Die Erwähnung des Dreschschlittens (vgl. A. 45) weise deutlich auf einen nördlichen Ursprung hin. Hebr. *ḥavaççélth* soll nicht die *Herbstzeitlose* (vgl. A. 2 zu III) sondern *crocus vitellinus* sein. Die letzte Halbzeile von 5, 4 (*Mein Inn'res geriet in Aufruhr*) soll bedeuten *My inwards parts lusted for him* (vgl. A. 15 zu VI). Hebr. *šošannâh* (vgl. A. 20 zu II) ist nach Dr. Spoer vielleicht die Scharlachanemone (*ranunculus Asiaticus*). In 7, 2 liest Dr. Spoer: *aufgehäuft auf der Tenne* statt *umsäumt von dunklen Lilien* (vgl. unten S. 104, Z. 4). Siehe auch die *Nachträge* zu S. 63, Z. 1; S. 70, Z. 2 auf auf S. 124 und 125.

(57) Vgl. A. 20 zu III; A. 45 zu VIII.

(58) Georg Jacob, *Das Hohelied auf Grund arabischer und anderer Parallelen von neuem untersucht* (Berlin 1902). Vgl. A. 1 zu V und *Nachträge* zu S. 60, A. 40.

(59) *Des Knaben Wunderhorn. Alte deutsche Lieder gesammelt von* L. A. v. Arnim und Clemens Brentano. *Drei Teile in einem Bande. Hundertjahrs - Jubelausgabe* herausgegeben von Eduard Grisebach (Leipzig 1906).

(60) *Die Ernte aus acht Jahrhunderten deutscher Lyrik* gesammelt von Will Vesper (Düsseldorf und Leipzig 1906). Vgl. oben A. 13 and 24.

(61) *Palästinischer Diwan. Als Beitrag zur Volkskunde Palästinas gesammelt und mit Übersetzung und Melodien* herausgegeben von Gustaf H. Dalman (Leipzig 1901). Diese volkstümlichen neuarabischen Lieder wurden von Dalman, der seit einigen Jahren Leiter des von den deutschen evangelischen Kirchen unterhaltenen Archäologischen Instituts (gegründet 1902) in Jerusalem ist, während eines fünfzehnmonatlichen Aufenthalts im Orient (vom März 1899 bis Juni 1900) gesammelt. Das von D gebotene Material ist sehr reichhaltig und erläutert das palästinische Volksleben in sehr vielseitiger Weise, aber die Genauigkeit der Aufzeichnung und Übersetzung läßt manches zu wünschen übrig; auch scheint nicht alles bei ihm direkt aus dem Volksmunde zu stammen (L 86). Dalmans Bearbeitung des hebräischen Textes der biblischen Liebeslieder in Kittels *Biblia Hebraica*, vol. 2 (Leipzig 1906) bedeutet keinen Fortschritt, weder in metrischer noch in textkritischer Hinsicht.

(62) *Neuarabische Volkspoesie* gesammelt und übersetzt von Enno

Littmann (Berlin 1902) erschienen in den *Abhandlungen der Kgl. Gesellschaft der Wissenschaften zu Göttingen*, Philologisch-historische Klasse, Neue Folge, Band V, Nr. 3. Littmann, der mehrere Jahre lang in der Bibliothek der Universität Princeton in New Jersey tätig war, ist der Nachfolger Theodor Nöldekes an der Universität Straßburg. Er sammelte die von ihm veröffentlichten neuarabischen Volkslieder im Winter 1899/1900 während der *American Archæological Expedition in Syria*; vgl. den Bericht darüber in dem *American Journal of Archæology*, Band 4 (1900) Nr. 4. Die meisten der von Littmann mitgeteilten Texte stammen aus dem südlichen Palästina, die andern aus verschiedenen Gegenden Syriens (Hochzeitslieder aus Beirût und dem Libanon, usw). Die südpalästinischen Lieder sind L in Jerusalem mitgeteilt worden, die syrischen in Beirût. Die neuarabischen volkstümlichen Hochzeitslieder beruhen zum großen Teil gewiß auf uralter Überlieferung (L 88). Littmanns Arbeit erschien nach Veröffentlichung meiner in A. 68 zitierten Bearbeitung des Hohenliedes. Die Schlußbemerkung Littmanns ist datiert: *Princeton University*, Oct. 2, 1902.

(63) W. Max Müller, *Die Liebespoesie der alten Ägypter* (Leipzig 1899). Max Müller, ein Schüler von Georg Ebers, ist Professor in Philadelphia. Vgl. auch den Abschnitt über die altägyptische Liebeslyrik in Hermann Schneider, *Kultur und Denken der alten Ägypter* (Leipzig 1907) = *Entwicklungsgeschichte der Menschheit*, Band 1.

(64) H. Guthe, *Kurzes Bibelwörterbuch* (Tübingen und Leipzig 1903).

(65) Vgl. z. B. in G. Weils Übersetzung von *Tausend und eine Nacht* (Stuttgart 1872) Band 1, S. 58. 96. 97. 104. 108. 109. 110. 123. 126. 134. 141. 142. 146. 181. 213. 216. 252. 253. 277. 286. 291. 292. 293. 300. 304. 306. 308. 309. 310; — 2, 38. 39. 72. 80. 83. 85. 87. 89. 92. 95. 96. 101. 121. 136. 137. 165. 166. 173. 188. 189. 202. 228. 306. 318. 358. 359. 377. 379. 392. 394. 396. 399. 400; — 3, 15. 404. 407. 426; — 4, 344. — Über die Beziehungen zwischen 1001 Nacht und dem Buche Esther sowie über die altbabylonischen,† persischen und arabischen Schichten in 1001 Nacht siehe Haupt, *Purim* (Leipzig 1906) S. 8; vgl. unten, S. 102, A. *.

Die eingestreuten Verse in 1001 Nacht bieten weit mehr Parallelen

---

† Vgl. dagegen Brockelmanns *Geschichte der arabischen Litteratur* (Leipzig 1901) S. 192.

zu den biblischen Liebesliedern als die altarabischen Liebeslieder verdeutscht in Fr. Rückerts *Hamâsa* (die ältesten arabischen Volkslieder gesammelt von Abu Temmâm, gestorben A.D. 846) Teil 2 (Stuttgart 1846) S. 59—144† oder die *Moallakat* (vgl. unten, S. 67, A. *) der berühmten sieben vorislamischen Dichter Amra-al-kais, Ṭarafa, Zuhair, Lebîd, ʿAmr, ʿAntara und Ḥârith.‡ Die Moallaka des ʿAntara ist in Rückerts *Hamâsa* 2, 145—151 übersetzt; die Moallaka des Amra-al-kais in Rückerts *Amrilkais der Dichter und König* (Stuttgart 1843) S. 21—24.§ Rückerts Übersetzungen der Moallakat des Ṭarafa und desʿAmr sind aus Rückerts Nachlaß von Lagarde veröffentlicht worden in Band 1 der *Symmicta* (Göttingen 1877) S. 198—206. Eine poetische Verdeutschung sämtlicher sieben Moallakat gab Philipp Wolff, *Die sieben Preisgedichte der Araber* (Rottweil 1857). Eine wörtliche Prosaübersetzung von fünf Moallakat (ausgenommen Amra-al-kais und Ṭarafa) hat Th. Nöldeke in den *Sitzungsberichten* der Wiener Akademie (1899—1901) gegeben. Vgl. Brockelmanns *Gesch. der arab. Literatur*, S. 15 und die daselbst auf den ersten 92 Seiten gegebenen Proben altarabischer Dichtkunst, auch S. 145—154 und 249. Für einige Parallelen in den Liedern der Hudhailiten siehe unten, S. 119, A. §.

(66) Vgl. AJSL 19, 12, Z. 5. In einem Feuilleton-Artikel *Poesie vom Nil* von Paul Pasig (in der Abend-Ausgabe des *Berliner Tageblatts* vom 3. August 1907 sagt der Verfasser von der Volkspoesie im heutigen Ägypten: *Ein großer Teil dieser Lieder ist derart erotisch, ja obszön, daß er sich für europäische Ohren schlechterdings nicht eignet und gewiß den Protest der löblichen Obrigkeit hervorrufen würde. Der Orientale, in diesen Dingen vielfach noch ein Kind, denkt hierüber wie ein solches, und das Liebesleben spielt sich hier bis in seine intimsten Einzelheiten zum Teil in der breiten Öffentlichkeit ab. Warum soll es dann im Liede schweigen? . . . . . Natürlich bildet die Liebe, die Blüte aller menschlichen Empfindungen, den Grundton der meisten dieser Lieder. Das schönste derartige Lied erlauschten wir dereinst auf einem*

---

† Vgl. insbesondere Nr. 450. 454. 455. 470. 478. 522. 528. 540. 546. 551. 559. 570, 3 (siehe auch 2, S. 156). 573. 574. 577. 579; außerdem Nr. 637. 642. 694. 818. 841.

‡ Vgl. 1, 8. 34. 35. 38. 62; 2, 1. 6. 32. 44; 3, 2; 4, 9. 13. 14. 58; 4, 15. 18; 6, 6. 13. 15. 52. 60 nach der Arnold-Abelschen Zählung.

§ Weitere Parallelen zu den biblischen Liebesliedern finden sich daselbst auf S. 28. 34. 37. 38. 47. 58. 61. 82.

öffentlichen Platze, wo es eine Sängerin zur Instrumentalbegleitung
sehr eindrucksvoll vortrug. Es lautet in entsprechender Übertragung:

> Endlich muß ich dir gestehen
> Meiner Liebe Allgewalt;
> Komm', Geliebte, hör' mein Flehen,
> Denn die Jugend schwindet bald!
> 5 Lass' uns ihre Rosen pflücken,
> Eh' der süße Duft entflieht!
> Komm', Geliebte, zu beglücken,
> Sieh', die Rose ist erblüht!
>
> Wenn im duftdurchwehten Garten
> 10 Du dein Antlitz keusch enthüllt,
> Andachtseliges Erwarten
> Blüte, Baum und Strauch erfüllt;
> Selbst das Lied der Nachtigallen
> Schweigt und all der laute Chor;
> 15 Grüßend dir zu Füßen fallen
> Will des Baches schwankes Rohr.
>
> Rosen selbst auf Purpurthrone
> Werden blaß vor Neid und krank,
> Und die Sonne reicht die Krone
> 20 Meiner Lilie rein und schlank.
> Schöner du als Mond und Sonne
> Und der Schönheit Wunder du,
> Sterbend in der Küsse Wonne,
> Find' mein Glück ich, meine Ruh!

Zu Z. 4—6 vgl. S. 30, A. 16 der oben in A. 41 zitierten Schrift; zu dem *duftdurchwehten Garten* vgl. unten, VIII, xii und IX auf S. 15 sowie die *Nachträge* zu S. 97, A. 5; zu Z. 17—21 vgl. den Schluß von A. 10 zu X (S. 104) auch Goethes Faust (9312): *Rubinen werden gar verscheucht, | das Wangenrot sie niederbleicht.*

Auch in dem S. 120, A. † citierten Buche Löhrs sind im Anhange (auf S. 99—103) einige poetische Stücke im arabischen Dialekt von Jerusalem veröffentlicht worden. In § 217 lesen wir dort *O ihr beiden Palmen im Garten* (vgl. A. 11 zu II; A. 3 zu IX). In § 218: *Ich bin klein, noch nicht Braut, | geh, fordre mich von dem Behüteten, | so komme ich zu dir nackt*; vgl. III, iv. Der *Behütete* (d. h. *der von Gott Behütete*; vgl. *Mahdî = der Geleitete*) ist der Bruder des Mädchens. Das Wort für *suchen* (arab. *tálaba*) heißt auch *in Liebe begehren*; arab. *tilb* heißt *Liebhaber* oder *Geliebte*; vgl. auch franz. *rechercher une fille.*

(67) Paul Haupt, *Difficult Passages in the Song of Songs* in *Journal of Biblical Literature*, vol. 21 (1902) S. 51—73.

(68) Paul Haupt, *The Book of Canticles. A new rhythmical translation with restoration of the Hebrew Text and explanatory and critical notes* (Chicago 1902) 86 Seiten. Diese Schrift ist ein Sonderabdruck aus *The American Journal of Semitic Languages and Literatures*, Band 18, S. 193—245 und Band 19, S. 1—32.

(69) Vgl. außerdem Paul Haupt, *Biblical Love-ditties* (Chicago 1902) Sonderabdruck aus *The Open Court*, May 1902, und Paul Haupt, *Die Form der biblischen Liebeslieder* in den *Verhandlungen des XIII. Orientalisten-Kongresses zu Hamburg im Sept. 1902* (Leiden 1904) sodann die illustrierte Schrift über die *Regenbogen-Bibel* (Leipzig 1906) wo auf S. 12—16 ebenfalls Proben meiner metrischen Übersetzung der biblischen Liebeslieder mit Erläuterungen und Vergleichung der Lutherbibel gegeben sind.

(70) Ob die in den Parabeln vom armen Lazarus und dem barmherzigen Samariter genannten Persönlichkeiten historisch sind, hat lediglich ein antiquarisches Interesse. Die Lehre Jesu wird davon nicht berührt. Ebenso bleibt die tiefe Wahrheit der Legende vom Sündenfall (vgl. S. 66, Z. 10) bestehen, selbst wenn wir die Erzählung als Fabel ansehen. Auch Goethes gedankenreicher *Faust* ist erwachsen aus einer alten *Puppenspielfabel*.

Abkürzungen.

Für D = Dalman, E = *Ernte*, G = Guthe, J = Jacob, L = Littmann, M = Müller, N = Nöldeke, W = *Wunderhorn* vgl. A. 58–64 zur Einleitung (S. li und lii) und S. 119, A. ✣.

A. = Anmerkung, S. = Seite, V. = Vers, Z. = Zeile.

AJSL = *American Journal of Semitic Languages*; AT = Altes Testament; AoF = Hugo Winckler, *Altorientalische Forschungen*; EB = Cheyne-Black, *Encyclopædia Biblica*; HW = Delitzsch, *Assyr. Handwörterbuch*; JAOS = *Journal of the American Oriental Society*; JBL = *Journal of Biblical Literature*; JHUC = *Johns Hopkins University Circulars*; KAT = E. Schrader, *Die Keilinschriften und das Alte Testament*; KB = E. Schrader, *Keilinschriftliche Bibliothek*; OLZ = *Orientalistische Litteratur-Zeitung*; ZAT = *Zeitschrift für die alttestamentliche Wissenschaft*; ZDMG = *Zeitschrift der Deutschen Morgenländischen Gesellschaft*.

Für die großen römischen Ziffern I—XII und die kleinen i–xv, ebenso für die kleinen griechischen Buchstaben α, β, γ &c. siehe S. 134. Kleine Buchstaben über der Linie ᵃ ᵇ ᶜ ᵈ hinter den kleinen römischen Ziffern (i–xv) bezeichnen die vier Halbzeilen jeder Strophe. Die Kapitelzahlen in der Lutherbibel sind durch fette Ziffern angedeutet: **3**, 7 = I, ii ᵃ· ᵇ heißt demnach: Kapitel 3, Vers 7 der Lutherschen Übersetzung des Hohenliedes entspricht den beiden ersten Halbzeilen der zweiten Strophe des ersten Liedes in der vorliegenden Übersetzung.

In der Übersetzung auf S. 1—20 deuten grade Klammern [ ] Stellen an, die im hebr. Texte ergänzt werden müssen; siehe I, η; III, ii. viii; IV, i. ii. iv; VI, i. iv. xi. xiv; VII, ix; VIII, δ. xi; X, ii. iii; XII, iii und vgl. S. 47, Z. 3; — die runden Klammern ( ) dagegen deuten unwesentliche Auffüllungen an, die nur bei der Übersetzung der Deutlichkeit oder des Rhythmus wegen hinzugefügt worden sind; — ⁅ ⁆ bezeichnet Umstellungen des überlieferten Textes, z. B. II, α; VI, iv; VII, vi; VIII, vi. ix; die umgestellten Worte sind in ⁅ ⁆ eingeschlossen, und ihre überlieferte Stellung ist durch ⁅ ⁆ angedeutet. Man vergleiche für die verschiedene Bedeutung von [ ], ( ) und ⁅ ⁆ z. B. VI, iv (S. 8). — Der *Kursiv*druck in I, η; II, β. ε; III, ι; VI, β; VII, α. ζ. ι; VIII, θ; X, δ; XII, b bezeichnet tertiäre Zusätze in den sekundären Glossen; vgl. A. 32 zu II. In IX (S. 15. 16) sind die nicht im hebr. Texte stehenden Überschriften *Die Braut* und *Der Bräutigam* durch *Kursivschrift* hervorgehoben worden.

1,1   DAS LIED DER LIEDER.¹ᵅ

I

Der Brautzug.²

3,6 Wer kommt da herauf³ aus der Flur   i
   mit Säulen von Rauch⁴ (an der Spitze)ᵝ
  Umduftet⁵ von Myrrhen und Weihrauch,⁶
   von allerlei Wohlgerüchen?⁷

7 Sieh da des Königs⁸ᵞ Sänfte   ii
   geleitet von sechzig Recken,⁹ᵟ
8ᵇ Ein jeder das Schwert an der Seite
   (zum Schutz) gegen Schrecken der Nacht.¹⁰

9 Den Palankin¹¹ ließ der Königᵋ sich fertigen   iii
   aus Libanons (edlen) Hölzern,¹²

(α) 1,1 von Salomo¹⁷

(β) 8,5ᵃ Wer kommt da herauf³ aus der Flur,
   gestützt auf (den Arm) ihres Liebsten?¹⁸

(γ) 3,7 Salomo¹⁷

(δ)   Recken⁹ Israels;
  8ᵃ Sie alle die Hand am Schwerte
   und wohlerfahren im Kampfe.¹⁹   (ε) 9 Salomo¹⁷

3,10ᵇ ꞌDen Sitzꞌ mit Ebenholz eingelegt,
ausgeschlagen mit rotem Purpur.¹³

11 ⁹Kommt heraus¹⁴ und seht⁴ den König⁸ˣ   iv
von der Mutter geschmückt mit der Krone¹⁵
Am Tage der Hochzeitsfeier,
am Tag seiner Herzensfreude.¹⁶

II

Schwerttanz¹ der Braut mit Schilderung ihrer Reize.

6, 9ᵃ Wer schaut da hernieder wie Morgenrot,²   i
9ᵈ   prächtig wie Scharen mit Bannern,³
9ᵇ Wie der Mond⁴ in leuchtender Schöne,
9ᶜ   hell wie die (Scheibe der) Sonne?⁵

12 Sulamiterin,⁶ tanze, tanze!⁷   ii
tanz, tanz,⁷ auf daß wir dich schauen.
Wollt die Schöne⁶ denn ihr nicht schauen,
wie sie tanzt den krieg'rischen (Schwert)tanz?⁸

7, 1 Wie anmutig sind deine Schritte   iii
in (Tanz)schuhn,⁹ du Edelfräulein!
Deine Hüften geschmeidig¹⁰ wie Halsketten
von der Hand eines Meisters gefertigt.

(υ) 3,10ᵃ Die Säulen²⁰ ließ aus Silber er fertigen,
die Lehne aus (purem) Golde.

(ŋ) 6,11 *Ich weiß nicht,* [Erfüllt ist der Wunsch] meines Herzens,
im Edelsippen-Prachtwagen sitz' ich.²¹

(ϑ) 3,11 Mädchen von Jerusalem²²   (ι) Mädchen von Zion²²
(x)   Salomo¹⁷

7,7 Dein Wuchs so schlank wie die Palme,[11]   iv
    deine Brüste[α] wie Datteltrauben.[12 β]
5 Dein Haupt auf dir wie der Karmel[13]
    umwallt von dunklen[14] Locken.[7]

4 Wie der Elfenbeinturm[15] ist dein Hals,   v
    dein Auge wie die Hesbonteiche,[16 δ]
Deine Nase wie der Libanonvorsprung,[17]
    der hinüber blickt nach Damaskus.

9 Dein Mund ist wie köstlicher Wein,[ε]   vi
    nach dem Lippen noch im Schlafe schmachten.[18]
6 Wie schön bist du, und wie süß,
    Geliebte, wonniges Mädchen!

2[b] Dein Leib ist ein Weizenhaufen[19]   · vii
    umsäumt von dunklen Lilien;[20]
2[a] Dein Schoß[21] ein verschlossenes Becken,[22]
    dem der Mischtrank[23] nimmer fehle!

(α) 7,3 Wie zwei Hirschkälbchen sind deine ǂ Brüste
    wie {zwei} Gazellen-Zwillinge.[24]

(β) 8 Ich gedenke auf die Palme[11] zu steigen,[25]
    ihre Fruchtstände zu erreichen.[26]
    Laß deine Brüste sein wie die *Wein*-Trauben[27]
    und den Duft deines Atems[28] wie Äpfel![29]

(γ) 5 ein König von Lockenringeln gefesselt![30]   (δ) 4 beim Tore
    [Bath-rabbîm[31]

(ε) 9 er geht *meinem Liebsten* glatt hinunter[32]

III

Die Brüder der Braut.

6, 2   Ich bin sein, und er ist mein,[1α]   i
7, 10   ᵝund nach mir steht sein Verlangen.
2, 1   Eine Herbstzeitlose[2] des Blachfelds,[3]
    eine Lilie in den Tälern bin ich.[4⁷]

1, 5   Schwarzbraun[5] bin ich, doch lieblich,   ii
    ihr Mädchen Jerusalems,[6]
    [Schwarz] wie Kedars[7] Gezelte,[8]
    [schön] wie die Teppiche Salomos.[9]

6   Achtet nicht meiner dunklen Farbe,   iii
    die Sonne hat mich verbrannt;[10]
    Meiner Mutter Söhne[11] mir zürnten,
    hießen mich die Weinberge hüten.[12ᵟ]

(α) 6, 2   der auf den (dunklen) Lilien weidet[29].

(β) 7, 10   ich bin sein[30]

(γ) 2, 2   Wie die Lilie[31] unter den Disteln,[32]
    ist meine Freundin unter den Mädchen.[33]

(δ) 1, 6   meinen Weinberg[34] konnt' ich nicht hüten

   2, 15   Die Füchslein fangt uns, die kleinen Füchslein,
    Die Weinbergsverderber, unsre Weinberge[34] blühn!

8,8 ¹³Ein Schwesterlein ist bei uns,   iv
die hat noch keinen Busen;
Was sollen wir tun mit der Schwester,
wenn die Zeit kommt sie zu freien?¹⁴

9 Wenn sie bleibt wie eine Mauer,   v
soll Silberbekrönung¹⁵ sie haben;ᵋ
Doch wenn sie eine offene Tür,¹⁶
verrammeln wir sie mit Zedern.¹⁷

10 Nun bin ich eine Mauer¹⁸ gewesen,   vi
ob mein Busen auch jetzt wie ein Turm ist,¹⁹
Ihren Augen aber erschein' ich,
als wollt' ich (die Burg) übergeben.²⁰

1 ²¹Ach daß du wärst mein Bruder,²²   vii
genährt an der Brust meiner Mutter,²³
auf daß, wenn ich draußen dich träfe,
ich dich küssen könnt' ohne Scheu!²⁴

2 Zu Mutters Haus würd' ich dich führen,ᶜ   viii
η[in die Kammer von ihr, die mich gebar,]²⁵

(ε) 1,11 Goldgehänge³⁵ wollen wir dir machen³⁶
mit kleinen silbernen Glöcklein.³⁷

(ζ) 8, 2 ich würde dich bringen

(η)   sie würde mich lehren³⁸   (*oder:* du würdest mich lehren)

8 Würd' dich laben mit würzigem Wein,²⁶ 8
und dem Safte meiner Granaten.²⁷ ᵗ

. . . . *²⁸   ix
. . . .
. . . .
. . . .

IV

Außer dir verlange ich nichts weiter in der Welt.

8,11 Zu Baal-Ḥammon¹ ist ͤ ein Weinberg,²   i
von Weinberghütern gehütet;³
Für die Ernte könnte jedermann kriegen
ein Tausend [Sekel]⁴ Silbers.

12 Meinen Weinberg hüt' ich allein,⁵   ii
[nichts weiter in der Welt verlang' ich;]⁶
Die Tausend⁷ laß' ich dir, Salomo,⁸
und zweihundert davon — den Hütern!⁹

(ϑ) 7, 12ᵇ dort will ich meine Liebe³⁹ dir schenken

(ι) 8, 3 Seine Linke unter meinem Haupte,
seine Rechte mich zärtlich umfangend.⁴⁰

4 O Mädchen *von Jerusalem*,⁶ laßt euch erbitten,

Stört und scheucht nicht auf unsre Liebe,
bis es ihr selbst gefällt!

(ε) 11 hatte Salomo¹⁴

6,7 Der Königinnen sind sechzig, iii
    und achtzig der Kebse Zahl.ᵝ
8 Doch Eine nur ist meine Taube,¹⁰
    und Eine nur ist mein Engel;¹¹

[So rein] von Kindesbeinen, iv
    unbefleckt von frühster Jugend;¹²
Die Mädchen sie sehen und rühmen,
    Königinnen und Kebse sie preisen.¹³

V

Ich will dich schützen vor allen Gefahren.¹

4,8 Mit mir kannst² du, Braut, vom Libanon,³ i
    mit mir vom Libanon kommen,
Absteigen⁴ vom Amâna-Gipfel,⁵
    von den Gipfeln des Senîr⁶ und des Hermon.⁷

Von den Höhlen der (grimmen) Löwen,⁸ ii
    von den Bergen der (wilden) Panther;⁹
. . . .
. . . .

(ᵝ) 6,7 und andere Mädchen ohne Zahl¹⁵

VI
Schönheit des Geliebten.

5,2 [Zur Nachtzeit auf meinem Lager,   i
    ich nach meinem Geliebten mich sehnte;]¹
Ich schlief, doch mein Sinn war wach:²
    Horch! Horch!³ Da klopft mein Geliebter!

„Meine Schwester!⁴ Öffne mir! (ruft er)⁵   ii
    meine Freundin, meine Taube,⁶ mein Engel!⁷
Mein Haupt ist voll von Tau,⁸
    meine Locken voll Tropfen der Nacht."⁸

3 ⁹„Ich hab' schon mein Hemd abgelegt,¹⁰   iii
    wie kann ich es jetzt wieder anziehn?
Meine Füße hab' ich gewaschen,¹¹
    wie kann ich sie wieder beschmutzen?"

4 Mein Geliebter steckte den Arm   iv
    durch's (Schlüssel)loch¹² [vorn in der Haustür];¹³
{Fast zersprang mir das Herz als er sprach,}¹⁴
    Mein Inn'res geriet in Aufruhr.¹⁵

5ᵃ Als ich aufstand zu öffnen die Tür,ᵅ   v
5ᵈ (die Hand) an den Griffen des Riegels,¹⁶
5ᵇ Da troffen meine Hände von Myrrhe,¹⁷
5ᶜ   meine Finger von (köstlicher) Stakte.¹⁸

6 Doch als ich dem Liebsten geöffnet,   vi
    da war er weg und verschwunden.{}
Ich sucht' ihn ohn' ihn zu finden;
    ich rief ihn, doch kam keine Antwort.ᵝ

(ᵅ)   5,5 für meinen Liebsten
(ᵝ)   7 *Wächter*, Männer, die die Stadt durchstreiften, trafen mich, *schlugen mich, verwundeten mich*, nahmen meinen Überwurf⁴⁷ weg, *die Mauerwächter*⁴⁸

5, 8 „O Mädchen,⁷ laßt euch erbitten,¹⁹   vii
    wenn ihr meinen Liebsten findet:
  Wollt' ihr dann ihm nicht sagen,
    daß krank ich bin vor Liebe." —²⁰

17²¹„Wohin ist dein Liebster gegangen,   viii
    du Schönste aller Frauen?
  Wohin hat gewandt sich dein Liebster,
    daß wir dir suchen helfen?"²²

9 Was zeichnet aus deinen Liebsten,²³   ix
    du Schönste aller Frauen,
  Was zeichnet aus deinen Liebsten,²³
    daß du uns so bestürmest?"²⁴

10„Mein Liebster ist weiß und rot,²⁵   x
    unter Tausenden²⁶ leicht zu erkennen.
11 Sein Haupt ist Gold und Feingold,²⁷
    ⁸das Haupthaar rabenschwarz.

12ᵃ Seine Augen sind (blaugrau) wie Tauben,²⁸   xi
12ᵈ ᵉdie am Rande eines Weihers sitzen,²⁹
12ᶜ Sich badend in weißer Milch,³⁰
    [umsäumt von dunklen Lilien.]³¹

13 Sein Bart³² ist wie duftende Beete³³   xii
    mit allerlei Wohlgerüchen;³⁴
  Sein Schnurrbart³⁵ wie dunkle Lilien,
    voll von der (köstlichsten) Stakte.¹⁸

---

(7) 5, 8 von Jerusalem   (8) 11 seine Locken⁴⁹
(e)   12ᵇ an Wasserbächen²⁹

5,14 Seine Arme sind güldene[36] Rollen xiii
    besetzt[40] mit (Rubinen von) Tharsis[37]
    Sein Leib eine Elfenbeinplatte[38]
    eingelegt[40] mit (blauem) Saphir;[39]

15 Seine Schenkel weiße Säulen von Marmor xiv
    auf güldenen Sockeln stehend.[41]
    [42]Wie der Libanon seine Gestalt,
    ᵞ[majestätisch] wie seine Zedern.[43]

16 Sein Mund[44] ist lauter Süße, xv
    alles an ihm ist entzückend;
    Das ist mein Liebster und Freund,[45]
    ihr Mädchen Jerusalems.[46]

VII

Die Braut preist den Bräutigam am Tage nach der Hochzeit.

1,16 ᵅSieh, du bist schön mein Geliebter, i
    ja süß, ᵝunser Bette wird grünen.[1]
17 Unsres Prachthauses Balken sind Zedern,[2]
    von Cypressen das Deckengetäfel.[3]

(ζ)   15 ein Jüngling[50]

(α)   1,15 Sieh, du bist schön, meine Freundin;
        sieh, *du bist schön*, wie Tauben sind deine Augen.[36]
(β)   16 ja

2, 3 Wie ein Apfel[4] unter Waldesbäumen, ii
   unter Jünglingen so mein Liebster;[5]
   In seinem Schatten ich gerne weile,
   seine Frucht[6] ist süß meinem Gaumen.

[4 In's Weinhaus[7] führte er mich; iii
   das Zeichen[8] daselbst war die Liebe;
 5 Er mich labte mit süßen Kuchen
   und stillte mein Gelüste mit Äpfeln,[9][7]

 6 Seine Linke unter meinem Haupte, iv
   mit der Rechten mich zärtlich umfangend.[10]
1,12 So lange der König[11] zu Tisch lag,[12]
   strömte aus ihren Duft[13] meine Narde;[14]

13 Mein Liebster war mein Myrrhensäckchen, v
   das des Nachts ruht an meinem Busen;[15]
14 Mein Liebster war wie Hennablüten[16]
   in den Gärten von Engedi.[17]

 2 Mit deines Mundes Küssen küß' mich![18] vi
   deine Liebe[19] ist besser denn Wein;[20]
 3 ⁸Geklärtes Duftöl ist dein Name,[21]
   darum lieben dich alle Mädchen.{ᵉ}

 4 Nimm mich mit dir, komm, laß uns eilen! vii
   in deine Kammer,[7] o König,[11] führ' mich!
   Dort wollen wir uns freu'n und vergnügen,
   an deiner Liebe[19] uns berauschen[ᶜ] statt Wein. §[20]

―――――
(7) 2, 5 denn krank bin ich vor Liebe[37]
(8) 1, 3 dem Wohlgeruche nach sind deine Düfte süß[38]
(ᵉ) 4 mit Recht lieben sie dich[39]
(ᶜ) 5, 1 ᵇEßt und trinkt, *Freunde*, und berauscht euch in Liebe![40]

2*

2,16 Er ist mein, und ich bin sein,²² viii
　　 der auf dunklen Lilien weidet.²³
　17 Bis der Morgenwind²⁴ anfängt zu wehen
　　 und die Schatten²⁵ entfliehen, schwelge!²⁶

　　 Ja, springe,²⁷ springe, mein Liebster ix
　　 wie Gazellenböckchen²⁸ und Spießer,²⁹ ⁷
　　 [Auf dem Berge (duftender) Myrrhe,³⁰
　　 auf dem Hügel³⁰ (köstlichen) Weihrauchs!]³¹

　7 Ihr Mädchen,⁸ laßt euch erbitten, x
　　 bei den Gazellen³² und Hinden³³ der Flur,³⁴
　　 Stört und scheucht nicht auf unsre Liebe,ˡ
　　 bis es ihr selbst gefällt!³⁵

VIII

Die Reize der Geliebten.¹

4,1 Sieh, du bist schön, meine Freundin,² i
　　 sieh,ᵅ wie Tauben³ sind deine Augen.ᵝ
　　 Dein Haar gleicht den (schwarzen) Ziegen,⁴
　　 die auf Gileads⁵ Bergen klettern;⁶

(η) 8,14ᵃ Geh' durch,⁴¹ o du mein Liebster,
　14ᵇ wie Gazellenböckchen²⁸ und Spießer²⁹
2,17ᶜ Auf den zerklüfteten Bergen,⁴²
8,14ᶜ auf den balsamischen Höhen.⁴³
(δ) 2, 7 von Jerusalem⁴⁴
(ι) 8, 5ᵇ „Unterm Apfel"⁴⁵ will ich dich scheuchen,⁴⁶
　　 wo deine Mutter dich empfing,⁴⁷
　　 wo die dich gebar empfing!⁴⁸

(α) 4, 1 du bist schön　　　　(β) hinter deinem Schleier⁴²

4, 2 Deine Zähne einer Herde (weißer Schafe) ii
　　　Glattgeschoren und frisch aus der Schwemme,⁷
　　　Die allzumal Zwillinge tragen,⁸
　　　keine Mutter ohne ein Lamm.⁹

　　3 Karmesinbänder¹⁰ sind deine Lippen, iii
　　　und lieblich ist dein Mund.¹¹
　　　Deine Schläfe wie Granatapfelritze¹²
　　　hinter deinem Schleier schimmern.

　　4 Wie der Davidsturm¹³ ist dein Hals, iv
　　　gebaut als festes Bollwerk;¹⁴
　　　Daran sind⁷ die tausend Tartschen,¹⁵
　　　alles Schilde gewaltiger Recken.

1, 9 Den Rossen¹⁶ an Pharaohs Wagen v
　　　vergleiche ich dich, meine Freundin,¹⁷
　 10 Deine Wangen schmücken Gehänge,¹⁸
　　　Korallen¹⁹ umwinden den Hals.

4, 5 Wie zwei Hirschkälbchen sind deine {} Brüste,²⁰ vi
　　　wie {zwei} Gazellen-Zwillinge.⁸
　　7 Schön ist alles an dir, meine Freundin,
　　　kein Makel ist an dir zu finden.

(⁷) 4, 4 aufgehängt

(⁸) 　5 auf den dunklen Lilien weidend⁴³

　　6 Bis der Morgenwind anfängt zu wehen,
　　　und die Schatten [dem Frührot] weichen,
　　　Will den Myrrhenberg ich ersteigen,
　　　den Hügel voll (köstlichen) Weihrauchs.⁴⁴

6, 3 Schön bist du, o meine Freundin,ᵋ   vii
    Jerusalem gleichst du an Anmut.ᶜ
  4 Wend' ab von mir deine Augen;
    denn sie verwirren²¹ mich.ᶯ

4, 9ᶿEin Blick von dir machte mich sinnlos,²²   viii
    einᶥ Kettchen an deinem Halse.²³
 10 Wie hold deine Liebe,²⁴ Schwester,²⁵ᵏ
    deine Liebe²⁴ ist besser denn Wein.²⁶§

11 Honigseim deine Lippen träufeln,²⁷ᵞ   ix
    ᵘund süße Milch birgt deine Zunge;²⁸
    Wie Libanon²⁹ duften ᵛdeine Kleider,
10ᶜ {ᵋdein Duft übertrifft jeden Balsam.}³⁰

12 Meine Schwester²⁵ᵏ ist ein Gartengehege,³¹   x
    ein ᵖQuell³² in verschlossener Fassung,³¹ᵒ
 15 Ein Born³² lebendigen³³ Wassers
    von Libanons Bergen rieselnd;³⁴

(ε) 6, 3 wie Thirza⁴⁵   (ζ) prächtig wie Scharen mit Bannern⁴⁶
(η) 4 Dein Haar gleicht den schwarzen Ziegen,⁴
    die auf dem Gilead⁵ klettern;⁶

    5 Deine Zähne einer Herde (weißer) Schafe,
      frisch aus der Schwemme gekommen,⁷
    Die allzumal Zwillinge tragen,⁸
      keine Mutter ohne ein Lamm.⁹

    6 Deine Schläfe wie Granatapfelritze¹²
      hinter deinem Schleier schimmern.⁴⁷

(θ) 4, 9 du machtest mich sinnlos,²² meine Schwester,²⁵ *Braut*⁴⁸
(ι)   Halsschmuck   (κ) 10 Braut⁴⁸   (λ) 11 Braut   (μ) Traubensirup⁴⁹
(ν) 11 der Wohlgeruch von   (ξ) 10ᶜ der Wohlgeruch von
(π) 12 Braut   (ρ) 12 umhegter   (σ) 15 ein Gartenquell⁵⁰

VIII   —Biblische Liebeslieder—   15

4,13 Dein Stollen[35] ein Granatenlusthain[36]   xi
 mit [allerlei] köstlichen Früchten,[τ]
14 Narde,[37] Kalmus[38] und Zimmetbäumen,[39]
 nebst allerlei Weihrauchsträuchern.[40][u]

16 Erwache, Nordwind!   xii
 Komme, Südwind!
 Fächelt meinen Garten!
 Laßt die Düfte ausströmen![41]

IX

Der Lustgarten der Braut.[1]

Die Braut.[2]

4,17 Zu seinem Garten[3] komme mein Liebster   i
 und genieße die köstlichen Früchte.[4]
7,11 Komm, Liebster, laß uns spazieren,[5][α]
 unter Hennablüten[6] nächt'gen,

12ᵃ Am Morgen[7] in die Weinberge[8] gehen,   ii
 zu sehn, ob die Weinreben sprossen,[9]
 Die Weinblüten sich entfalten,[9]
 und die Granaten blühen.[9]

(τ) 4,13 Henna[51] und Narden[37]
(u)   14 Myrrhe,[52] Safran[53] und Aloeholz[54]
    nebst allerlei köstlichen Düften.[55]

(α) 7,11 hinaus auf die Flur[20]

7,13 Die Liebesäpfel[10] duften,
    vor der Tür sind die köstlichsten Früchte,[11]
Nicht nur frische, sondern auch firne,[12]
    die, mein Liebster, ich dir bewahrt.

Der Bräutigam.[a]

6,10 Zum Nußgarten[13] stieg ich hernieder,
    die Knospen des Tals[14] zu sehen,
Zu sehn, ob die Weinreben sprossen,[9]
    und die Granaten[9] blühen.[15]

5,1[a] In meiner Schwester[16][β] Garten[3] ging ich,
    meine Myrrhen und Würzkräuter pflückt' ich,
Meine Honigwaben aß ich,
    meinen Wein, meine Milch schlürft' ich.[17]

Die Braut.[a]

6, 1 Zu seinem Garten[3] stieg mein Liebster hernieder,
    zu den Beeten balsamischer Düfte,[18]
Zu weiden in dem herrlichen Garten,[3]
    einzuheimsen die dunklen Lilien.[19]

(β) 5,1 Braut[16]

X
Liebesfrühling.[1]

2, 8 Horch![2] mein Liebster!   i
    sieh! da kommt er!
    Über Berge eilend,
      über Hügel springend.[3a]
9[b] Sieh, da steht er
    hinter unsrer Mauer!
    Aus dem Fenster[4] blick' ich,
      durch das Gitter[4] guck' ich.
10[β] **Auf! meine Freundin!**
    komm', meine Schöne!

11 Denn sieh, vorbei ist der Winter,[5]   ii
    vorüber die Zeit der Regen.[6]
12 Schon schmücken Blumen die Erde,
    schon singen die Vöglein wieder.[7]
    Die Turteltauben[8] girren,
      [die Schwalben[9] sind] heim[gekehrt].[10]
13 Es reifen die Winterfeigen,[11]
    süß duften[7] die Rebenblüten.[12]
    Auf! meine Freundin!
    komm', meine Schöne!

14 Meine Taube in den Felsspalten,[13]   iii
    in den Ritzen der Klippe,[14]
    [Öffne, meine Schwester!
      meine Freundin, mein Engel![15]]

(α) 2,9a mein Liebster ist wie ein Gazellenböckchen oder wie ein Spießer[17]
(β) 10 mein Liebster hub an und sprach zu mir[18]   (γ) 13 blühen

2   Deinen Anblick mir gönne,¹⁶
    deine Stimme laß mich hören!⁸
Deine Stimme so süß,
    deinen Anblick so lieblich!
[Auf! meine Freundin,
    komm', meine Schöne!]

XI

𝔚eide deine 𝔷icklein!¹

1,7 Sag' mir, mein Herzallerliebster,²   i
    ᵃwo wirst du zu Mittag rasten?³
Damit ich nicht irre gehe⁴
    bei den Herden deiner Gesellen.

8 Wenn du das nicht selber weißt,ᵝ   ii
    so folge den Spuren der Herde,⁵
Dann magst deine Zicklein du weiden⁶
    bei den Zelten der anderen Hirten!⁷

(δ) 8,13 O du, die du weilst in dem Prachtgarten (*zuhörende Freunde*)¹⁹
    deine Stimme laß mich hören!²⁰

(ᵃ) 1,7 wo wirst du weiden?⁸   (β) 8 du Schönste aller Frauen⁹

XII

Omnia vincit Amor.

3,1 Zur Nachtzeit¹ auf meinem Lager   i
    sehnt' ich mich nach meinem Herzliebsten.² ᵃ
2 ³„Ich will aufstehn, die Stadt durchstreifen
    auf den Gassen und auch auf den Plätzen."ᵝ

3 Männer traf ich,ᵞ die die Stadt durchstreiften: ii
    ⁴„Habt ihr meinen Herzliebsten² gesehn?"
4 Kaum war ich an ihnen vorüber,
    da fand ich meinen Herzliebsten.²

Ich umfaßt' ihn und wollt' ihn nicht lassen;ᵟ   iii
[ich sagte zu meinem Herzliebsten:]⁵
8,6„An deinem Herzen laß mich ruhn wie dein Siegel,⁶
    wie den Siegel(ring)⁶ an deiner Rechten!"

Denn stark⁷ wie der Tod ist die Liebe;   iv
    unbeugsam⁸ wie die Hölle,⁹ die Leidenschaft.
Ihre Gluten sind¹⁰ Feuergluten,
    ihre Flammen zucken wie Blitze.¹¹

(α) 3, 1 ich sehnte mich nach ihm, doch fand ich ihn nicht¹³

(β)   2 ich sehne mich nach meinem Herzliebsten; ich sehnte mich
    nach ihm, doch fand ich ihn nicht¹⁴   (γ) 3 die Wächter¹⁵

(δ)   4 Bis ich ihn gebracht in das Haus meiner Mutter,
    in die Kammer von ihr, die mich gebar.¹⁶

    5 O Mädchen *von Jerusalem*,¹⁷ laßt euch erbitten,
      bei den Gazellen und den Hinden der Flur,
    Stört und scheucht nicht auf unsre Liebe,
      bis es ihr selbst gefällt!¹⁸

8,7 Nichts* vermag ihre⁺ Glut zu löschen,
   selbst Ströme können sie nicht ersticken.
Wenn einer⁷ für sie⁸ alles hingäbe,
   könnte man ihn darum verachten?¹²

(*) 8,7 (selbst nicht) viel Wasser   (⁺) der Liebe
(⁷)   ein Mann   (⁸) die Liebe

Anmerkungen.

I

(1) Das heißt *das schönste Lied*.

(2) Dieser Gesang beschreibt die feierliche Überführung der Braut aus ihrem Vaterhause nach dem Hause des Bräutigams; vgl. 1 Makk. 9, 37 und in der alten Ballade von Herrn Olaf (W 181): *Da kam die Braut mit der Hochzeitsschar*. Wenn die Braut in einem andern Dorfe ansässig ist, so wird sie von berittenen und bewaffneten Brautführern (den Freunden des Bräutigams; vgl. οἱ υἱοὶ τοῦ νυμφῶνος Matth. 9, 15; Mark. 2, 19; Luk. 5, 34; Luther: *Hochzeitleute*) nach dem Dorfe des Bräutigams geleitet. Vor der Braut und den Brautjungfern werden kriegerische Spiele von den Brautführern aufgeführt. — Nach Herder soll dieses Lied drei Strophen haben: *der Gesang steigt vom Bett des Helden zum Bette der Liebe, von ihm zur Krone der Hochzeit und Herzensfreude.... Das erste schmücken Helden, das zweite Buhlerinnen, das dritte Mutter und die ewige Freundin*. Das ist durchaus verfehlt. — Für die Brauteinholung vgl. unten, A. 10.

(3) Genauer *Wer ist die, die heraufkommt*; der hebräische Text hat Femininformen; vgl. unten A. 14 und A. 2 zu II. Die Braut mit ihrem Gefolge kam herauf aus dem Weideland zwischen den beiden Dörfern. Ihr Heimatsdorf und das Dorf des Bräutigams lagen wohl beide auf Hügeln; vgl. die Abbildungen von Qarjet el-'Ineb auf S. 90 der Übersetzung des Buches der Richter in der *Regenbogen-Bibel*; oder die Bilder von Bethel daselbst im Buche Josua, S. 64 (siehe dort S. 65, Z. 5) oder das obere Beth-Horon, S. 71 (siehe daselbst S. 72, Z. 4).

(4) Nicht *schlank und leicht wie eine Säule Rauch*, wie Herder meint. Die Rauchsäulen beziehen sich nicht auf den zarten langen Wuchs des Mädchens, sondern auf die Feuerbecken an der Spitze des Brautzugs. An der Spitze einer Karawane wurden Feuerbecken an

langen Stangen getragen. Der Feuerschein gab bei Nacht die Richtung an; während des Tages wies der aufsteigende Rauch den Weg. Darauf beruht auch die Sage, daß Jahveh bei Tage als Wolkensäule, bei Nacht als Feuersäule den Israeliten in der Wüste vorauszog; vgl. 2 Mos. 13, 21; 14, 19; 4 Mos. 14, 14; 5 Mos. 1, 33; Jes. 4, 5; Neh. 9, 12. 19; Ps. 78, 14. Nach der den sogenannten fünf Büchern Mose zugrunde liegenden priesterlichen Schrift war die Wolke bei Tage über dem Offenbarungszelte (der sogenannten *Stiftshütte*) während bei Nacht sich dort Feuerschein zeigte (2 Mos. 40, 38; 4 Mos. 9, 15). Curtius (V, 2, 7) sagt in seiner Geschichte Alexanders des Großen, daß, als der mazedonische Eroberer durch Babylonien und Susiana zog, ein weithin sichtbarer Mast, von dem bei Nacht Feuer leuchtete, bei Tage eine Rauchwolke aufstieg, über dem Königszelte angebracht war (*perticam, quae undique conspici posset, supra praetorium statuit, ex qua signum eminebat, pariter omnibus conspicuum, observabatur ignis noctu, fumus interdiu*). Vgl. dagegen Eduard Meyer, *Die Israeliten und ihre Nachbarstämme* (Halle 1906) S. 21 und 70, A. 1.

(5) Nach der L 138 gegebenen Beschreibung einer Hochzeit in Beirût und dem Libanon wird die Braut nach Einbruch der Nacht von Männern und Frauen bei Kerzenschein abgeholt. Die Braut verläßt aber ihre Wohnung erst, nachdem Fläschchen mit wohlriechenden Essenzen über ihr zerbrochen worden sind. An unserer Stelle ist die Braut so stark parfümiert, daß der Wohlgeruch auf eine ziemliche Entfernung bemerkbar wird. Wohlgerüche spielen im Orient eine große Rolle (vgl. J 20, 2). In Sprüche 7, 17 ist das Bett der Ehebrecherin mit Myrrhen, Aloe und Zimt (vgl. A. 39 zu VIII) parfümiert; in dem von dem Makkabäer Jonathan gedichteten Hochzeitsliede Ps. 45, 9 duften die Gewänder des Bräutigams (d. i. König Alexander Balas von Syrien bei seiner Vermählung mit der ägyptischen Prinzessin Kleopatra im Jahre 150 v. Chr.) von Myrrhe, Aloe und Kassia. Vgl. dazu Dr. Albert Hagen, *Die sexuelle Osphresiologie* (Berlin 1901) S. 221. 230. 232, auch S. 57. 139. 181. 257 (zweite, unveränderte, Auflage, 1906). Für Alexander Balas siehe meine Anmerkungen zum Prediger Salomo in *Weltschmerz in der Bibel*, S. 29 und meine Übersetzung von Ps. 45 in *The Book of Ecclesiastes* (Baltimore 1905) S. 36. Alexander Balas und Kleopatra sind die Vorbilder von Ahasveros (d. i. Xerxes) und Esther im Buche Esther. Haman ist Nikanor, und Mardachai entspricht dem Makkabäer Jonathan; vgl. 1 Makk. 10, 58—66; 7, 47—49 und Haupt, *Purim* (Leipzig 1906) S. 11, Z. 40. — In modernen palästi-

nischen Liedern heißt es von einem Mädchen, daß *der Geruch ihres Mundes wie die Schachtel eines Gewürzkrämers* sei; die braunen und die weißen Mädchen (vgl. A. 5 zu III) werden als *Büchsen mit Zibet, das der Kaufmann brachte von unterhalb Bagdad* angeredet. L 140, 12 heißt es von der Braut: *Nelkenblume und reiner Weihrauch, du!* L 143, 50 lesen wir: *Der Duft deines Zibet hat mich berückt.* Oder ein Mädchen wird angeredet als *duftender Strauß*; vgl. L 108, 86: *O Vase mit Myrten, rings herum Krausemünze, du Glückliche.* Das Haar der Braut wird mit einer Pomade aus Kochbutter mit gestoßenen Gewürznelken und Zibet eingerieben. In einem andern Liede heißt es von einem Mädchen, daß *ihr Stirnhaar in Moschus und Ambra gebadet* sei. Vgl. D 277. 286. 7. 188. 245 und unten, A. 33 zu VI. In den Trillerliedern* nach der Trauung eines Brautpaars in der Gegend von Beirût und dem Libanon wird von der Braut gesagt: *Moschus ist in ihren Taschen gemischt mit Myrrhen* (L 139, 3).

(6) Das balsamische Gummiharz von *Commiphora Myrrha* und *Boswellia Carteri* und anderer *Boswellia*-Arten in Arabien und Nordostafrika; vgl. A. 18 zu VI und A. 40 und 52 zu VIII.

(7) Wörtlich *Pulver des Krämers*, insbesondere *Gewürzpulver des Spezereihändlers.* Der hebr. Ausdruck bedeutet ursprünglich *Hausierer*, dann *Krämer, Spezereihändler* (vgl. das franz. *épicier*).

(8) Das ist der *König des Hochzeitsfestes*, der Bräutigam; vgl. VII, iv und vii und A. 5 zur Einleitung. Die ersten sieben Tage nach einer Hochzeit (vgl. A. 31 zur Einleitung) hießen in der Gegend vom Damaskus *die Königswoche.* Während dieser Zeit spielt das neuvermählte Paar König und Königin; der beste Freund des Bräutigams heißt sein Wesir. Auch im Westjordanlande werden Braut und Bräutigam gelegentlich als *König* und *Königin* bezeichnet. Ein arabisches Sprichwort (J 17) sagt: *Der Bräutigam ist beinahe ein König.* In einem Hochzeitsliede der Bauern in den Dörfern bei Jerusalem (L 123 unten)

---

* Ein Trillerlied (arab. *zaġrûte* oder, in Syrien, *zalġûte*) ist ein arabisches Lied, in dem auf jede Strophe ein Freudentriller folgt. Die Strophen werden stets von einer Vorsängerin gesungen, und das Trillern bildet den Refrain. Man trillert die Silbe *lu* oder *li* (in Jerusalem: *lulululululi*) in hoher Stimmlage, wobei die Zungenspitze, so schmal wie möglich zusammengedrängt, an die Oberlippe schlägt oder sich zwischen den (wie bei der Aussprache des O-vokals gerundeten) Lippen bewegt. Nach L 87 hängt das hebr. *hallêl* und das griech. ὀλολύζω mit diesem *L*-trillern zusammen. Vgl. auch D xix und 358, 18, sowie Bædekers *Palästina* (1904) S. LX.

heißt es von dem Bräutigam: *Er schreitet wie ein König*; an einer andern Stelle dieser Lieder (L 126, 98. 100) wird der Bräutigam geradezu mit dem Namen des regierenden Sultans *Abdul-Hamid* bezeichnet; vgl. unten, A. 17. Ebenso sollen russische Juden den Bräutigam noch *König* nennen. Der Vers Ps. 45, 12 (vgl. oben, A. 5) wird in dem äthiopischen Hochzeitsritual gebraucht.

(9) So (hebr. *gibborim*) heißt Davids Leibwache 2 Sam. 10, 7; 23, 8; 1 Kön. 1, 8. Vgl. auch VIII, iv.

(10) Wörtlich *wegen des Schreckens der Nächte*. Herder, nicht gerade glücklich: *Für'm Grau'n der Nacht*. Vgl. das Gleichnis von den zehn Jungfrauen, wo der Bräutigam um Mitternacht kommt, und Philipp Nicolais (1556—1608) *Wachet auf! ruft uns die Stimme* (vgl. A. 14 zu VI). Auch in Matth. 25, 6 wird die Hochzeit im Hause des Bräutigams gefeiert, nicht im Hause der Braut. L 105, Z. 5 lesen wir, daß bei den Einwohnern von Jerusalem Verwandte des Bräutigams gehen die Braut einzuholen, während der Bräutigam zu Hause bleibt. D 193 (vgl. D 205 und 144) sagt, daß bei den Moslems der Bräutigam sein Haus am Abend der Heimführung der Braut verläßt und erst mitten in der Nacht in festlichem Zuge dahin zurückkehrt. Vgl. W 802: *Der Abend ist gekommen, | die finstre Nacht bricht ein. | Es hat sich aufgemachet | der Bräutigam mit Pracht.*

In Aleppo ziehen zuweilen an hundert (auch 160) Krieger mit Schwert und Schild, einige auch mit Helm und Harnisch, dem Bräutigam voran. Wenn in Aleppo ein Hochzeitszug am Hause eines reichen Mannes oder einer Militärwache vorbeikommt, so wird ein Lebehoch ausgebracht, wobei der Gesang des Vorsängers von den für den Zug gemieteten Waffenträgern mit langgedehntem *Hoo!* erwidert wird, während sie dazu mit den Schwertern an die Schilde schlagen. Jetzt dient die kriegerische Eskorte lediglich zur Erhöhung des Festgepränges, aber früher mag sie wohl nicht überflüssig gewesen sein (vgl. 1 Makk. 9, 40). Noch jetzt wird in den bei der Einholung der Braut gesungenen Liedern in den Dörfern bei Jerusalem die Fiktion aufrecht erhalten, als drohe dem Brautzuge Gefahr. L 121 sagt die Braut zu dem Bruder (oder Verwandten) des Bräutigams: *O Bruder, sie haben uns nachgesetzt!* und er antwortet: *O Schwester, reite und fürchte dich nicht.... sie fürchten sich und folgen uns nicht, so lange mein Schwert noch gerade ist.... Töte die Männer und mache ihre jungen Frauen zu Witwen.* — An *Nachtunholde* oder das *böse Auge* (J 20) ist nicht zu denken. Nicht bloß die Beduinen singen gern kriegerische Lieder bei

Hochzeiten, auch in den Städten und Dörfern ist bei den Moslems eine größere Hochzeitsfeier ohne kriegerisches Gepränge undenkbar.

(11) Hebr. *appirjôn*, eine Umformung des griech. φορεῖον, das die griechische Bibel hier braucht. Gewöhnlich wird die Braut jetzt bei der feierlichen Einholung (vgl. oben, A. 2) auf ein Pferd gesetzt, nicht bloß in den Dörfern bei Jerusalem (L 121) sondern auch im Libanon (L 138); vgl. auch L 143, 39: *Beduinentochter, du reitest zu Pferd*. An einigen Orten aber läßt man auch heutzutage die Braut in eine Sänfte (arab. *háudag*) steigen und veranstaltet einen Umzug, der bei dem Hause des Bräutigams endet (L 139). Der besondere Name der Sänfte der Braut beim Brautzuge (arab. *zúffe*) ist *mizáffe*.

(12) Zedern und Cypressen, vgl. 1 Kön. 22, 9 und A. 2 zu VII. Auch die *Dreschtafel* (vgl. A. 31 zur Einleitung) ist gewöhnlich von Eiche oder Nußbaum, wenigstens in der Umgebung von Damaskus.

(13) Die Sänfte war mit einem Dach (Baldachin) und Vorhängen (Gardinen) versehen. Zu *Purpur* vgl. A. 14 zu II.

(14) Frauen werden angeredet. Der hebr. Text hat die 2 pers. fem. pl.

(15) Wörtlich *mit einem Kranz, den seine Mutter ihm kränzte* (d. h. *wand*, für ihn verfertigte). Nicht nur die Braut trägt einen Kranz oder eine Krone (vgl. A. 35 zu III) sondern auch der Bräutigam (vgl. Jes. 61, 10). Bei manchen jüdischen Hochzeiten wird dem Bräutigam noch jetzt eine Krone aufgesetzt.

(16) *Freude* (arab. *fáraḥ*) wird in Palästina geradezu für *Hochzeit* gebraucht: *Heute ist Freude bei uns* (L 97, 6; 108, 88) heißt *wir feiern heute eine Hochzeit*. Auch unser *Hochzeit* bedeutet ursprünglich *hohe Zeit, Freudenfest, Bankett*. In diesem Sinne braucht die griechische Bibel Est. 1, 5 γάμος (Vulgata: *convivium*).

(17) Dies ist ein späterer Zusatz, ebenso die Glossen γ, ε und κ. Sie beruhen wohl auf den Stellen 1, 5 (siehe A. 9 zu III) und 8, 12 (vgl. A. 8 zu IV). Doch ist es nicht unmöglich, daß man den Bräutigam entweder als *König* oder als *Salomo* bezeichnete, ebenso wie jetzt ein Bräutigam in der Umgegend von Jerusalem gelegentlich als *Abdul-Hamid* bezeichnet wird; vgl. oben, A. 8. Wo wir im Alten Testament *der König Salomo* finden, ist entweder der Titel oder der Name späterer Zusatz. Der richtige Ausdruck im Deutschen ist *König Salomo*; im Hebräischen: *Salomo, der König*.

(18) Des Bräutigams. Die beiden Halbzeilen scheinen eine Variante zu dem Anfang des Liedes darzustellen, die in dem überlieferten Texte an eine unrichtige Stelle geraten ist; ebenso wie die Glosse η ein ver-

sprengtes erläuterndes Zitat zu V. 10 ist, oder 8, 5^b ein erläuterndes Zitat zu 2, 7^b (vgl. A. 48 zu VII).

(19) Dies ist eine Variante zu den folgenden zwei Halbzeilen, dem zweiten Reihenpaar von Strophe ii; vgl. A. 55 zu VIII.

(20) Die Säulen, die das Dach der Sänfte tragen; nicht die Füße der Sänfte, obwohl wir Athen. 5, 13 lesen, daß der Philosoph und Tyrann Athenion ἐπ' ἀργυροπόδος φορείου καὶ πορφυρῶν στρωμάτων erschien. Ebenda 5, 5 wird erzählt, daß in einem Festzuge des Antiochus Epiphanes (vgl. *Weltschmerz in der Bibel*, S. 28, A. 4) zweihundert Frauen Wohlgerüche (vgl. oben, A. 5) aus goldnen Urnen sprengten, während 80 Frauen auf Sänften mit goldnen Füßen saßen und 500 Frauen auf silberfüßigen Tragsesseln.

(21) Diese beiden (von Goethe weggelassenen) Halbzeilen scheinen ein erläuterndes Zitat (vgl. den Schluß von A. 18) aus einem andern Gedichte* zu sein, wo die Braut in einem Prachtwagen,† begleitet von den Freunden des edlen Bräutigams, eingeholt wird. Der Bräutigam sowohl wie seine Freunde, die Brautführer, sind Söhne vornehmer Leute, eine edle Sippe. In einem neuarabischen Liede (D 256) heißt es: *Als sie kamen, dich zu holen, | setzten sie dich in den Wagen, | bezahlten hundert Pfund* (vgl. A. 12 zu XII) *deinem Vater, | o du Braut, du schöne!* — Das griech. πάροχος, *der neben einem andern auf dem Wagen Sitzende*, wird besonders von dem παράνυμφος, dem *Brautführer*, gebraucht.

Die Braut sagt hier: Erfüllt ist der Wunsch meines Herzens (vgl. A. 2 zu XII): ich werde geleitet zu ihm, den ich liebe, auf dem Wagen einer Edelsippe, den Wagen, den der edle Bräutigam gesandt hat, und den die edlen Freunde des Bräutigams geleiten. Die weiblichen Hochzeitsgäste werden in neuarabischen Liedern öfter als *Töchter der Edlen* bezeichnet; vgl. L 125, 73 und den Schluß von A. 9 zu II. Manche Erklärer fassen die von mir durch *Edelsippe* wiedergegebene Wortverbindung‡ als den Namen von Salomos Kutscher! Das ist

---

* Vgl. meine Bemerkungen über *Erläuternde Zitate im Alten Testament* in den Verhandlungen des Hamburger Orientalisten-Kongresses (Leiden 1904).

† Der hebr. Text hat hier den Intensivplural *die Wagen* = *der große* oder *der herrliche Wagen*; ebenso haben wir VII, i im Hebräischen *unsrer Häuser* für *unsres Prachthauses* und IX, vi; X, b *in den Gärten* für *in dem Prachtgarten* oder *dem herrlichen Garten*; vgl. den Schluß des ersten Abschnitts von A. 2 zu VI und deutsche Wendungen wie *Sie sagen, Sie wollten morgen abreisen* statt *er sagt, er wollte morgen abreisen*.

‡ ʻAmmī in hebr. ʻammī-nadhīb ist *status constructus*. Wörtlich lautet die

ebenso sicher wie der Name *Leid* für Jakobs Kutscher (1 Mose 37, 35). Der Anfang *Erfüllt ist der Wunsch* fehlt in dem überlieferten Texte und ist hier vermutungsweise ergänzt worden (vgl. A. 6 zu IV; A. 31 zu VI). Die statt dessen im überlieferten Texte stehenden Worte *Ich weiß nicht* sind vielleicht von einem Schreiber hinzugesetzt worden, der den verstümmelten Anfang der Zeile nicht lesen konnte. Auf manchen Keilschrifttafeln findet sich der entsprechende Ausdruck *ul îdî* 'ich weiß nicht' in derselben Weise gebraucht. — Wenn II ursprünglich auf I folgte, so können wir verstehn, warum diese Glosse (6, 11) jetzt vor II, ii (6, 12) erscheint; vgl. A. 50 zu VIII. In dem überlieferten Texte ist II wohl hinter IV gestellt worden, weil man in der Schilderung der Reize der Braut beim Schwerttanze (II) das am Schlusse von IV hervorgehobene Rühmen und Preisen seitens der Mädchen, Königinnen und Nebenfrauen sah; vgl. A. 22 zu VI. Daß IV, iii. iv ursprünglich hinter IV, i. ii gestanden haben muß, zeigt das Fehlen des Namens *Salomo* zu Anfang von IV, iii. Vgl. auch A. 18 zu VII.

(22) Dies sind spätere erklärende Zusätze. Zu dem Namen *Jerusalem* siehe A. 6 zu III.

II

(1) Wie eine größere Hochzeit in Syrien und Palästina ohne kriegerisches Gepränge nicht zu denken ist (vgl. A. 10 zu I) so gibt es auch keine Vermählungsfeier ohne Tanz: *Tanzen gehört zum festlichen Tag*, sagt Goethe (E 160). Wetzstein (vgl. A. 31 zur Einleitung) berichtete, daß in der Umgebung von Damaskus die Braut am Vorabend des Hochzeitstages den Schwerttanz aufführt innerhalb eines Kreises, der zur Hälfte von Männern, zur Hälfte von Frauen gebildet wird. Ihr dunkles Haar hängt aufgelöst über die Schultern herab (vgl. A. 6 zu VIII), ihre Füße sind unbekleidet (ZDMG 22, 106), in ihrer Rechten schwingt sie ein Schwert, in der linken hält sie ein Tuch. Lodernde Feuer beleuchten das Schauspiel, das den Gipfelpunkt der Festlichkeiten im Ostjordanlande bildet. D 296 dagegen bemerkt, daß bei dem ostjordanischen Klatschreigen die klatschenden Tänzer selten

---
zweite Halbzeile: *Ihr habt mich gesetzt* (hebr. *samtûni* statt des überlieferten *sâmathni*) in (die, d. h.) den (großen) *Wagen von einem Volk* (Leuten, Verwandten) *eines Edlen* (nämlich des Bräutigams).

einen Kreis bilden, sondern dem tanzenden Mädchen, die mit einem Schwert um sich haut, in einer Reihe gegenüber stehen. D 272 finden wir eine Beschreibung des Schwerttanzes der Männer in Nordpalästina (D ix) wobei zuweilen zwei Tänzer eine Art Scheinkampf aufführen, und D 254 finden wir Tanz- und Reigenlieder zum Paradiertanz der Braut, wobei sie sich in ihren Hochzeitsgewändern (D 185) präsentiert, entweder im Hause ihrer Eltern oder nach der Ankunft im Hause des Bräutigams. Sie hält dabei Kerzen in beiden Händen (D 257, Z. 19) und wendet sich langsam nach allen Richtungen. Dieser Paradiertanz ist aber mehr städtische Sitte, die auf dem Lande nur vereinzelt beobachtet wird.

Nach L 89 besteht der Paradiertanz in Jerusalem darin, daß die Braut ganz langsam mit kaum merkbarem Wiegen des Oberkörpers hin und her schreitet; sie wird dabei von ihren Freundinnen geführt und trägt oft Kerzen in ihrer Hand. Dieselbe Zeremonie wird bei der Trauerfeier um eine Jungfrau oder einen Jüngling beobachtet. Man gibt der Leiche Kerzen in die Hand, und die Klagefrauen wandeln langsamen Schrittes um sie herum, wobei sie Lieder mit Klagen über den frühen Tod oder wirkliche Hochzeitslieder singen. L glaubt, daß sich Richter 11, 37—40 vielleicht auf einen ähnlichen Klagereigen bezieht. Wenn ein Jüngling oder ein Bräutigam stirbt, so legt man ihm in der Gegend von Beirût Hochzeitskleider an, ebenso wie man in gewissen Gegenden Deutschlands ein verstorbenes junges Mädchen mit dem Myrtenkranze schmückt. In Nazareth soll es Sitte sein, daß die Braut beim Paradiertanze in sieben verschiedenen Kleidern, die sieben verschiedene Handwerke darstellen, auftritt (L 106, unten). L 121 lesen wir, daß bei den Bauern in den Dörfern um Jerusalem die Braut am Hochzeitstage von ihren Angehörigen auf eine Stute gesetzt wird und ein Schwert in die Hand bekommt. Verwandte des Bräutigams nehmen sie in Empfang und geleiten sie zum Hause des Bräutigams. In Beirût fassen am Hochzeitstage (nach L 138) zwei Frauen die Braut an beiden Händen und beginnen mit ihr auf dem Tanzplatze hin und her zu schreiten mit ganz leiser und geringer Schrittbewegung. Die Frauen singen dabei: *Auf, schreite, du Schöne, du Rose im Blumengarten*, (vgl. A. 3 zu IX). Im Libanon zieht man mit der Braut, die auf einem edlen Pferde reitet, nach Einbruch der Nacht bei Laternenschein aus; zwei Männer führen vor ihr den Schwerttanz auf, und die Männer hinter ihr singen Lieder, z. B. *Wir haben die Braut gebracht* usw. Auch führen sie dabei Kampfspiele auf (L 143, 51).

(2) Genauer *Wer ist die, die herabblickt wie Morgenrot*; der hebr. Text gebraucht auch hier Femininformen; vgl. A. 3 und 14 zu I. Der Ausdruck *herabblickt* oder *herniederschaut* ist gewählt, weil die Braut Stelzschuhe anhat; vgl. unten, A. 9. D 193 unten heißt es in einem Liede beim Zuge des Bräutigams (vgl. A. 10 zu I): *Seine Braut ist das Licht des Morgens* (und der Bräutigam das Licht des Mondes; vgl. A. 4). L 126, 105 finden wir: *Das Antlitz der Braut gleicht dem Morgenstern*. Vgl. auch W 757: *Du bist mein lichter Morgenstern*. Heine sagt (E 292) *Es kommt mein Weib, schön wie der Morgen, | und lächelt fort die deutschen Sorgen*.

(3) In ihrem Hochzeitsstaate mit ihrem kriegerischen Gefolge (vgl. A. 10 zu I). Im überlieferten Texte erscheint diese Halbzeile am Schluß der Strophe; vgl. A. 14. 16. 22. 29 zu VI; A. 50 zu VIII. Auch in den letzten vier Strophen muß die überlieferte Versfolge mehrfach geändert werden.

(4) Dieser Vergleich ist im Arabischen sehr gewöhnlich. Ein *Vollmondsgesicht* hat für den Orientalen keineswegs den Sinn, den wir damit verbinden. Die Geliebte wird öfters *o Mond* oder *o Vollmond* angeredet. Vgl. L 100, 22: *Dein Antlitz ist von der Farbe des Mondes*; L 142, 29: *Deine Gestalt ist wie der Vollmond*.* Tennyson nennt Maud *the moon-faced darling of all*. Uns liegt *Sonne* näher. Heine sagt z. B. *Mein Liebchen, mein Lamm, meine Sonne und Wonne*; vgl. auch die in A. 10 zu IV angeführten Heineschen Verse.

(5) D 191 heißt es in einem Liede bei der Ankunft der Braut am Hause des Bräutigams: *Eine Sonne ist sie, und sie hat uns beschienen*. Ebenso finden wir in der alten Romanze vom Ritter Peter von Stauffenberg und der Meerfeye (W 277) *Er sieht ein schönes Weib da sitzen | ..... wie eine Sonne reich und rein*. Eine astralmythische Auslegung (vgl. A. 45 zu VIII) ist dabei unnötig. Konrad Ferdinand Meyer sagt (E 375) *Ewig jung ist nur die Sonne, sie allein ist ewig schön*. Paul Flemming redet Basilene in dem in A. 4 zu VI angeführten Gedicht an *O du Sonne meiner Wonnen*.

Die erste Strophe dieses Liedes (6, 19) wird im 18. Kapitel von Scheffels *Ekkehard* zitiert (S. 279). Vgl. A. 13 zu X.

(6) Der hebr. Text hat auch in der dritten Halbzeile (statt *die Schöne*) *Sulamiterin*. Das heißt *ein Mädchen aus Sunem*, das heutige *Sôlem*,†

---

* Vgl. noch L 97, 11; 99, 19; 109, 105; 124, 56; 139, 1; 152, 5.
† Für den Wechsel von *l* und *n* beachte, daß *Jesreel* jetzt *Zer'în* heißt, und Bethel: *Bêtin*.

südwestlich vom See Genezareth, südlich von Nazareth, nördlich von Jesreel (das heutige *Zer'in*) in dem alten Stammgebiet von Issachar. Der Ort wird in der Namenliste Jos. 19, 18 erwähnt, auch in der Legende von Elisa, der den Sohn der vornehmen Sulamiterin, die dem Propheten freundlich gewesen war, wieder auferweckte (2 Kön. 4, 8). Die Anrede *Sulamiterin* bezeichnet die Braut als *wunderschönes Mädchen*. Zu Anfang der Bücher der Könige lesen wir: Als König David alt war und wohl betagt, konnte er nicht warm werden, soviel man ihn auch zudeckte. Da sprachen seine Getreuen zu ihm: Wir wollen für unsren königlichen Herrn eine Jungfrau suchen, die bei ihm schlafen soll und ihn wärmen.* Sie suchten nach einem schönen Mädchen im ganzen Gebiete Israels, bis sie die Sunamiterin Abisag fanden und zum Könige brachten. Sie war ein sehr schönes Mädchen, aber der König wohnte ihr nicht bei. — *Sulamiterin* bezeichnet also lediglich *ein sehr schönes Mädchen*, etwa wie wir *Nassauer* oder *Potsdamer* zur Kennzeichnung bestimmter Eigenschaften gebrauchen, oder wie wir einen schönen Jüngling *Adonis*, einen keuschen Jüngling *Joseph* nennen; vgl. die Anwendung der Namen Herkules, Don Juan, Don Quixote, Shylock, Daniel, Lovelace, Seladon; auch A. 8 zu IV. *Sie ist ein Mädchen von Sunem* war den alten Hebräern ebenso verständlich als uns die Aussage *sie ist eine Jungfrau von Orleans* sein würde.

Vielleicht stand statt *Sulamith* aber ursprünglich *Selomith* im Texte. *Selomith* erscheint als Name einer Tochter Zerubabels 1 Chr. 3, 19. Der Name mag aber ominös erschienen sein, weil die Mutter des Gotteslästerers 3 Mos. 24, 11 *Selomith* (eine Tochter Dibris vom Stamme Dan) hieß. Orientalen legen auf solche üble Vorbedeutungen großes Gewicht. *Selomith* heißt *die Vollkommene*; vgl. A. 11 zu IV und die Bemerkung über die Vermeidung des ominösen Namens *Samaria* in A. 45 zu VIII.

(7) Eigentlich *wende, wende dich*; der Tanz besteht in balletartigen Wendungen und Drehungen nach allen Seiten, rhythmischen Bewegungen von Händen und Füßen, ohne daß dabei eine Fortbewegung stattfinden muß. Vgl. oben, A. 1 und L 107, 81: *Tanze schön, du duftende Rose* (vgl. A. 3 zu IX).

(8) Eigentlich *im Reigen der Lager* oder *Heere*. Dies kann bedeuten sowohl *Waffentanz* wie *Parade-Aufzug*. Luther: *Mahanaim*;

---

* Man vergleiche dazu das Kapitel über *Sunamitismus* in Dr. Hagens (in A. 5 zu I zitierten) Buche, S. 191—219.

Goethe: *Reihentanz der Engel*; Herder: *den Tanz der Gottesheere*; vgl. 1 Mos. **32**, 2. Herder sagt: *Der Aufzug verändert sich und wird Tanz, Tanz wie der Reigen der Engel, der himmlischen Kriegsheere; mir ist kein Lied bekannt, wo der Tanz so veredelt, so idealisiert wäre.* Das ist auch eine irrige Auffassung und starke Übertreibung; vgl. A. 2. 27. 33. zur Einleitung.

(9) D 257 bemerkt, daß die Braut den Paradiertanz auf hölzernen, schön mit Perlmutter verzierten Stelzschuhen ausführt. Goethe übersetzt dieses Halbzeilenpaar: *Schön ist dein Gang in den Schuhen, o Fürstentochter.* In einem alten deutschen Lobgesang auf Maria, der verschiedene Wendungen aus den biblischen Liebesliedern (vgl. A. 11; S. 71, A. *; A. 27 zu VIII; A. 6 zu XII) enthält, heißt es (W 116) *O Fürstentochter! o wie schön | die Tritt' sind, die du zählest! | Welch einen Festtag wird begehn, | dem du dich einst vermählest!* und W 443 beginnt ein Lied: *Ach wie so schön, wie hübsch und fein | sind deine Tritt', Maria rein, | in deinem Schühlein leis' dahin.* Zu *Fürstentochter* oder *Edelfräulein* (wörtlich *Tochter eines Edlen*) vgl. das Hochzeitslied L 140, 7: *die Tochter vornehmer Eltern ward dem Sohne eines Edlen verlobt*; L 141, 18: *der Sohn vornehmer Eltern ist dein Genosse....Tochter der Vornehmen, dein schwarzes Haar hängt hernieder*; L 143, 36: *Dies ist die Tochter der Vornehmen*; L 144, 58ᵇ: *Sie ist süß und eine Tochter vornehmer Leute.* Vgl. den zweiten Abschnitt von A. 21 zu I.

(10) Eigentlich *die Wendungen* (Drehungen) *deiner Hüften sind wie Halsketten.* L 100, 22 heißt es: *Wenn du dahingehst, die Hüften* (eigentlich das Gesäß) *wiegend, so bezauberst du die Paradiesesjungfrauen* (vgl. A. 13 zu IV).

(11) Wir sagen *schlank wie eine Tanne.* In einem Liede D 263 wird die Tänzerin *Palme* genannt, und in dem in A. 9 angeführten Lobgesange an Maria heißt es (W 116) *Dem Palmbaum ihre Länge gleicht.* Vgl. auch L 99, 17 und L 109, 106, wo es von dem Mädchen beim Paradiertanze (siehe A. 1) heißt: *Die Palme erhob sich, um sich hin und her zu neigen, | bedeckt mit einem Schleier. || O Palme, wer dich erzogen hat, | dessen Leben möge lang sein!* In einem Liede bei dem Zuge der Braut nach dem Hause des Bräutigams (vgl. A. 2 zu I) in den Dörfern bei Jerusalem (L 121, 4) finden wir: *O du, deren Länge der Palme gleicht.*

(12) *Ebenso rund, voll und süß.* Eine Dattelraube enthält nahezu 200 Datteln. Vgl. S. 27 der Schrift über die *Regenbogen-Bibel* (Leipzig 1906) wo wir auf einem assyrischen Relief sehen, wie Luftschläuche

(für Flösse) im Schatten hoher Palmen mit je zwei Datteltrauben hergerichtet werden. Vgl. auch unten, A. 27.

(13) Ebenso hoch und dichtbestanden wie das Jes. 35, 2 seiner Schönheit wegen gepriesene Karmelgebirge, das das ganze Jahr hindurch grün bleibt und wegen seiner freien Lage zwischen zwei Ebenen im Osten und Südwesten und dem Meere im Westen sehr in die Augen fällt. Auf der nordwestlichen Höhe des Gebirges hat man eine großartige Aussicht auf das Meer und die Küste bis zum Leuchtturm von Tyrus, südlich bis Cäsarea.

(14) Eigentlich *purpurnen*. Im Griechischen wird *purpurn* oft für *dunkel* gebraucht. Die dunkle Farbe des stürmischen Meeres wird *purpurn* genannt, ebenso eine dunkle Wolke. Anakreon und Lucian sprechen von *purpurnen Locken* (πορφυραῖ χαῖται, πορφύρεος πλόκαμος). Auch der berühmte tyrische Purpur hatte eine dunkle Farbe. Plinius (9, 135) sagt darüber: *Laus ei summa in colore sanguinis concreti, nigricans adspectu, idemque suspectu refulgens; unde et Homero purpureus dicitur sanguis.* Homer nennt das Blut *purpurn* (*Il.* 15, 360). Vgl. auch unten, A. 20. Der antike Purpur war jedenfalls nicht Scharlach. Die Hebräer unterschieden zwei Arten, einen mehr rötlichen und einen mehr bläulichen; beide aber waren dunkelviolett. Im Englischen ist *purple* der gewöhnliche Ausdruck für *violett*, und *royal purple* wird für eine fast schwarze Farbe gebraucht.

(15) Dies war jedenfalls ein wohlbekanntes Gebäude; vgl. den *Elfenbeinpalast* in Ps. 45, 9 (siehe A. 5 zu I) und Ahabs *Elfenbeinhaus* 1 Kön. 22, 39; auch Am. 3, 15 und Odyss. 4, 73. Siehe auch A. 13 zu VIII. In seinem Roman *The Manxman*, Teil 2, Kap. 20 (Band 1, S. 175 der Tauchnitzschen Ausgabe) sagt Hall Caine von Kate's Hals: *It was round, and full, and soft, and like a tower*. Die Halbzeile bedeutet ungefähr: *Ihr' Kehle, die ist grad und schön, | ihr Hälslein lilienweiße* (W 754).

(16) Vgl. A. 29 zu VI. Hesbon war eine moabitische Stadt, das heutige *Ḥesbân*. Die Ruinen liegen auf zwei Hügeln. Südöstlich von dem nördlichen Hügel mit Überresten eines Turms befindet sich ein großer Teich (191×139 Fuß und 10 Fuß tief). Spuren anderer alter Teiche und Wasseranlagen finden sich nordwestlich von *Ḥesbân*.

(17) Eigentlich *der Libanonturm* (vgl. den Namen der *Bastei* in der Sächsischen Schweiz). Dies scheint ein Felsvorsprung auf der Ostseite des Libanon (oder vielmehr Antilibanus; vgl. A. 3 zu V) gewesen zu sein. Hebräische Nasen sind ja etwas mehr markiert als die Gesichtsvor-

sprünge anderer Rassen. Die große, krumme Nase der Juden soll aber eigentlich armenisch und bei den Armeniern noch weit mehr ausgebildet sein als bei den Juden. Vgl. die Besprechung von M. Fishberg's *Materials for the Physical Anthropology of the Eastern European Jews* (*Memoirs of the American Anthropological and Ethnological Societies*, vol. I, Lancaster, Pa. 1905) im *Globus*, vol. 88, Nr. 20 (30. Nov. 1905) S. 321. Die Masse der modernen Juden in Osteuropa, mehr als 80%, aller Juden, soll körperlich den Völkern, unter denen sie leben, weit näher stehen, als den Semiten. In Deutschland sind angeblich nahezu ein Drittel (32%) aller Juden blond (in Ungarn 23%).

Im Arabischen wird ein Vorgebirge als *Bergnase* bezeichnet. Nach Herder ist ein Lustgebäude Salomos auf einer der Höhen des Libanons mit schöner Aussicht nach Damaskus gemeint, kein *Lauerturm*, *der etwa Damaskus auflauert.*

(18) Wörtlich *schmachten machend die Lippen Schlafender.** Die Küsse der Geliebten sind so süß, daß wer sie einmal gekostet hat, davon träumen und selbst im Schlafe danach schmachten wird: Wer von deinem Kusse träumt, spitzt selbst im Schlafe die Lippen, wie ein Weintrinker, der von einem Becher köstlichen Weines träumt. Goethe übersetzt *der die Schlafenden geschwätzig macht*, was der Wiedergabe der Stelle in der englischen Bibel: *causing the lips of those that are asleep to speak* entspricht (vgl. A. 17 zur Einleitung). Diese Übersetzung wurde von Franz Delitzsch in seinem Kommentar (S. 118 unten) verteidigt, und sie ist jedenfalls besser als Luthers *und rede von fernigem* (vgl. 7, 13) was auf einer Verwechslung von hebr. *jěšením* 'schlafende' und *jěšaním* 'alte' beruht. Um diese Verwechslung zu vermeiden, hat man in VI, 1 *jěšenáh* mit *Jod* in der zweiten Silbe geschrieben; die Halbzeile mag mitunter scherzhaft *aní jěšanáh we-libbí-'ér*, d. i. *ich bin alt* (eine alte Jungfer) *aber mein Herz ist wach* zitiert worden sein. Die Übersetzung der Vulgata *ad ruminandum* beruht auf der übertragenen Bedeutung von *ruminare* 'wiederkäuen,' die im Englischen ganz gewöhnlich ist: *to ruminate* heißt häufig *über etwas nachsinnen, beständig daran denken*, während wir *wiederkäuen* mehr im Sinne von *mündlich wiederholen* gebrauchen. Herder übersetzt *Der einschleicht meinem Lieben | süß hinein, | und schlummert die Lipp'*

---

* Statt des überlieferten *dovév* ist *mădhovév* zu lesen, von *dûbh* = *da'ábh* (vgl. Jes. 31, 25). Das anlautende *m* ist ausgefallen wegen des auslautenden *m* in dem vorausgehenden *lĭ-mĕšarím* (Haplographie).

ihm | säuselnd zu. Ein paar Seiten weiter, bei der Erklärung, übersetzt Herder aber: *Süßer Nektar, der dem Lieben | sanft einschleichet, | süß dir eingeht, und die Lippe | reden macht im Schlaf.* Er glaubte, daß die vorhergehende Halbzeile *Dein Mund ist wie köstlicher Wein* vom Geliebten gesprochen wurde, das Folgende aber von der Braut, die damit ihm *auf die süße Weise der Unschuld die wollusttrunkne Lippe versiegle.** Herder fügt hinzu: *Was können alle Catone sagen, das hier nicht unendlich lieblicher gesagt sei, daß sie seine Lippen mit einem Druck des Fingers der Liebe schließt? Schweige, Freund, es ist Genuß des Heiligtums der Liebe, du sprichst im Schlummer.* Das ist auch wieder sehr schön, aber durchaus irrig.

(19) Die Farbe des Weizens gilt in Syrien für die schönste Hautfarbe. Auch in Bagdad wird eine Frau mit schönem Teint *ḥanṭâwîe* 'weizenfarbige' genannt. In einem Ernteliedchen aus der Umgebung von Aleppo (D 12) heißt es, daß *der Weizen rot sei wie die Wangen eines Mädchens.* Vgl. auch A. 38 zu VI. *Dein Leib ist ein Weizenhaufen* bedeutet demnach, daß ihr Leib (d. h. ihr Unterleib) ebenso voll und rund sei wie ein Weizenhaufen und ebenso schön gefärbt.

(20) Es gibt auch dunkle Lilien; vgl. W 503: *Drei Lilien wuchsen auf des Fräuleins Grab, | die erste weiß, die andren schwarz.* Das hebr. *šošannāh* (d. i. der Name *Susanna*) bezeichnet eine schöne, große, dunkelviolette Schwertlilie (*Gladiolus atroviolaceus,* Boiss.) Weiße oder rote Lilien gibt es nicht in Palästina. Im Griechischen heißt diese dunkle Schwertlilie ὑάκινθος 'Hyazinthe.' Apollo ließ diese Blume aus dem Blute des Hyacinthus aufsprießen. Ovid (*Met.* 10, 210) sagt, daß die Hyazinthe wie eine Lilie aussehe, aber nicht weiß, sondern purpurn (d. h. dunkelviolett, vgl. oben, A. 14):

Tyrioque nitentior ostro
flos oritur formamque capit quam lilia, si non
purpureus color his, argenteus esset in illis.

Theokrit (10, 26) sagt der anmutigen aber sonnenverbrannten Syrerin Bombyke: *Die Veilchen und die beschriebenen† Hyazinthen sind dunkel, doch gelten beide als die schönsten Blumen in den Kränzen.*

---

* Auch Franz Delitzsch glaubte, daß hier Sulamith (siehe A. 6) dem Könige (siehe A. 8 zu I) ins Wort falle.

† Man glaubte auf den Blättern dieser Blume die Anfangsbuchstaben von ὑάκινθος (ΥΑ) oder den Klageruf ΑΙ (nach anderen die Anfangsbuchstaben des Namens Αἴας) zu erkennen.

Βομβύκα χαρίεσσα, Σύραν καλέοντί τυ πάντες,
ἰσχνάν, ἁλιόκαυστον, ἐγὼ δὲ μόνος μελίχλωρον.

καὶ τὺ ἴον μέλαν ἐστὶ καὶ ἁ γραπτὰ ὑάκινθος,
ἀλλ' ἔμπας ἐν τοῖς στεφάνοις τὰ πρᾶτα λέγονται.

Dies ist eine merkwürdige Parallele zu den biblischen Liebesliedern (vgl. A. 4 und 10 zu III) und wenn diese Übereinstimmung nicht zufällig ist, so müssen wir annehmen, daß Theokrit in Alexandria griechische Übersetzungen einiger dieser biblischen Liebeslieder bekannt wurden (vgl. A. 46 zur Einleitung). In der Odyssee (6, 231; vgl. 23, 158) heißt es, daß Athene Odysseus' Haar wie Hyazinthen von seinem Haupte herabwallen ließ:
κὰδ δὲ κάρητος
οὔλας ἧκε κόμας ὑακινθίνῳ ἄνθει ὁμοίας.

Hyazinthfarbig heißt daher *dunkel*, insbesondere *dunkelviolett*. Die uns bekannte Hyazinthe kam in der zweiten Hälfte des 16. Jahrhunderts von Bagdad nach Aleppo und wurde gegen Ende des 16. Jahrhunderts in England kultiviert. Das lateinische Äquivalent von ὑάκινθος ist *vaccinium*, was eine Verstümmelung von *hyacinthus* (*vaccinthus*) zu sein scheint. Virgil (*Ecl.* 10, 39) gibt Theokr. 10, 28 durch *et nigrae violae sunt, et vaccinia nigra* wieder. *Vaccinium* ist der botanische Name der Heidelbeere (oder Blaubeere). Das griechische ὑάκινθος ist ins Aramäische als *jaqúnta* oder *jaqúnda* übergegangen; im Arabischen erscheint das Wort als *jâqût*, bekannt als der Name des berühmten arabischen Geographen J a k u t (1179—1229) der griechischer Abkunft war.

Der von den Alten *Hyacinth* genannte Edelstein war unser *Amethyst*, während ἀμέθυστος und *amethystus* den orientalischen Amethyst (*Amethyst-Saphir* oder *Violett-Rubin*) bezeichnet. Vgl. Plin. 37, 125 und A. 39 zu VI. Jetzt wird der Name *Hyacinth* für eine orangefarbene Varietät des Zirkon gebraucht; auch zimtbrauner Granat und roter Quarz wird Hyacinth genannt; bei den Alten war Hyacinth aber ein dunkelvioletter Edelstein (Amethyst) und eine dunkelviolette Blume (Schwertlilie). In VI, xii heißt es von dem Geliebten, daß *sein Schnurrbart wie dunkle Lilien* ist. In el-Makkari 2, 397 wird der Flaum im Gesicht eines arabischen Jünglings mit *súsan*-Blumen verglichen. Wetzstein sagt in seinem *Reisebericht über Hauran und die Trachonen* (1860) S. 40, daß arab. *súsan* der Name einer großen, schönen, dunkelvioletten Lilie sei, die er zu Tausenden auf der weiten Ebene südöstlich vom Haurangebirge gefunden. Vgl. auch *Zeitschrift des Deutschen Palästina-Vereins*, 22, 65; *Stimmen aus Maria-Laach* 54, 151.

Die Halbzeile *umsäumt von dunklen Lilien* bezieht sich auf die krausen Haare am Schamberge. *Auf den Lilien weiden* (VII, viii; III, α; VIII, δ) oder *die Lilien pflücken* (IX, vi^d) ist daher eine Umschreibung für die Beiwohnung, ebenso wie die Ausdrücke *die Blöße aufdecken* (3.Mos. 18, 6) oder das homerische ζώνην λύειν* (*Od.* 11, 245) und das Shakespearesche *to break the virgin knot*. In VI, xi dagegen bezieht sich *umsäumt von dunklen Lilien* auf die Augenwimpern. Luther gibt *šošannáh* durch *Rose* wieder und übersetzt daher diese Redensart durch *unter den Rosen weiden*. Mephistopheles sagt zu Faust: *Gar wohl, mein Freund! Ich hab' euch oft beneidet | ums Zwillingspaar, das unter Rosen weidet*. Dies spielt auf VIII, vi. δ an. Vgl. auch W 699: *Die Rosen in dem Rosental | die tust du nur abweiden*. In seiner Übersetzung des Hohenliedes hat Goethe durchweg (2, 16; 4, 5; 6, 2) nicht *unter Rosen weiden*, sondern *unter Lilien weiden*, wenn er auch *šošannáh* an einigen Stellen (2, 1. 2; 5, 13; 7, 2) *Rose* übersetzt. In 7, 13 hat Goethe (wie Luther) *Lilien* statt *Liebesäpfel* oder *Alraunen*. Herder übersetzt (z. B. 2, 16) *er weidet in Blumen* und versteht das wörtlich; nach Herder ist ihr Geliebter *im Geschäft seines Weidens; er weidet unter Blumen, mit denen dort Tal und Höhen bedeckt sind — fern von ihr; aber er wird wieder kommen; wird wie ein Hirsch springen über die Berge, die jetzt sie trennen. Das Lied ist unschuldig und süß*. In einer Anmerkung fügt er hinzu: *Auch das Weiden unter Blumen ist Wahrheit, und keine Dichtung der Zierhalber*. Vgl. aber A. 27 und 43 zu VII. Unser Halbzeilenpaar *Dein Leib ist ein Weizenhaufen | umsäumt von dunklen Lilien* übersetzt Herder: *Dein Bauch ein Weizenhügel, | umpflanzt mit Rosen. Das soll heißen: Die Rosen der Kleider, des schönen, weiten Gewandes schweben umher*.

Für die Verwendung der Halbzeile *umsäumt von dunklen Lilien* in dem erotischen Gedichte Samuel Hanagîds siehe A. 10 zu X.

(21) Eigentlich *dein Geheimnis*; vgl. A. 40 zu VIII.

(22) Vgl. Anm. 31 zu VIII.

(23) Die Vermischung (vgl. φιλότητι μιγῆναι) des männlichen Zeugungsstoffes mit dem weiblichen Keimstoffe bei der Begattung. Vgl. zu dieser letzten Strophe den Schluß von Höltys Ode an die Liebe (E 132): *Unter Rosengesträuch spielet ein Quell und mischt | dem be-*

---

* Schiller sagt (E 139) *Der Gürtel ist von jedem Reiz gelöst | und alles Schöne zeigt sich mir entblößt*.

gegnenden Bach Silber. So strömen flugs | Seel' und Seele zusammen, | wann allmächtige Liebe naht. Natürlich ist es nicht nötig, den schönen Höltyschen Versen eine unschöne Deutung zu geben; vgl. aber A. 14 zu IX. Über gewisse orientalische Anschauungen hinsichtlich des weiblichen Liebesexkrets siehe S. 50 des in A. 5 zu I zitierten Buches von Dr. Hagen.

(24) Dieser (von Goethe mit Recht ausgeschiedene) Zusatz stammt aus VIII, vi. In der vorliegenden Beschreibung werden die Brüste in Vers 7 (iv) erwähnt.

(25) Diese Strophe ist eine Glosse; vgl. A. 44 zu VIII.

(26) Vgl. Hesek. 23, 3 (siehe die Erklärung in der *Regenbogen-Bibel*). In einem Liede aus Beirut (D 250) heißt es: *Sieh die Süße im Garten,* | *sie schwankt wie der Zweig der Weide.* || *Ich streckte meine Hand aus nach den Granatäpfeln,* usw. Für *Granatäpfel = Brüste* vgl. A. 27 zu III. Faust (mit der Jungen tanzend) sagt in der Walpurgisnacht: *Einst hatt' ich einen schönen Traum;* | *da sah ich einen Apfelbaum,* | *zwei schöne Äpfel glänzten dran,* | *sie reizten mich, ich stieg hinan.* — Die Schöne antwortet darauf: *Der Äpfelchen begehrt ihr sehr,* | *und schon vom Paradiese her,* | *von Freuden fühl' ich mich bewegt,* | *daß auch mein Garten solche trägt.* Vgl. dazu A. 4 zu VII und A. 3 zu IX, und dagegen die in A. 2 zur Einleitung angeführten Bemerkungen Herders.

(27) So voll, rund und süß wie die Datteltrauben; vgl. oben, A. 12, und A. 19 zu III. Der Zusatz *Wein* ist eine tertiäre Glosse (vgl. A. 32); D 239 wird eine Frau *o Schönheitstraube* angeredet; vgl. A. 17 zu IX.

(28) Eigentlich *deiner Nase* (Goethe: *deiner Nase Ruch wie Äpfel*). Die Geliebte atmet durch die Nase, besonders wenn ihr Mund mit Küssen bedeckt wird.

(29) Vgl. Anmerkung 4 zu VII.

(30) Dies ist eine Glosse, die wohl auf VIII, viii[b] beruht, wo die Vulgata übersetzt: *et in uno crine colli tui* statt *mit deiner Halsketten einer.* In einem Liede (D 252 unten) heißt es: *Sie hat Flechten wie gewickelte Seile* und D 260 (L 141, 19): *O dein schwarzes Haar hängt hernieder, sieben Flechten nehmen uns gefangen.* Zu *König* siehe A. 8 zu I, und zu dem *schwarzen Haar* vgl. A. 6 zu VIII. Herder übersetzt: *ein geflochtner Königsbund;* das soll heißen: *geflochten wie ein Königsturban.* Er fügt hinzu: *Wer den Anstand einer weiblichen Gestalt im edlen prächtigen Tanze prächtiger schildern kann, mag's versuchen.* Ich halte diesen Versuch nicht für aussichtslos. Vgl. dazu A. 2 zur Einleitung.

(31) Dies war vielleicht der Name des Südosttores (vgl. oben, A. 16) von Hesbon; er bedeutet: *Tochter Vieler* (d. h. *von vielen passiert*) ebenso wie das Osttor von Ninive *Nerib-masnaqti-adnâti* 'Pforte des Weltgedränges' hieß. Herder irrig: *am Tore der Fürstentöchter, vor dem schönsten Tore, wo die Töchter der Edlen wandeln.*

(32) Dies scheint ein erläuterndes Zitat (vgl. A. 21 zu I) aus Sprüche 23, 31 zu sein; *meinem Liebsten* ist ein tertiärer Zusatz (vgl. A. 27).

III

(1) Wörtlich *Ich (gehöre) meinem Geliebten, und mein Geliebter mir.* Vgl. unten, A. 30 und A. 22 zu VII. Faust sagt zu Helena: *Ich bin dein, und du bist mein.* In E beginnt das erste Gedicht (von einem unbekannten Dichter um 1150 bis 1200) *du bist min, ich bin din.*

(2) *Colchicum autumnale*, auch *Herbstrose, Lichtblume, nackte Jungfrau* oder *Wiesensafran* genannt. Vgl. A. 53 zu VIII.

(3) Hebr. *šarôn*, was insbesondere von der fruchtbaren Ebene südlich vom Karmel (siehe A. 13 zu II und Jes. 35, 2) gebraucht wird, die sich am Mittelmeer von Cäsarea bis Joppe hinzieht. Die Vulgata hat: *Ego flos campi, et lilium convallium*; aber Luther faßt *Šarôn* 'Blachfeld' als Eigenname: *Ich bin eine Blume zu Saron, und eine Rose im Tal*; vgl. W 200: *Saronsblum.*

(4) Das bedeutet: Ich mag etwas brünett sein wie die blaßlila Blüten der Herbstzeitlose oder selbst wie die dunkelvioletten Schwertlilien (vgl. A. 20 zu II) aber ich bin auch ebenso schön wie diese Blumen. Vgl. Matth. 6, 28: *Schauet die Lilien auf dem Felde an . . . auch Salomo in aller seiner Herrlichkeit war nicht gekleidet wie eine von ihnen*; ferner die Verse in Paul Gerhardts (1607—1676) Liede (W 707; E 74): *Narsissus und die Tulipan', | die ziehen sich viel schöner an | als Salomonis Seide |* und besonders die in A. 20 zu II zitierte Stelle aus Theokr. 10, 26—29. In dem alten Liede E 91 werden die Schwertlilien angeredet: *ihr stolzen Schwertliljen.* In einem Trillerliede (vgl. oben, S. 23, A.*) beim Paradiertanze (vgl. A. 1 zu II) der Braut (L 107, 75) finden wir: *Sie sagten von dir, du seist braun; | ich sprach: Der Kaffee im Täßchen || tränkt die Emire | und die Häuptlinge der Beduinen. —* Die Braut wird öfter als *Gartenblume* bezeichnet, z. B. L 124, 65. Zu

Goethes Übersetzung *Maiblümchen* = *lily of the valleys* siehe A. 17 zur Einleitung. D 260 (L 142, 24) wird die Braut ein *Maiblumenstock* genannt.

(5) Die Beduinenmädchen nennen sich *dunkel* oder *braun* und die Stadtmädchen *weiß*. Die *Braunen* und die *Weißen* spielen eine große Rolle in palästinischen Liedern,* ebenso wie die *braunen* und *schwarzbraunen Mädchen* in deutschen Volksliedern.†

(6) An verschiedenen Stellen dieser Lieder ist *Jerusalems* hinter *ihr Mädchen* ein späterer Zusatz, z. B. III, ι; VI, γ; VII, θ; XII, δ; vgl. auch I, θ und ι. Am Schluß von VI und in VIII, vii stand an Stelle *Jerusalems* vielleicht ursprünglich ein anderer Name (z. B. *Damaskus*; vgl. II, v). Vgl. unser Studentenlied *Stoßt an! — soll leben!*

(7) Ein Beduinenstamm in Nordarabien, südöstlich von Edom. Der Stamm Kedar wird in dem keilschriftlichen Bericht ‡ über den arabischen Feldzug des Königs Assurbanipal (Sardanapal) von Assyrien (668—626 v. Chr.) erwähnt; er muß zu dieser Zeit (um 650 v. Chr.) bis zum Hauran hinauf, östlich vom Jordan, südlich von Damaskus gezeltet haben; vgl. auch die Anmerkungen zu Hesek. 27, 21; Ps. 120, 5; Jes. 21, 17; 60, 7 in der *Regenbogen-Bibel*.

(8) Die Zelte der Beduinen sind aus Ziegenhaar gewebt, und die Ziegen sind gewöhnlich schwarz; vgl. VIII, i: *Dein Haar gleicht den* (schwarzen) *Ziegen*. Michal nimmt 1 Sam. 19, 13—16 anscheinend einen aufgeblasenen schwarzen Ziegenbalg um den Kopf des entwichenen David in seinem Bette zu markieren (AJSL **20**, 171, Z. 15). Die Beduinen werden ihrer Zelte wegen im Arabischen *ähl el-wábar* 'Haarzeltleute' genannt. Eine Abbildung von Beduinenzelten findet sich in der Regenbogen-Bibel, *Richter*, S. 63; Wasserschläuche sind *Josua*, S. 92 abgebildet, und altassyrische aufgeblasene Luftschläuche im Buche *Hesekiel*, S. 124 und 125.

(9) Salomo war die Verkörperung von Glanz und Herrlichkeit; vgl. W 780: *Ich wünschte mir Salomos Schätze* und die oben in A. 4 angeführte Stelle von *Salomo in aller seiner Herrlichkeit*, auch A. 8 zu

---

* Vgl. z. B. D 25. 74. 86. 200. 236. 240. 251. 296. 309; L 106, 70. Für die *Braunen* vgl. noch D 21. 237. 294 (*braun ist das Beduinenmädchen*) und für die *Weißen*: D 15. 69. 225. 339.

† Vgl. W 32. 93. 473. 666. 695. 746; — 22. 75. 125. 135. 243. 349. 367. 434. 461. 706.

‡ Vgl. meine Verdeutschung in den *Études* &c. *dédiées à M. Leemans*, Leiden 1886, S. 139—142.

IV und A. 17 zu I. Wer hier mit Wellhausen statt *Salomo* den Stammnamen *Salamier* lesen will (KAT³, 152; J 17), verkennt den Sinn der Stelle: das Mädchen ist etwas dunkel wie die Haarzelte der Beduinen, aber auch schön wie die kostbaren Wandteppiche und Vorhänge in Salomos Palaste, besonders in ihrem Brautstaat. Salomo erbaute nicht nur den Tempel, sondern auch die Königsburg, sodaß diese Prachtbauten samt ihrer kostbaren Einrichtung auch noch in späteren Zeiten als salomonisch bezeichnet werden konnten.

(10) Vgl. das ἁλιόκαυστος (= ἡλιόκαυστος) in der in A. 20 zu II angeführten Theokritstelle. L 134, 116 sagt ein Mädchen: *Ich schlief in der Sonne, die verbrannte mich.*

(11) Der Ausdruck ist hauptsächlich des Metrums wegen gebraucht, ebenso wie in Goethes *Faust* das Volk auf Gretchens Frage *Wer liegt hier?* antwortet *Deiner Mutter Sohn*; doch muß man sich dabei erinnern, daß bei der orientalischen Vielweiberei nur der Mutter Söhne leibliche Brüder sind; vgl. auch unten, A. 23 und L 115, 31, wo die Schwester eines verstorbenen jungen Mannes klagt: *O mein Bruder und Sohn meiner Mutter, mir so wert wie* (arab. *muʿâdil nawâziri*) *meine Augensterne, ich und mein Bruder bewegten uns in Einem Mutterleibe.* L 128, 3 finden wir: *Mein Bruder ist meiner Mutter Sohn, ist nicht der Sohn einer Nebenfrau.*

(12) Die Weinberge oder Weingärten liegen möglichst sonnig; vgl. A. 1 zu IV. Deshalb ist sie so sonnenverbrannt.

(13) Ergänze: *sie* (meine Brüder) *pflegten auch schon zu sagen, als ich noch ein kleines Mädchen war.* Es ist natürlich nicht notwendig, hier die Sprecher näher zu bezeichnen, ebensowenig in VI, viii. Man vergleiche dazu z. B. Heinrich Heines Romanze *Don Ramiro*, auch unten, A. 21, und A. 5 zu VI; A. 18 zu X; A. 3 zu XII. Über Scherzliedchen bei Hochzeiten und anderen Festlichkeiten siehe A. 1 zu XI.

(14) Wörtlich *in der Zeit wo gesprochen wird über sie*, wo man um sie anhalten wird; vgl. 1 Sam. 25, 39. Die Annahme des Antrags hing von den Brüdern ab; vgl. 1 Mos. 24, 50; 34, 14; auch Richt. 21, 22 und 2 Sam. 13, 22. Herder richtig: *wenn man wird um sie werben.*

(15) Wenn sie sich keinem hingibt, bis sie mit unserer Einwilligung heiratet, wollen wir ihr eine prächtige silberne Brautkrone (vgl. A. 35) geben und ein herrliches Brautkleid, so daß sie gar stattlich anzusehen sein wird wie eine zinnengekrönte Mauer.

(16) Wenn sie nicht unzugänglich bleibt.

(17) Wir werden die offne Tür mit Zedernbrettern verrammeln,

d. h. wir werden die Leichtfertige einschließen in eine sichere Kammer, die Tür gesichert und verstärkt mit Zedernbohlen und Zedernbrettern, die nicht morsch werden (vgl. meine Verdeutschung von Jes. 40, 20 in Drugulins *Marksteine*, Leipzig 1902). Wir werden sie mit unablässiger Wachsamkeit hüten. Vgl. dagegen den Schluß von A. 12 zu VI.

(18) Unzugänglich. In einem Liebesliede aus der Umgebung von Aleppo (D 226) heißt es *Grüße die, die ihr Gebiet verteidigte*, d. h. ihren Liebhaber abwehrte.

(19) Ich bin nicht mehr ein unreifes Kind, sondern ein heiratsfähiges Mädchen voll strotzender Jugendkraft; vgl. Hesek. 16, 7. in der *Regenbogen-Bibel* und D 29: *Der Busen ist im Wachsen und Werden*. Der Ausdruck *wie ein Turm* ist hier gebraucht, um nicht aus dem Bilde zu fallen; in II, iv wo der Wuchs der Schönen mit einer Palme verglichen wird, heißt es ebenso passend, daß *ihre Brüste wie Datteltrauben* sind (vgl. A. 27 zu II). Nach Herder soll die Halbzeile *meine Brüste sind Türme* (vgl. II, v; VIII, iv) bedeuten: *mein Busen gibt mir Sicherheit und Schutz*. Ähnlich lautet in dem alten Liede W 570 eine Strophe: *Ihr Leib, von Gott gar schön bereit, | die Festung ist, darum ich streit'. | Frisch auf! | Ihr' zarte Brüstelein | zwei mächtige Basteien sein, | worauf sie sich verläßt*.

(20) Wörtlich *in ihren* (Cod. Vat.) *Augen bin ich geworden wie eine die herausbringt* (das Zeichen der) *Übergabe* (der Festung); vgl. Jos. 11, 19; 5 Mos. 20, 11; 2 Sam. 10, 19. Nicht *wie eine die Frieden fand* (Herder). Wetzstein beschreibt in seinem in Anm. 31 zur Einleitung erwähnten Aufsatze einen ähnlichen Hochzeitsscherz am Tage nach der Brautnacht (vgl. J 24): „Darauf tritt der Ankläger vor und erzählt in langer Rede, der König habe, wie allen bekannt, mit seinem Heere einen Feldzug gegen eine bis dahin unbesiegte und aller Welt Hohn sprechende Festung unternommen, um sie zu erobern, und da er wieder zurück und gegenwärtig sei, so möge er seinem Volke zu wissen tun, ob ihm der Angriff geglückt sei oder nicht." Im Syrischen wird *maḥṣânê* 'Befestigungen' für *Geschlechtsteile* gebraucht, und von einer Frau, die sich zu Hause hält und keusch lebt, sagt man im Arabischen, daß sie *befestigt* sei (*ḥáçunat*); *ḥiçn* bezeichnet nicht nur eine *Festung* sondern auch *Keuschheit*, die Wörter *ḥaçân* und *ḥaçnâ* 'fest' bezeichnen eine *keusche Frau*; *muḥáççane* 'verschanzt' wird in demselben Sinne gebraucht. Wincklers Erklärung dieser drei Strophen (AoF 3, 238) ist verfehlt; vgl. A. 45 zu VIII.

(21) Ergänze: *Ich sagte oft zu mir, wenn ich an meinen Geliebten dachte*; vgl. oben, A. 13.

(22) Vgl. in Wordsworth's *Highland Girl* (zitiert in Max Müllers *Deutsche Liebe*, S. 131) *Thy elder brother I would be, thy father — anything to thee!* In einem Liede (D 29) dagegen, dessen letzte Zeile oben in A. 19 angeführt worden ist, sagt das Mädchen zu ihrem Geliebten, den sie heiraten will: *Mein Gatte ist teurer als mein Bruder*.

(23) Das heißt *mein leiblicher Bruder*; vgl. oben, A. 11.

(24) Bei den Beduinen haben nur die Brüder und Vettern (Söhne der Brüder des Vaters; vgl. A. 12 zu XII) das Recht, ein Mädchen zu küssen. D 53 sagt ein Mädchen einem Jüngling, der sie zu küssen wünscht: *Wer einen Kuß fordert, wird getötet*. Nach Herder dagegen bedeutet die Strophe: *sie möchte ihre Liebe noch unschuldiger, ganz zur Schwester- und Bruderliebe machen*; vgl. den Schluß von A. 31 zu VIII.

(25) Diese Halbzeile, die in dem überlieferten Texte durch die Glosse η verdrängt (vgl. A. 50 zu VI) worden ist, muß hier, wie die griechische und die syrische Bibel zeigt, nach XII, б ergänzt werden. Zu *in die Kammer von ihr, die mich gebar* vgl. W 39: *Die mich gebar, das gute Weib*.

(26) Das heißt wie die Glosse θ richtig erklärt, *ich will dir meine Liebe* (siehe unten, A. 39) *schenken*; vgl. 1, 4; 2, 4; 4, 10; 5, 1. Die Strophe hat also ungefähr denselben Sinn wie die Verse in dem alten Tannhäuserliede (W 57) *Nun laßt uns in die Kammer gehn | und spielen der heimlichen Minnen*.

(27) In Persien wird aus den Granatäpfeln Wein bereitet und in Mexiko Branntwein. Der Granatapfel (*pomum granatum*, d. h. *vielsamiger Apfel*) ist Symbol reichen Segens (Zeugung, Befruchtung usw). Der Name ist dann auch auf die mit Sprengladung gefüllten 'vielsamigen' Hohlgeschosse übertragen worden. Die Granatapfelblüten bedeuten feurige Liebe. Im Mittelalter war der Granatapfel das Symbol der heiligen Jungfrau, die die herrlichste Frucht getragen; man findet deshalb häufig auf alten Kirchengewändern Granatapfelmuster. Vgl. A. 12 und 36 zu VIII. An unsrer Stelle steht *meine Granaten* für *meine Brüste*; vgl. A. 26 zu II; A. 20 zu VIII; A. 19 zu VII. Im überlieferten Texte ist III, vii. viii hinter IX, ii. iii gestellt worden, weil dort ebenfalls von *Wein* und *Granaten* die Rede ist; vgl. den Schluß von A. 34.

(28) Das Lied scheint hier nicht vollständig (vgl. V) zu sein; viel-

leicht ist die dritte Strophe unterdrückt worden, weil sie zu deutlich wurde, wie Paul Lindau in seinen *Nüchternen Briefen aus Bayreuth* von dem Schluß des ersten Akts der *Walküre* sagte: *Der Vorhang fällt, denn es ist hohe Zeit.* Herder bemerkt dagegen zu unserem Liede: *Wer ist der Sittenrichter, der die Liebe keuscher Vermählter je paradiesischer gedacht hätte?* Vgl. A. 2 zur Einleitung.

(29) Vgl. den Schluß von A. 20 zu II. Der Zusatz beruht auf 2, 16; ebenso wie die Glosse VIII, ð,

(30) Wörtlich *ich* (gehöre) *meinem Geliebten*; vgl. oben, A. 1. Luther irrtümlich *Mein Freund ist mein.*

(31) Vgl. Anmerkung 20 zu II.

(32) Die syrische Distel (*cnicus Syriacus* oder *notobasis Syriaca*) die über 1 Meter hoch wird.

(33) Diese Glosse ist vielleicht ein erläuterndes Zitat (vgl. A. 21 zu I) zu *Lilie*; oder von einem Schreiber als Gegenstück zu dem folgenden Verse 2, 3 (VII, ii) hinzugesetzt. Vgl. A. 36 zu VII.

(34) In diesem Zusatz ist *Weinberg* oder *Weingarten* im Sinne von *jungfräuliche Reize* gebraucht, nicht *Schönheit*, wie Herder meinte; vgl. A. 2 zu IV. Der Glossator, der diese Bemerkung hinzufügte, meinte, daß man ebensogut den Bock zum Gärtner machen könnte wie dieses Mädchen zur Weingartenhüterin. Der Nebensinn (vgl. A. 41 zu VII) des Ausdrucks *Weinberg* wird in dem folgenden versprengten erläuternden Zitat (vgl. unten, A. 36, und A. 21 zu I) erklärt: *Die Füchslein fangt uns, die Weinbergsverderber* (vgl. *Waldverderber*) das an die Schnadahüpfeln in den deutschen Alpen erinnert. Die *Füchslein* in diesem Trotzliedchen sind die jungen Männer (vgl. D 107: *Außer meinem Wolf* hat mir geheult kein Wolf*). Füchse lieben die Trauben sehr; man denke an die Äsopische Fabel vom Fuchs und den sauren Trauben. — Das Liedchen hat nur zwei Hebungen in jeder Halbzeile, nicht drei; vgl. den Schluß von A. 41 zu VIII. Es ist im überlieferten Texte hinter X gestellt worden, weil dort ebenfalls vom *Blühen der Weinberge* die Rede ist. *Blühen* in 2, 13 ist aber ein späterer Zusatz. Vgl. den Schluß von A. 27.

---

* Arab. *ḏîb*, der Name des Geliebten des verwaisten Beduinenmädchens, das hier redet. Nach J 12 bedeutet *ḏîb* (für *ḏi'b*) nicht *Wolf* sondern *Schakal*. Auch das hebr. Wort für *Fuchs* mag zugleich für *Schakal* gebraucht worden sein.

(35) Die Brautkrone ist mit Goldmünzenschnüren* verziert. In der Gegend von Damaskus besteht die Brautkrone nach Wetzstein (vgl. A. 31 zur Einleitung) aus einem silbernen Reif, der mit einem über drei Finger breiten Netze von Korallenschnüren bedeckt ist. Auf diesem Netze sind reihenweise Goldmünzen angebracht, die in der untersten Reihe am größten sind und in den oberen immer kleiner werden. Die vorderen Goldstücke der untersten Reihe bedecken die Stirn, die Brautkrone sitzt mehr auf dem Vorderkopfe. Vgl. D 228: *O du, an deren Stirn türkische Münzen hängen*; D 123: *Auf ihrem Kopfe sind sechs Arten Metall, über der Rundung sind Biegungen und Figuren*; D 124: *weiter die Stirn ist von edlem Metall*. Vgl. A. 18 zu VIII und den Schluß von A. 15 zu VIII. Die Brautkrone wird auf einer um den Kopf geschlungenen Binde (*kesmája*) angebracht, einem langen, schmalen, dunkelroten, golddurchwirkten und an beiden Enden gefranzten Seidenstreifen.

(36) Das Futurum *wir wollen dir machen* zeigt, daß dieses Halbzeilenpaar nicht zu der im überlieferten Texte vorausgehenden Strophe 1, 9. 10 (VIII, v) gehören kann; vgl. A. 21 zu I.

(37) Zwischen den Franzen der *kesmája* (siehe A. 35) die mit dem einen Ende über die Brust, mit dem andern über den Rücken herunterhängt, sind silberne halbkugelförmige Glöckchen, die beim Schwerttanze der Braut (vgl. A. 1 zu II) ertönen. Das hebr. *neguddôth* heißt eigentlich nicht grade *Glöckchen*, sondern *Pünktchen*, *Kügelchen*. Luther und Goethe: *Pöcklein*, d. h. kleine *Buckeln* oder *Metallknöpfchen*. Die *silbernen Kügelchen* können aber nicht einfache *Metallknöpfchen* sein, oder *eingesprengte Punkte von Silber*, wie Franz Delitzsch sagt, sondern müssen sich auf *silberne Glöckchen* beziehen. Goldgehänge würde man nicht mit silbernen Kügelchen verzieren, sondern höchstens mit Edelsteinen. Für *Glöckchen* an Goldgehängen ist die Verwendung von Silber ganz natürlich. Gold besitzt wenig Elastizität und hat daher wenig Klang. Der *silberhelle* Klang dagegen ist bekannt (vgl. auch engl. *silver-tongued*). Fromme Christen spendeten vielfach Silber zur Erzielung eines besonders schönen Klanges von Kirchenglocken, obwohl ein Zusatz von Silber zum Glockengut den Klang nicht verbessert; das Silber half nur dem Glockengießer, nicht der Glocke. Die beste Glockenspeise ist eine Bronzelegierung von

---

* Das hebr. *tôrîm* mag ein maskuliner Plural zu *tôráh* = νόμισμα im Sinne von *Münze* sein (vgl. AJSL 18, 46).

78 Teilen Kupfer und 22 Teilen Zinn. Alte assyrischen Bronzen enthalten nur 9—11% Zinn; dies entspricht unserem Kanonengut (engl. *gun-metal*). Vgl. die Bemerkungen zur Übersetzung des Buches Josua in der *Regenbogen-Bibel*, S. 63, Z. 28 und Band 80 des *Globus*, Nr. 13 (3. Okt. 1901) S. 215^a. Für die berühmten (1878 entdeckten) assyrischen Bronze-Ornamente der Tore von Balawât (vgl. das Vollbild bei S. 118 von Wellhausens Übersetzung der Psalmen in der *Regenbogen-Bibel*) siehe die interessante Abhandlung (mit Abbildungen) von Oberst Billerbeck und Professor Delitzsch im ersten Hefte des sechsten Bandes (Leipzig 1906) der *Beiträge zur Assyriologie* herausgegeben von Friedrich Delitzsch und Paul Haupt.

(38) Wir müssen hinzudenken *das Geschäft der Liebe*. Vgl. D 250: *Wenn deine Absicht geht auf meinen Busen, | und du ein Moslem bist und kein Jude, | will ich dich liegen lassen auf meinen Armen, | die dich lehren das Geschäft der Liebe* | und die Bemerkung der Dame beim Hervortreten Helenas im zweiten Teil des *Faust*: *Ich merke schon, sie nimmt ihn in die Lehre; | in solchem Fall sind alle Männer dumm, | er glaubt wohl auch, daß er der erste wäre.*

(39) Goethe: *da will ich dich herzen nach Vermögen*; Luther: *da will ich dir meine Brüste geben*; siehe dazu A. 19 zu VII. Die griechische Bibel hat diesen Zusatz nicht nur bei *Granaten* in 7, 13 (IX, ii) sondern auch bei *Granaten* in 6, 10 (IX, iv). Er gehört aber zu *Granaten* in 8, 2.

(40) Dieses Halbzeilenpaar (ebenso wie die folgenden drei Halbzeilen) ist hier an unrechter Stelle aus 2, 6. 7 (VII, iv. x) eingetragen. Die Halbzeile *bei den Gazellen und Hinden der Flur* ist dabei aus Versehen ausgelassen worden; vgl. A. 47 zu VIII.

IV

(1) Statt des überlieferten *Baal-Hamon* ist wahrscheinlich *Baal-Ḥammôn* zu lesen. Dies könnte einen besonders sonnigen (vgl. A. 12 zu III) und fruchtbaren Weinberg, der dem Sonnengotte Baal-Ḥammân geweiht war, bezeichnen; vgl. Virgil, *Georg.* 2, 113: *apertos*

Bacchus amat colles und die Anmerkungen zu Jes. 5, 1 (siehe AJSL 19, 201) und Lev. 26, 30 (S. 102 und das Vollbild S. 52) in der *Regenbogen-Bibel*. Das poetische Wort *ḥammáh* 'Sonne' statt des gewöhnlichen *šämš* steht auch in 6, 9 (II, i). Der Gott *Baal-Ḥammôn* wird häufig in karthagischen Weihinschriften erwähnt. Die Lesung *Baal-Hamon* mag auf dem Bestreben beruhen, den anstößigen heidnischen Gottesnamen zu beseitigen. Eine Stadt *Ḥammon* wird Jos. 19, 28 erwähnt; eine andere gleichen Namens (1 Chr. 6, 61) ist vielleicht identisch mit *Ḥammath* (Jos. 19, 35) d. i. wahrscheinlich der Name der heißen Quellen südlich von Tiberias. Siehe auch G 61.

(2) Oder *Weingarten*. Die jungfräulichen Reize der Mädchen heißen ihre *Weingärten* (vgl. A. 34 zu III) ebenso wie die Braut ein *Garten* genannt wird (vgl. A. 31 zu VIII und A. 3 und 13 zu IX). Der Weingarten zu Baal-Hammon spielt auf einen großen Harem an, wie ihn Salomo nach 1 Kön. 11, 3 besaß, wo berichtet wird, daß er 700 Königinnen und 300 Nebenfrauen hatte; vgl. unten, A. 15.

(3) Der Weinberg war so groß, daß der Besitzer ihn nicht allein in Ordnung halten konnte (vgl. Matth. 21, 33). Ebenso erfordert ein großer Harem eine Anzahl von Haremswächtern (vgl. Est. 2, 8. 14).

(4) Nach Jes. 7, 23 war ein Weingarten mit 1000 Stöcken 1000 Sekel wert. Der Weingarten von *Baal-Ḥammôn* muß deshalb ungewöhnlich groß und außerordentlich wertvoll gewesen sein, wenn man für eine Ernte 1000 Sekel kriegen konnte. Ein Silbersekel (G 452) war ungefähr M. 2.50 wert, aber die Kaufkraft des Geldes war damals natürlich bei weitem höher.

(5) Eigentlich *ist vor mir*; vgl. 1 Sam. 3, 1: Der junge Samuel diente Jahveh *vor Eli*, d. h. unter Aufsicht Elis; auch 1 Mos. 13, 9: Ist nicht das ganze Land *vor dir?* d. h. steht dir nicht das ganze Land offen? und 24, 51: Da ist Rebekka *vor dir*, d. h. sie steht dir zur Verfügung. *Mein Weinberg ist vor mir* heißt demnach, er steht nur unter meiner Aufsicht und nur mir zur Verfügung, ist mir allein zugänglich. Vgl. auch D 244: *Nimm alle Rosen weg, mir genügt ein Gärtchen* (siehe A. 3 und 19 zu IX).

(6) Vgl. D 281: *In der Welt gibt es keine wie du!* und den Schluß des in A. 22 zu VIII angeführten Gedichtes von Martin Opitz (W 81) *Kann ihre Gunst mir werden, | so hab' ich alle Welt*. Natürlich heißt das aber nur: *Nach Gott ist niemand lieber mir* (W 756). Novalis (1772—1801) sagt (E 223) *Wenn ich ihn nur habe, laß' ich alles gern | . . . . . | Wenn ich ihn nur habe, | hab' ich auch die Welt.*

Der zweite Halbvers dieser Strophe fehlt in dem überlieferten Texte und ist hier nach Ps. 73, 25: *Wenn ich nur Dich habe, so frage ich nichts nach Himmel und Erde* ergänzt worden (vgl. A. 21 zu I; A. 31 zu VI; A. 1 zu X; A. 5 zu XII). Ein frommer Jude würde aber die Anwendung dieser Stelle auf ein geliebtes Mädchen für sehr anstößig halten, und wenn hier etwas Ähnliches im Texte stand, so können wir verstehen, warum die Halbzeile unterdrückt wurde.

(7) Das kann hier sowohl 1000 Sekel als auch 1000 Frauen bedeuten.

(8) Salomo steht hier als Typus eines großen Herrn mit einem großen Harem; vgl. A. 9 zu III und A. 6 zu II.

(9) Statt 1000 Frauen zu haben, die möglicherweise auch die Haremshüter mit ihrer Gunst beglücken, ziehe ich es vor, ein Mädchen ausschließlich für mich zu haben, ohne einen Bruchteil davon abzugeben. Der sonnige Weinberg des großen Harems hat seine Schattenseite, ebenso wie nach dem alten Studentenliede *Der Papst lebt herrlich in der Welt* das Glück des Papstes und des Sultans einen Haken hat. Die Wächter des großen Weingartens verzehren wohl den fünften Teil des jährlichen Ertrages; ebenso ist nicht unmöglich, daß die Frauen eines großen Harems den fünften Teil ihrer Gunstbezeugungen den Haremswächtern zukommen lassen, selbst wenn diese Eunuchen sind; vgl. z. B. die einleitende Geschichte zu 1001 Nacht. Viele Verschnittene behalten die *potentia coeundi*, besonders wenn die Kastration nur durch Hodenzerquetschung (*cf.* θλαδίας, θλιβίας) vollzogen worden ist; vgl. Lev. (3 Mose) 21, 20; 22, 24 in der *Regenbogen-Bibel* und dagegen 5 Mos. 23, 21, wo das Wegschneiden des ganzen Gliedes von der Hodenzerquetschung unterschieden wird. In Ägypten waren die Haremswächter zum Teil verheiratet. Ob Potiphar (1 Mos. 39, 1) dessen Frau den keuschen Joseph zu verführen suchte, ein Eunuche war, ist nicht sicher zu entscheiden. Altassyrische Darstellungen von Eunuchen finden sich in dem Anhang über die Musik der alten Hebräer in Wellhausens Übersetzung der Psalmen in der *Regenbogen-Bibel*, z. B. Fig. *d, u, bb, rr*.

(10) Vgl. 5, 2; 2, 14 und D 6: *Jungfrauen, ihr Mädchen, ihr bezaubernden Tauben*; L 98, 15: *o Taube des Tales*; L 126, 97: *Es erschien in der Ferne ein Taubenpaar, sie blendeten mein Herz, ich kann nicht mehr schlafen*; auch D 72, 23 und Heines Verse: *Die Rose, die Lilie, die Taube, die Sonne, | die liebt' ich einst alle in Liebeswonne. | Ich ließ' sie nicht mehr, ich liebe alleine | die Kleine, die Feine, die Reine, die Eine.*

(11) Eigentlich: *meine Vollkommne* (Luther und Goethe: *meine Fromme*; Herder: *meine Reine*; Vulgata: *immaculata mea*); vgl. den Schluß von A. 6 zu II, auch 5, 2 und D 72, 22; 87, 16. Der Ausdruck *mein Engel* ist keineswegs modern: in dem alten Liede von Prinz Eugen und der Stadt Lille (W 397) sagt der Prinz: *Lill', mein Engel und mein Lamm, | ich weiß dir den Bräutigam.* Vgl. auch W 571: *Herzallerliebstes Engelein.* — Die Vollkommenheit ist physisch, nicht psychisch.

(12) Eigentlich *von ihrer Gebärerin*; ebenso am Ende der vorhergehenden Zeile: *von ihrer Mutter*. Wir müssen in beiden Fällen *von* lesen, nicht *für*, wie der überlieferte Text bietet. Metrum und Parallelismus fordern die Einsetzung von *Sie ist rein* zu Anfang der ersten Halbzeile; vgl. A. 13 zu VI; A. 44 zu VIII. Daß das Mädchen die einzige Tochter ihrer Mutter ist, ist weniger wichtig, als daß sie die einzige Liebe ihres Geliebten ist. Zu der Reinheit des Mädchens vgl. die am Schluß von A. 34 zu III angeführte Stelle D 107, wo ein Beduinenmädchen sagt: *nicht wurde in mich hinabgelassen ein Schöpfeimer* (vgl. A. 32 zu VIII) *und Eimerholzkreuze, und außer meinem Wolf hat mir kein Wolf geheult*; andrerseits D 80: *meine Gazelle* (vgl. A. 32 zu VII) *ich meinte, du wärest für mich allein, und siehe da, du hast drei, vier Freunde.* Vgl. auch die Fortsetzung der in A. 3 zu VII angeführten Verse (W 365): *Dieses wünsch' ich der Hübschen und Feinen, | der Zarten und Reinen, | der Tugendreichen, | so nichts ihresgleichen.*

(13) Vgl. W 250: *Die Kaiser beugen ihre Knie, | die König' sie schön grüßen, | Fürsten und Herrn rühmen sie | und fallen ihr zu Füßen.* Wenn die Geliebte von allen Mädchen, die sie sehn, gerühmt und selbst von Königinnen und Nebenfrauen gepriesen wird, so besagt das noch mehr als wenn Kaiser und Könige, Fürsten und Herren ihr zu Füßen liegen. In einem Hochzeitsliede aus der Gegend von Beirût und dem Libanon (L 142, 31; vgl. D 262) heißt es bei der Übergabe der Braut an die Brautführer (vgl. A. 2 zu I): *Khosrau* (d. i. der persische König Chosroes der Große, 531—579) *und No'man* (Name der Könige von Hîra) *riefen: Glück auf!* (nämlich wenn sie die Braut sähen). Vgl. auch die in A. 10 zu II angeführte Stelle. L 144, 58^c finden wir: *Wenn sie zur Seite blickt . . . rufen die Paradiesesjungfrauen* (Huris): *Sie hat uns bezaubert.*

(14) Dies ist, wie schon das Metrum zeigt, eine Glosse, die auf der dritten Halbzeile von Strophe ii beruht. Der überlieferte Text lautet wörtlich *Ein Weinberg war für Salomo in Baal-Hamon.* Dieses *war*

ist ebenfalls ein Zusatz, ebenso in Jes. 5, 1 (AJSL 19, 196). An beiden Stellen beruht der Zusatz wahrscheinlich auf dem Anfang der Erzählung von Naboths Weinberg in 1 Kön. 21, 1. Die dem Anfang *Naboth von Jesreel hatte einen Weinberg* vorausgehende Verbindungsformel *Nach diesen Geschichten begab sichs* ist ein späterer Zusatz; sie fehlt in der griechischen Bibel, wo Kap. 21 vor Kap. 20 steht.

(15) Dieser Zusatz beruht wohl auf dem Bestreben, die Abweichung zwischen den *60 Königen und 80 Nebenfrauen* an der vorliegenden Stelle und der Angabe in 1 Kön. 11, 3 (*700 Königinnen und 300 Nebenfrauen*) nach Möglichkeit auszugleichen; vgl. oben A. 2.

V

(1) Herder läßt diese Zeilen in dem überlieferten Zusammenhange, oder vielmehr in der überlieferten Zusammenhangslosigkeit, während Goethe die Verse mit Recht von den vorausgehenden und folgenden Strophen von VIII getrennt hat. Der Sinn dieses Bruchstücks, das am Schluß wohl nicht vollständig (vgl. A. 28 zu III) ist, scheint zu sein: Bei mir bist du überall sicher, am Rande der Abgründe, auf den Gipfeln der höchsten Berge, selbst in den wildesten Gegenden, wo Löwen und Leoparden hausen. Ich schütze dich; vgl. L 102, 36: *Ich zieh mein Schwert und schütze sie und lasse niemand ihr entgegentreten.* Unser *Entflieh mit mir und sei mein Weib!* ist keine Parallele; vgl. aber D 231: *Ich will auf den Berg steigen und überschauen das Tal ... Von hier bis Gaza setze Fuß vor Fuß ... Nimm mich mit dir nach Damaskus, daß ich mich umsehe* usw., auch D 344: *O die du steigst auf den Berg, du mit den roten Schuhen, | gemach, falle nicht! ich fange dich auf mit den Händen.* Vgl. auch das kurze Liedchen (W 860) *Steig' auf das Bergle, | fall aber nit herab, | o herzig lieb's Schätzle, | brich's Füßle nit ab!*

Nach Herder *ist die Braut nicht auf dem Libanon, als ob er sie von der Schneehöhe mit seiner Stimme, wie ein Kind, herunterriefe, denn sie ist bei ihm, und was sollte sie bei Pardern und Löwinnen schaffen? Er singet sie ja, und sie unterbrach ihn eben. Da sie ihn nun aber mit einem Lustgange in den Myrrhenhain, in ein duftendes Schattenwäldchen unterbrach, und der Liebhaber sie im Lobe und*

Lieben nicht lassen wollte, so spricht er: „*Mit mir, meine Liebe, mit mir! willst du lustwandeln, meine Liebe, da sind andere Gegenden, andre Aussichten. Vom Libanon herab will ich dich führen, von seiner Höh' Amana und Senir sollst du blicken: durch das Reich der Löwinnen und Leoparden bin ich mächtig gnug, dich zu begleiten: Denn du machst mich stark: ein Blick von dir macht beherzt, ein Wenden deiner Halskette.*"
Das ist gänzlich verfehlt; vgl. A. 22 zu VIII.

Nach J 22 bezieht sich das vorliegende Bruchstück auf eine Hochzeitssitte, die sich unter den Beduinen noch heute erhalten hat. Burckhardt berichtete, daß bei dem Stamm Mezêne auf der Sinai-Halbinsel ein Mädchen, dem als Zeichen der Werbung von einem Verwandten des Bräutigams ein Mantel (*'abâje*; vgl. A. 10 zu VI) über den Kopf geworfen worden ist,* aus ihrem Zelt in die benachbarten Berge entflieht. Der Bräutigam sucht sie am nächsten Tage und bleibt oft mehrere Tage fort, ehe er sie findet. Die Verwandten und Freundinnen der Braut aber kennen ihr Versteck und versorgen sie mit Lebensmitteln. Wenn der Bräutigam sie endlich findet (was früher oder später geschieht, je nach dem Eindrucke, den er auf des Mädchens Herz gemacht hat), so muß er die Ehe mit ihr im Freien vollziehen (J verweist dazu auf 1, 16. 17; siehe aber A. 1 zu VII) und die Nacht mit ihr in den Bergen zubringen. Den nächsten Morgen geht die Braut nach Hause in ihr Zelt, um etwas Nahrung zu sich zu nehmen, läuft aber des Abends wieder fort, und wiederholt dies mehrere Male, bis sie endlich dauernd in ihr Zelt zurückkehrt. Sie bleibt daselbst und siedelt nicht eher in das Zelt ihres Mannes über, bis sie hochschwanger ist. Bei den Dschebalje, einem kleinen Stamm am Berge Sinai, bleibt die Braut nach der Hochzeit drei volle Tage bei ihrem Mann, entflieht dann ins Gebirge und kehrt nicht eher zurück, als bis er sie dort findet. Nach J soll auch 2, 14 (X, iii) an die nämliche Situation erinnern, aber dort ist das Mädchen in ihrem Hause (vgl. 2, 9) nicht in den Bergen; nur der Geliebte ist über die Berge zu ihrem Hause geeilt.

(2) Wenn sich das Bruchstück auf die in A. 1 besprochene Sitte bezieht, was noch sehr zweifelhaft ist, dann müßte man die wörtliche Übersetzung *wirst* statt *kannst* beibehalten.

(3) *Libanon* steht hier für die Parallelkette des Libanon, d. i. der

---

* Vgl. Ruth 3, 9 und W. Robertson Smith, *Kinship and Marriage in Early Arabia* (Cambridge 1885) S. 87. 269.

Antilibanus. Der Dichter nennt im Folgenden zunächst den Damaskus zunächst gelegenen mittleren Teil des Antilibanus, d. i. der *Amána*, nordwestlich von Damaskus; sodann den nördlichen Teil des Antilibanus, d. i. der *Senir*, nördlich von Damaskus; endlich den südlichen Eckpfeiler des Antilibanus, d. i. der *Hermon*, südwestlich von Damaskus; vgl. A. 17 zu II.

(4) Das hebr. Wort bedeutet *herabsteigen* (Luther: *hertreten*) nicht *herschauen* (Goethe) oder *sehn* (Herder).

(5) Eine Bergspitze im Antilibanus, vielleicht der *Dschebel-ez-Zebedání*, unterhalb dessen der *Amána*, griech. *Chrysorrhoas* (d. h. *Goldstrom*) d. i. der Damaskus durchströmende *Nahr Baradá* (d. h. *der Kalte*) entspringt. In der Erzählung von Naaman (2 Kön. 5, 12) wird der Name *Abana* (vgl. *Bekka* für *Mekka*, *Berodach* für *Merodach*, u. a.) geschrieben. In den assyrischen Keilinschriften wird der Berg *Ammaná(na)* genannt.

(6) Nach 5 Mos 3, 9 war *Senir* der amoritische Name des Hermons (siehe A. 6), aber in 1 Chr. 5, 23 scheint der *Senir*, wie hier, vom *Hermon* unterschieden zu werden. Arabische Geographen gebrauchen den Namen *Senir* (in den assyrischen Keilinschriften: *Saniru*) für den Teil des (Hermon, oder vielmehr) Antilibanus (arab. *Dschebel esch-Scherki*) nördlich von Damaskus, zwischen Baalbek und Höms. Der Gipfel des Senir an unserer Stelle ist vielleicht der 2670 m hohe *Ṭál'at Mûsa*.

(7) Arabisch *Dschebel esch-Schêch*, 'Berg des Weißhaarigen' (alten Mannes) oder *Dschebel-et-Teldsch* 'Schneeberg'. Der Hermon ist die höchste Erhebung (2860 m) des Antilibanus; er hat eigentlich drei Gipfel und ist fast nie ganz schneefrei; auch im Sommer halten sich einige Schneefelder in geschützten Talmulden. Von dem Antilibanus ist der Hermon im Norden durch eine Schlucht getrennt.

(8) Löwen, die in der Bibel etwa 130 Mal erwähnt werden, kommen seit dem 12. Jahrhundert nicht mehr in Palästina vor.

(9) Leoparden (vgl. Jer. 13, 23: *Kann auch ein Mohr seine Haut wandeln und ein Parder seine Flecken?*) finden sich gelegentlich noch im Libanon. Am *Liṭâni* (dem Oberlauf des *Nahr-el-Kâsimîje*, nördlich von Tyrus, der die Nordgrenze von Palästina bildet) und im Antilibanus sind sie keineswegs selten. Auf dem Hermon kommen Bären, Wölfe, Füchse usw häufig vor.

VI

(1) Zu Anfang dieses Liedes ist das erste Halbzeilenpaar verloren gegangen und hier nach 3, 2 (XII, 1) ergänzt worden; vgl. A. 6 zu IV. Natürlich ist es aber möglich, daß der Gedanke hier etwas anders ausgedrückt war, z. B. stand hier wahrscheinlich *mein Geliebter* (vgl. die vierte Halbzeile) statt *mein Herzallerliebster* (wörtlich *er, den meine Seele liebt*). Der im überlieferten Text vorausgehende erste Vers des fünften Kapitels hat keinen Zusammenhang mit dem Folgenden, sondern gehört zu den letzten beiden Halbzeilen (Vers 17) des vierten Kapitels; siehe IX, 1. v.

(2) Nicht *mein Herz* (Luther, Goethe, Herder). Das hebr. Wort für *Herz* steht für *Sinn* und *Verstand*; vgl. A. 22 zu VIII und A. 7 zu meiner metrischen Verdeutschung des Prediger Salomo in *Koheleth oder Weltschmerz in der Bibel* (Leipzig 1905) S. 29 unten. Ihre Sehnsucht nach dem Geliebten war so groß, daß sie nicht fest schlief und sofort aufwachte, wie ihr Geliebter klopfte. Vgl. D 234 unten: *Keine Stunde kommt er mir aus dem Sinn* und D 76: *Ich vollendete die Nacht, nach dem Trautesten suchend, | traurig und in der Dunkelheit der Nacht suchend. | Die eine Stunde schlaf' ich, die andere Stunde stehe ich auf, suche, | eine Stunde sag' ich: Hier war der Liebste.* Der arabische Text hat hier den Intensivplural *die Trauten, die Lieben* statt *der Trauteste, der Liebste*; vgl. die in A. 40 zu VIII angeführte Stelle L 108, 90. Ebenso finden wir zu Anfang von Psalm 137: *An den Wassern zu Babel* für *an dem großen Wasser* (d. i. der Euphrat) *zu Babel*; vgl. oben, S. 26, A. † und A. 40 zu VIII.

Das hier Geschilderte mag frei erfunden sein, aber es ist kein Traum; vgl. dagegen W 258 (= E 55) *Wenn ich des Nachts lieg' schlafen, | mein Feinslieb kommt mir für; | wenn ich alsdann erwache, | bei mir ich niemand spür*; auch die zweite Strophe von *Wenn ich ein Vöglein wär* (E 112): *Bin ich gleich weit von dir, | bin ich doch im Schlaf bei dir | und red' mit dir; wenn ich erwachen tu | bin ich allein. | Es vergeht kein' Stund' in der Nacht | da mein Herze nicht erwacht | und an dich gedenkt.* Ebenso finden wir in einem neuarabischen Liede aus der Gegend von Beirût und dem Libanon (L 139, 2) *Die Rosen deiner Wangen haben mich Vater und Mutter vergessen* (vgl. 1 Mose 2, 24) *lassen. Wenn ich friedlich schlafe des Nachts, kommt mir dein Bild in den Sinn und erweckt mich.* Die Behauptung, daß von einem Erwachen der Schlafenden in Folge des Klopfens des Geliebten nicht die Rede sein könne, da ihr Geist schon vorher wach gewesen, ist unzutreffend; wenn eine Mutter am Krankenbett ihres Kindes einschläft, so bleiben ihre Sinne auch wach, sodaß sie beim leisesten Geräusch des Kindes sofort erwacht. Von allen Sinnestätigkeiten erhält sich beim Einschlafen das Gehör am längsten.

Die ganze Erzählung ist ein dichterischer Kunstgriff, um die Beschreibung der Schönheit des Geliebten in Strophe x—xv einzuleiten; vgl. die Anmerkungen zur Übersetzung des Buches Hesekiel in der *Regenbogen-Bibel*, S. 177, Z. 37. Wie das Mädchen die Türe öffnet und ihren Geliebten nicht findet, bittet sie die anderen Mädchen ihres Wohnortes, ihr den Geliebten suchen zu helfen. Die anderen Mädchen fragen darauf (Strophe ix) *Was zeichnet aus deinen Liebsten, | daß du uns so bestürmest?* Dies gibt dem Dichter Gelegenheit, das Mädchen die Schönheit des Geliebten beschreiben zu lassen. Herder sagt sehr richtig: *Da die Töchter Jerusalems nach Merkzeichen ihres Geliebten fragen: welch ein Zeitpunkt zu seinem Lobe, zu Schilderung seiner Gestalt!*

Lieder, die die Vorzüge des Geliebten schildern, sind verhältnismäßig selten; für gewöhnlich werden nur die weiblichen Reize gepriesen (vgl. II und VIII). D 242 (vgl. dort S. xii, Z. 5) gibt nur ein einziges Lied, das die Schönheit eines jungen Mannes besingt. Eingehende Schilderungen (arab. *waṣf*) der Reize der Geliebten sind auch in deutschen Liedern zu finden; vgl. W 79. 116. 754.

(3) So Goethe; vgl. X, i; Wörtlich *Laut meines Liebsten anklopfend.* Vgl. W 217: *Er klopfet leise an die Türe: | „Steh' auf, ich bin dafüre."* Herder sagt von unsrem Halbzeilenpaare: *Der Anfang des Stücks hat einen so außerordentlichen Naturreiz, daß ich etwas darüber zu sagen verstumme.* Das ist wohl etwas übertrieben; vgl. A. 2 zur Einleitung.

(4) Auch Paul Fleming (1609—1640) redet seine geliebte Basilene, nachdem er von ihr gereiset war (E 95) *Schwester* an; ebenso sagt der Liebende in den altägyptischen Liebesliedern zu seiner Geliebten *meine Schwester*, und in modernen palästinischen Gedichten wird die Geliebte *mein Bruder*, d. h. *meine Schwester* angeredet; z. B. D 28, Z. 8; D xiii. Es gilt im Orient nicht für schicklich, in solchen Fällen eine Femininform zu gebrauchen, ebenso wie es unpassend ist, einen Orientalen nach dem Befinden seiner Frau zu fragen. Siehe auch A. 16 zu IX und den Schluß von A. 10 zu X, auch unten, A. 36. In L 121, 6 dagegen bezieht sich *Bruder* nicht auf den Bräutigam; vgl. A. 10 (am Ende) zu I.

(5) Das *ruft er* steht nicht im Original; ebensowenig ist es in Strophe iii und in den Strophen vii—x nötig, die Sprechenden genauer zu bezeichnen; vgl. A. 13 zu III und X, β.
(6) Vgl. A. 10 zu IV.   (7) Vgl. A. 11 zu IV.
(8) Während des Sommers (vgl. A. 5 zu X) ist Palästina nahezu regenlos; doch fällt des Nachts, von der Wüste abgesehen, reichlicher Tau oder Nebel, der ein Wollvließ so feucht machen kann, daß man wie Gideon (Richter 6, 38) eine Schale voll Wasser herausdrücken kann. Viel von diesem sogenannten Tau ist Feuchtigkeit, die Westwinde vom Mittelmeer herbringen; der Dunst verdichtet sich in der Luft, ehe er sich niederschlägt. Er kann deshalb kaum *Tau* genannt werden; er entspricht eher dem schweren, feuchten, schottischen Nebel, der im Hochland von Westschottland häufig ist. Auf dem Hermon (vgl. A. 7 zu V) ist dieser Nachtnebel so feucht, daß die Zelte der Reisenden während einer Sommernacht häufig so naß werden, als wäre ein starker Regen gefallen (EB 2023).
(9) Ergänze *Ich erwiderte meinem Geliebten*; vgl oben A. 5.
(10) Man schlief gewöhnlich unbekleidet, ohne ein Hemd oder Nachtgewand, während man sich mit dem Obergewand zudeckte; vgl. 2 Mos. 22, 26; 5 Mose 24, 13; auch 1 Mose 9, 23 und Hiob 22, 6. Die Gewänder der alten Israeliten waren von den Kleidern der heutigen Fellahs und Beduinen wohl kaum verschieden. Diese bestehen aus einem kurzem Hemd als Untergewand, das in der Taille durch einen Gürtel zusammengehalten wird, und einem langen, viereckigen, um den Körper gelegten Stück Wollstoff als Obergewand. Das Untergewand heißt im Arabischen *ṭôb*, hebr. *kuttôneth*, griech. *chiton*, lat. *tunica*. *Chiton* und *tunica* sind beides semitische Lehnwörter, ebenso unser *Kattun*; *tunic* ist eine Umstellung von *cutin* (das *-eth* im hebr. *kuttôneth* ist nur die Femininendung). Das Obergewand, hebr. *simlâh* oder (mit Umstellung) *salmâh*, griech. *himátion*, lat. *toga*, heißt im Neuarabischen ʿabâje; vgl. A. 1 zu V. Siehe die Abbildungen auf S. 103. 107. 125. 126. 133. 141. 143. 145 und besonders 146 der Übersetzung des Buches Hesekiel in der *Regenbogen-Bibel*.
(11) Vgl. die vierte Strophe von Paul Gerhardts Lied *Nun ruhen alle Wälder* (E 78): *Der Leib geht nun zur Ruhe, | legt ab das Kleid und Schuhe*. Die alten Hebräer trugen Sandalen, die nur die Fußsohlen schützten. Es war deshalb notwendig, sich die Füße nach einer Wanderung zu waschen, ebenso vor dem Schlafengehen; vgl. 1 Mos. 18, 4; 19, 2; Luk. 7, 44. Wasser ist im Orient aber kostbarer als in

unseren modernen Städten. Die Beduinen halten Waschwasser für einen unerhörten Luxus; sie reiben sich statt dessen mit feinem Sand ab. Es ist nicht nötig anzunehmen, daß das Mädchen barfuß ging; die in 7, 1 erwähnten Schuhe waren Stelzschuhe; siehe A. 9 zu II. Daß das Mädchen zunächst nicht aufstehn wollte, ist nicht verwunderlich. Wenn eine Amerikanerin des Abends sichs bequem gemacht hat und ein Verehrer läßt sich melden, wird sie auch nicht immer geneigt sein, sich wieder anzuziehn, das Haar in Ordnung zu bringen, usw. Ebensowenig können wir uns darüber wundern, daß, als das Mädchen schließlich erschien, der Geliebte inzwischen verschwunden war: das Toilettemachen dauerte ihm jedenfalls zu lange, besonders da er vor der Tür im kalten Nachtnebel warten mußte.

(12) Das *Loch* (so Luther; Goethe: *Schalter*; Herder: *Gitter*) war nicht die Fensteröffnung in der Vorderwand, oder ein Guckloch in der Haustür, sondern das *Schlüsselloch*. Die Türen in orientalischen Dörfern sind mit hölzernen Schlössern versehen, und die dazu gehörigen Schlüssel sind ebenfalls von Holz (vgl. D 19, Z. 7) und nicht selten so groß wie ein tüchtiger Knüttel. Ein Haustürschlüssel ist gewöhnlich über einen Fuß lang, und die Schlüssellöcher sind dementsprechend groß. Vgl. das Bild eines Kaufmanns in Kairo, der seine Schlüssel auf der Schulter (Jes. 22, 22) trägt, auf S. 160 der Übersetzung des Jesaia in der *Regenbogen-Bibel* und die Abbildungen orientalischer Schlösser auf S. 60 des Buches der Richter.

Der Liebhaber konnte seine Hand in das Schlüsselloch stecken, aber es war ihm nicht möglich, die Tür ohne Schlüssel zu öffnen. Das Mädchen aber konnte die Tür von innen ohne Schlüssel aufmachen. Der Türriegel hatte besondere Griffe (vgl. die zweite Halbzeile von Strophe v) oder Handhaben dazu, ebenso wie unsere Entreetüren Klinken auf der Innenseite haben, aber nicht auf der Außenseite. Auch unsere Hausschlüssel hatten ja früher eine ganz achtungswerte Größe, sodaß sie nötigenfalls als Verteidigungswaffe dienen konnten.

Die obszöne Erklärung, die J 27 von dieser Stelle gibt (*Brachium per foramen fenestrae immissum quid significet, ex comoedia umbratica, cui Constantinopoli interfui, intellexi. Karagoez rarius jam phallo instructus pro actionibus ejus brachii gestus substituit*) ist ebenso überflüssig wie die gleichartige Auffassung Wincklers (vgl. S. 41, unten) von 8, 9 (III, v).

(13) Das Metrum erfordert einen Zusatz; vgl. A. 12 zu IV; A. 44 zu VIII; A. 1 zu X; A. 5 zu XII. Abgesehen von dem kleinen Ober-

gemach (arab. *'öllīje*)* das sich auch nur bei wohlhabenderen Leuten findet, besteht das orientalische Haus, besonders auf dem Lande, häufig nur aus einem einzigen Raum, in den man unmittelbar durch die Haustür eintritt.

(14) Diese Halbzeile erscheint im überlieferten Texte hinter der zweiten Halbzeile von Strophe vi (vgl. A. 3 zu II). *Meine Seele ging aus bei seinem Sprechen* (Luther: *Da ging meine Seele heraus nach seinem Wort*; Herder: *Meine Seele war mir entgangen, da er zu mir sprach*) heißt weder: *Mir entwich die Seele als er sprach*, noch *Ich war ganz außer mir als er redete*, sondern *ich fühlte eine unbezwingliche Sehnsucht*; vgl. engl. *my heart went out towards him* und D 234: *Als mein Geliebter daher kam, wurde mein Herz drinnen entleert*; auch W 60: *Nachtigall, ich hör' dich singen, | das Herz möcht' mir im Leib zerspringen* und Nicolais (vgl. A. 10 zu I) Verse *das Herz tut ihr vor Freuden springen, | sie wachet und steht eilend auf.* — Ihr Herz wuchs ihr so sehnsuchtsvoll, wie Goethe (E 185) sagt, daß es ihr fast zersprang. Heine sagt (E 285) *Meine Seele | dehnt sich liebeweit und weiter*. Goethe übersetzt unsere Halbzeile irrig *Auf seine Stimme kam ich hervor*, aber die neueren Erklärer haben die Stelle auch nicht richtig verstanden.

(15) Wörtlich *meine Eingeweide machten ein Geräusch in mir*; Luther: *mein Leib erzitterte davor*; Goethe: *mich überliefs*; Herder: *mein Inn'res bebte mir*. Die englische Bibel übersetzt sehr unglücklich: *my bowels were moved for him*.

(16) Wörtlich *an den Handhaben des Riegels*. Auch diese Halbzeile ist im überlieferten Text verstellt und erscheint dort am Schluß dieser Strophe; vgl. den zweiten Abschnitt von A. 29.

(17) Der Liebhaber hatte seine Hand in das Schlüsselloch (vgl. oben, A. 12) gesteckt und ein Fläschchen köstlicher Myrrhe (vgl. A. 6 zu I) ausgegossen, die dann aus dem Schlüsselloch auf die Handgriffe des Riegels an der Innenseite der Tür heruntertropfte, so daß die Hände des Mädchens mit Myrrhe parfümiert wurden, als sie den Riegel anfaßte um die Tür zu öffnen. Dieses Ausgießen von Myrrhe war ein Liebeszeichen dafür, daß ihr Geliebter an der Tür gewesen; ebenso wie ein moderner Verehrer seiner Geliebten gelegentlich einen Blumenstrauß durchs Fenster ins Zimmer wirft. Vgl. auch W 258 (= E 55) *Ich*

---

* Vgl. die Abbildung auf S. 59 der Übersetzung des Buchs der *Richter* in der *Regenbogen-Bibel*.

werf' mit Rosenblättern | in Liebchens Fenster ein. Lucretius sagt in seinem Lehrgedicht *De rerum natura* (4, 1171) daß der Liebhaber oft tränenden Auges an der verschlossenen Tür steht, sie mit Blumen und Kränzen schmückt, die stolzen Türpfosten mit duftendem Majoranöl salbt (*amator postes superbos ungit amaracino*) und sie mit Küssen bedeckt.

(18) Wörtlich *überlaufende Myrrhe*, d. h. die beste und reinste, die von selbst ausfließt ohne daß Einschnitte in die Rinde gemacht werden; vgl. Plin. 12, 35; 13, 3 (*sudant sponte priusquam incidantur stacte dicta cui nulla prefertur*). Stakte (ἡ στακτή) heißt *ausgeflossene, hervorgequollene* (Myrrhe) von στάζω *tröpfeln, rinnen*; ἔλαιον στακτικόν ist *ungepreßt auslaufendes Öl*. Nach dem Muster von *Jungfernöl, Jungfernhonig* und *Jungfernblei* könnte man diese Myrrhe als *Jungfernmyrrhe* bezeichnen. Vgl. den Schluß von Strophe xii, sowie 2 Mos. 30, 23; auch A. 6 zu I und A. 27 zu VIII.

(19) Wörtlich *ich beschwöre euch*; vgl. A 24.

(20) Wörtlich *daß ich liebeskrank bin* (Luther: *daß ich vor Liebe krank liege*). Vgl. A. 37 zu VII und den Schluß der dritten Strophe von Nicolais *Wie schön leucht' uns der Morgenstern*: *Nach dir ist mir, | . . . . | krank, und glümmet | mein Herz, durch Liebe verwundet.*

(21) Ergänze *Die Mädchen antworteten*; vgl. oben, A. 9.

(22) Wörtlich *daß wir ihn mit dir suchen*. Diese Strophe erscheint in dem überlieferten Texte am Schluß des Liedes. Sie war in einer Handschrift wahrscheinlich wegen ihrer Ähnlichkeit mit Strophe ix aus Versehen vergessen und am Schlusse nachgetragen worden. Das Zeichen im Text, das auf diesen Nachtrag hinwies, wurde bei späteren Abschriften übersehen. Im überlieferten Texte ist daran dann IX, vi angeschlossen worden, weil man diese Strophe als Antwort auf die Frage in VI, viii auffaßte; vgl. den Schluß von A. 21 zu I und oben, A. 14.

(23) Wörtlich *Was ist dein Liebster mehr als ein* (anderer) *Liebster?* Luther und Goethe: *Was ist dein Freund vor andern Freunden?* Herder: *Was ist denn dein Geliebter vor Geliebten?*

(24) Wörtlich *beschwörest*. Vgl. oben, A. 19.

(25) Das heißt nicht *Er sieht aus wie Milch und Blut* (selbst die Mädchen sind *tiefgebräunt vom Sonnenbrande*; vgl. A. 4. 5. 9. 10 zu III) sondern es bedeutet: die Haut meines Liebsten ist weiß, wo sie durch die Kleidung geschützt ist, und bronzefarben (vgl. A. 27. 36. 38) wo sie der Sonne ausgesetzt ist. L 139,3 heißt es von der Braut: *sie ist rot und weiß* (arab. *ḥamrâ u-baiḍâ*) *und trägt ein leinen Kleid*. Wenn

1 Sam. 16, 12 von David erzählt wird, daß er *adhmoni* war, so heißt das nicht *rötlich* oder *rothaarig* (Vulgata: *rufus*) sondern, wie Luther richtig übersetzt, *bräunlich*, mit gebräunter Hautfarbe.

(26) Genauer *Zehntausend*. Herder: *ein Panier aus zehnmal Tausenden*, was nach Herders Erklärung bedeuten soll: *erkennbar unter Zehntausenden, als ob er unter ihnen das Panier schwänge*.

(27) Sein Gesicht und sein Hals sind sonnenverbrannt und bronzefarben. Das Gold, das der Dichter im Sinn hat, ist rot, nicht hellgelb. Shakespeare (*Macbeth*, II, 3) nennt das Blut *golden*, Horaz spricht von *pudor flavus*; ξανθός heißt *goldfarbig, blond*, aber ξανθίζω wird auch vom *Bräunen* des Bratens gebraucht.

(28) *Seine Augen sind wie Tauben* heißt nicht *sie blicken sanft und zärtlich*, sondern *seine Augen sind blaugrau* (oder *grauweiß wie eine Taub'* — W 807); vgl. VIII, 1 und VII, α. Herder dagegen meinte, *wie Tauben* bedeute *so belebt, so schwimmend, so regevoll, so voll Schüchternheit und Unschuld sind diese Augen*.

(29) Seine großen schwimmenden Augen sind hell und klar wie das Wasser eines Wasserreservoirs (vgl. A. 16 zu II) und strahlen wie der Glanz einer Wasserfläche im Sonnenlicht. Eine glänzende Perle heißt im Arabischen *eine feuchte Perle*; auch wir reden von einem Diamanten *von reinstem Wasser* (vgl. A. 30). Ovid, *Ars am.* 2, 722 sagt, wenn der Liebhaber die Geliebte berührt, dann kann er sehen *oculos tremulo fulgare micantes | ut sol a liquida saepe refulget aqua*. Die Augen des Geliebten *glänzen sieghaft*, wie Heine sagt, *und ruhig heiter, aber voller Liebe*. Im Griechischen wird ὑγρός 'feucht' von dem feuchten Schimmer schmachtender Augen gebraucht (vgl. ὑγρὸν δέρκεσθαι, ὑγρὸς πόθος, ὑγρότης τῶν ὀμμάτων).

Im überlieferten Texte steht diese Halbzeile am Ende der Strophe (vgl. A. 16) aber es muß die zweite Halbzeile sein, während die auf die erste Halbzeile im überlieferten Texte folgenden Worte *an Wasserbächen* nur eine erklärende Glosse zu dem hier durch *Weiher* wiedergegebenen seltenen Ausdruck *millêth* zu sein scheinen.

(30) Dies bezieht sich auf das Weiße im Auge, die milchweiße Augapfelhaut. Vgl. W 754: *Sie hat zwei hübsche Äuglein klar, | lieblich als ein Demante, | darin das Weiße ist nicht gespart, | ihr Bräulein stehn ohn' Schande*. Zu dem *Baden* vgl. Mörikes Verse (E 318) *Wer hat den bunten Schwarm von Bildern und Gedanken | zur Pforte meines Herzens hergeladen, | die glänzend sich in diesem Busen baden, | goldfarb'gen Fischlein gleich im Gartenteiche*.

(31) Die ursprüngliche letzte Halbzeile der Strophe ist im überlieferten Texte ausgefallen und hier vermutungsweise ergänzt worden (vgl. A. 21 zu I). Die *dunklen Lilien* sind in diesem Falle die *Augenwimpern*; vgl. A. 35. Die Halbzeile ist wohl hier weggefallen, weil man das *umsäumt von dunklen Lilien* auf etwas anderes bezog; vgl. A. 10 zu X.

(32) Nicht *seine Backen*. Das dem hier gebrauchten hebr. *leḥi* entsprechende arab. *liḥje* bezeichnet den *Bart* auf den Wangen und am Kinn.

(33) Ebenso wohlriechend; vgl. IX, vi[b] und S. 71 des in A. 5 zu I angeführten Buches von Dr. Hagen.

(34) Eigentlich *wachsen lassend, hervorbringend* (hebr. *mĕghaddĕlôth*) *aromatische Pflanzen, würzige Kräuter*. Das überlieferte *mighdĕlôth* 'Türme' kann hier nicht in der nachbiblischen Bedeutung *Schränke* gefaßt werden. Herder übersetzte *wie Kästchen Würze*.

(35) Nicht *seine Lippen*, sondern *sein Lippenbart*. Der besondere Ausdruck für *Schnurrbart* (hebr. *safám*) findet sich 3 Mos. 13, 45 (vgl. die Anmerkungen dazu in der *Regenbogen-Bibel*); Hesek. 24, 17. 22; Mich. 3, 7; 2 Sam. 19, 24 (hebr. 25). Vgl. auch D 305, 2.

(36) Das heißt *bronzefarben*; vgl. oben, A. 27 und D 101: *seine* (d. h. *ihre*; vgl. oben, A. 4) *Arme sind Stäbe von reinem Silber* (d. h. *weiß*) *und seine* (ihre) *Finger goldene Griffel*.

(37) Die *Rubine von Tharsis* (d. i. Südspanien) sind *Zinnoberkristalle* aus den Quecksilberbergwerken von Almaden (nördlich von Cordova); vgl. Plin. 33, 118. 121. 114; 37, 126 und meine Bemerkungen in den Abhandlungen des Hamburger Orientalisten-Kongresses (Leiden 1904) S. 233 sowie meine Ausführungen über Archäologie und Mineralogie in den *Johns Hopkins University Circulars*, No. 163 (Juni 1903) S. 52[b]. Tharsis ist ein phönizisches Wort, das ursprünglich *Aufbereitung* bedeutet. Die griechische Bibel gibt *Tharsis* durch *Chrysolith* wieder, und Plinius sagt von den Chrysolithen, die besten seien die, die, wenn sie mit Gold zusammengebracht würden, das Gold weiß wie Silber machten (*optumae sunt quae in conlatione aurum albicare quadam argenti facie cogunt*). Das beruht natürlich auf dem hohen Quecksilbergehalte (86%) des Zinnobers. Die Römer bezogen Zinnober fast ausschließlich aus Spanien, und das beste kam von *Sisapo*, dem jetzigen *Almaden*.

(38) Eigentlich *Klumpen, Barre*. Diese Halbzeile bezieht sich auf die weiße Farbe des vor der Sonne geschützten Leibes, während die

der Sonne ausgesetzten Arme bronzefarben sind; vgl. oben A. 36 und A. 19 zu II. Abbildung altägyptischer Elfenbeinschnitzereien finden sich auf S. 150 der Übersetzung des Buches Hesekiel in der *Regenbogen-Bibel*; vgl. daselbst die Bemerkungen in Z. 6—11.

(39) Saphir ist im Hebräischen nicht die blaue Varietät des edlen Korund, sondern der Lasurstein (*lapis lazuli*); vgl. die Bemerkungen über *Hyacinth = Amethyst* in A. 20 zu II. Die charakteristischen gelben Schwefelkiespunkte, mit denen der Lasurstein oft durchsetzt ist, werden Hiob 28, 6 erwähnt (*Goldstaubkörnchen sind in ihm*; Luther: *Erdenklöße, da Gold ist*). Plin. 37, 119 sagt von dem Blaustein (*cyanus*) *Inest ei aliquando et aureus pulvis qualis sappiris; in iis enim aurum punctis conlucet.* Der Lasurstein der Alten stammte aus den berühmten Gruben in Badachschan, im nordöstlichen Afghanistan, bei Mazar-i-Ilakh, an der nordöstlichen Seite des Hindukusch, des *Paropanisus* (nicht *Paropamisus*) der Alten, 1500 Fuß hoch über dem Bett des Koktscha, einem Nebenflusse des Oxus. Der assyrische König Asarhaddon (680—668) nennt diesen Berg, der, wie er sagt, in den fernsten Gegenden Mediens gelegen war, *Bikn*. Das Ultramarin, das man früher (bis 1830) aus Lasurstein gewann, wird jetzt natürlich, ebenso wie Zinnober, künstlich hergestellt. *Azur* ist eine Verstümmelung von *Lasur*.

(40) Das heißt *tätowiert*. Die Sitte des Tätowierens ist in Palästina und Syrien noch weit verbreitet;* sie muß bei den Semiten von den ältesten Zeiten her bestanden haben; vgl. die Übersetzung von 3 Mos. 19, 28 in der *Regenbogen Bibel* (Luther übersetzt: *Ihr sollt kein Mal um eines Toten willen an eurem Leibe reißen, noch Buchstaben an euch pfetzen*, d. h. kneifen). Raschi (1040—1105) bemerkt in seinem Kommentar zu der Stelle, daß sich dieses Verbot auf unverlöschliche Figuren bezieht, die man mit einer Nadel in die Haut einritzt und dann färbt. Die griechische Bibel übersetzt: γραμματα στικτὰ οὐ ποιήσατε ἐν ὑμῖν. Στίζω ist der Ausdruck, den Herodot und Xenophon bei der Beschreibung der Tätowierungen gebrauchen, die bei den Thrakern und den Μοσσύνοικοι (d. h. *Holzturmbewohner*; vgl. *Anab.* 5, 4, 24) in Pontus an der Küste des Schwarzen Meeres üblich waren. Herodot (5, 6) sagt, daß bei den Thrakern tätowierte Figuren auf

---

* Vgl. D 6,4; 25,2; 36, Z. 4; 44,b; 68,9; 85,10; 135,b; 171,a; 217,2; 267,b; 277, unten; — L 141,15. Für *blaue Tätowierung* vgl. insbesondere D 40. 77. 112. 123. 240; siehe auch D 7, A. 3. 4; L 122,25.

der Haut als ein Zeichen edler Abstammung galten; wer nicht tätowiert war, galt nicht für edelgeboren (τὸ μὲν ἐστίχθαι εὐγενὲς κέκριται τὸ δὲ ἄστικτον ἀγεννές. Xenophon (*Anab.* 5, 4, 32) berichtet, daß die Mossynöken ihren griechischen Freunden und Bundesgenossen Kinder zeigten, deren Rücken bunte Figuren aufwiesen, und die auch auf der Vorderseite mit tätowierten Arabesken verziert waren (ἐπεδείκνυσαν αὐτοῖς παῖδας ..... ποικίλους δὲ τὰ νῶτα καὶ τὰ ἔμπροσθεν, πάντα ἐστιγμένους ἀνθέμια). Auch das Zeichen, mit dem Jahveh den Brudermörder Kain gegen Blutrache schützte, war ein tätowiertes Stammeszeichen; vgl. 1 Mos. 4, 16; Jes. 44, 5; 49, 16; Hesek. 9, 4; auch 2 Mos. 13, 9. 16 und im Neuen Testament: Offenb. Joh. 13, 17; 14, 19; Gal. 6, 17.

Die ganze Strophe xiii bedeutet demnach: *Seine bronzefarbenen Arme sind mit Zinnober tätowiert, während sein weißer Leib* (der der Sonne nicht so sehr ausgesetzt ist wie seine Arme) *mit Ultramarin tätowiert ist.* Der Sinn ist also anders als in W 755: *Ihr' Händ' sind lind gleichwie ein Hermeleine | und weiß wie Helfenbeine, | darin die Adern blau.* Die Hände des Geliebten waren bronzefarben, und das Blau auf seinem elfenbeinweißen Leibe bezieht sich auf Tätowierungen in blauer Farbe. Herder übersetzte: *Seine Hände güldne Cylinder, | voll Tyrkisse* (Türkise). *|| Sein Bauch ein lauteres Elfenbein, | mit Sapphiren bedeckt.* Daß die Vergleichung der durch die Kleidung geschützten Körperteile mit Elfenbein und die Bezeichnung der der Sonne ausgesetzten Teile als *golden* an die griechische Goldelfenbeinkunst anknüpfe, ist nicht anzunehmen; bei den chryselephantinischen Bildwerken waren grade die Gewandteile aus Gold, und die unbekleideten Körperteile aus Elfenbein.

(41) Seine nur mit Sandalen (vgl. A. 11) versehenen Füße sind bronzefarben, während seine der Sonne weniger ausgesetzten Schenkel weiß sind; vgl. oben, A. 38 und D 134, wo von einem Mädchen gesagt wird, daß *seine Beine gerundet wie Säulen* sind, *marmorn, zart und auserlesen*; D 77: *weißes Silber ist ihr Fuß*; vgl. den Schluß von A. 7 zu VIII.

(42) Hochragend.

(43) Die Zeder galt den Hebräern als der herrlichste Baum. Einzelne Libanonzedern erreichen eine Höhe von mehr als 30 m. Vgl. die Abbildung nebst Erläuterungen auf S. 160 der Übersetzung des Hesekiel in der *Regenbogen-Bibel.*

(44) Eigentlich *Gaumen.* Vgl. auch VIII, ix.

(45) Vgl. den Schluß von D 112: *Dies ist die Beschreibung des Schönen, nicht ist darin ein Fehl.*

(46) Vgl. Anmerkung 6 zu III.

(47) Nicht den *Schleier* (Luther, Goethe, Herder) der in VIII, iii. β. η genannt wird, sondern ein leichter *Umhang* (vgl. Jes. 3, 23, auch D 212, A. 2) den sie in der Hand der Männer zurückließ, wie Joseph sein Gewand in der Hand der Frau seines Herrn ließ (1 Mos. 39, 13) oder wie der Jüngling, der Jesu folgte, als Er verraten ward, sein leinenes Untergewand fahren ließ (Mark. 14, 51) und unbekleidet entfloh. Hier verliert das Mädchen nur ihren Überwurf; sie behielt ihr Untergewand; vgl. oben, A. 10. Auf dem Seidenbasar in Damaskus werden noch jetzt sehr schöne dünne seidene Überwürfe verkauft; sie heißen dort *šerbe* (sonst *izâr*).

(48) Der ganze V. 7 ist ein sekundärer Zusatz aus XII, und die *kursiv* gedruckten Wörter sind tertiäre Glossen. In dem vorliegenden Gedicht trifft das Mädchen keine Männer, sondern bittet nur die Mädchen ihrer Stadt, ihr den Geliebten suchen zu helfen. Die griechische Bibel schiebt andrerseits eine Wiederholung der letzten Halbzeile von V. 6 (ἐκάλεσα αὐτὸν καὶ οὐχ ὑπήκουσέν μου *ich rief ihn, doch er antwortete mir nicht* oder *es kam keine Antwort*) nach 3, 1 ein. Auch in dem überlieferten hebräischen Texte ist die letzte Halbzeile von 3, 1 nur eine falsche Wiederholung von 3, 2, dessen zweite Hälfte ein späterer Zusatz ist. Vgl. A. 13 zu XII.

(49) Das hinter dieser erklärenden Glosse im überlieferten Texte stehende Wort *taltallīm* scheint aus *dallothấw* verschrieben zu sein. *Dattelrispen* (J 40) paßt nicht. Auch Franz Delitzschs Übersetzung *seine Locken Hügel an Hügel* (was sich auf das wellige Haar des Geliebten beziehen soll) ist unmöglich.

(50) Dies scheint eine Glosse zu sein, die das ursprünglich im Text stehende *herrlich, majestätisch* (Hesek. 17, 23) verdrängt hat; vgl. A. 25 zu III; A. 47 zu VIII; A. 5 zu XII.

VII

(1) Das heißt: unsere Verbindung wird frisch und lebensfähig sein, unsere Liebe wird nicht welken und verdorren, sie wird uns immer neue Freuden bringen, auf lange Zeit hinaus. Vgl. W 800: *Wenn unser*

Bette blüht; W 804: *Hier grünen die Gebein'*. In dem unten am Schluß von A. 27 angeführten Hochzeitsliede sagt der Dichter zu Kaiser Leopold I. und seiner Braut: *Die Lieb' sei bei euch immer neu | lebet wohl beide Herzen, | aus zweien sodann komme drei, | dies verdient der Liebe Scherzen* (siehe unten, A. 28). — Vgl. A. 33. 34 zu VIII, auch W 126 (E 246): *Lieb' ist so lang' nur grün, | bis man sie bricht;* und das Brahms'sche Lied (Dichtung von F. S.) *Meine Liebe ist grün,* sowie Mephistopheles' Worte in der *Schülerszene* von Goethes *Faust: Grau, teurer Freund, ist alle Theorie, | Und grün des Lebens goldner Baum.* Es ist nicht nötig anzunehmen, daß das neuvermählte Paar die Brautnacht im Freien zubrachte; vgl. A. 1 zu V und W 590: *Sie führt ihn ins Gebüsch hinein, | zum grün tapzierten Saale.*

(2) Vgl. A. 12 zu I und A. 43 zu VI. Der Prophet Haggai rief den lässigen Bewohnern Jerusalems Ende August des Jahres 520 v. Chr. zu: *Ist es für euch an der Zeit in getäfelten Häusern zu wohnen, während der Tempel hier noch in Trümmern liegt?* (Hagg. 1, 4). Vgl. auch 1 Kön. 7, 7; Jer. 22, 14. Für *Prachthaus* siehe oben, S. 26, A. †.

(3) Ihre bescheidene Hütte wird ihnen zum herrlichsten Palaste werden.* D 37 heißt es, daß das Mädchen *unter Samtdecken auf Straußenfedern* schläft; D 271 soll die Neuvermählte *auf Seide und Brokat* schlafen. Vgl. W 364: *So wünsch' ich dir ein güldenes Schlafkämmerlein, | von Kristall ein Fensterlein, | von Sammet ein Bett, | von Zimmet eine Tür, | von Nägelein ein Riegel dafür, | von Muskaten eine Schwell' | und mich zu deinem Schlafgesell;* siehe die Fortsetzung am Schluß von A. 12 zu IV. In demselben Liede (in dem am Schlusse auch die Verse stehen: *Kein Feuer, keine Kohle kann brennen so heiß, | als zärtliche Liebe, von der niemand weiß;* vgl. dagegen W 660) heißt es (W 366) *Ich wünsche meiner Herzliebsten ein Haus, | mich zu ihr immer ein und aus, | von Kristallen eine Tür, | und von Nägelein ein Riegel dafür; von Sammet und Seiden ein Bett.* Die Strophe W 666: *Und da sie über die Heide kamen | wohl unter ein' Linde was breit, | da ward denselben zweien | von Seiden ein Bett bereit, |* bedeutet

---

* Die Vulgata übersetzt die beiden Halbzeilen richtig *tigna domorum nostrarum cedrina, laquearia nostra cypressina*. In der Glosse II, ʏ bedeutet das verwandte Wort *rĕhaṭim*: Lockenringe; eigentlich Schlingen, Stricke, ebenso wie *laquearia* 'Plafond' mit *laqueus* 'Strick' zusammenhängt. In 1 Mose 30, 38. 41 und 2 Mose 2, 16 finden wir *rĕhaṭim* im Sinne von *Wassertrog* zum Tränken des Viehs; ebenso heißt lat. *lacus* nicht bloß *See*, sondern auch *Trog*, und das verwandte *lacunaria* bedeutet wie *laquearia*: 'Plafond.'

natürlich nur: Sie lagen auf der Heide unter der Linde so schön als wenn sie auf Seide gebettet gewesen wären. Mörike sagt (E 316) *Auf seidnem Rasen dort, ach Herz am Herzen, | wie verschlangen, erstickten meine Küsse den scheueren Kuß.* Vgl. Walther von der Vogelweide (1140—1230): *Unter der linden | an der heide | da unser zweier bette was* und *Da hate er gemachet | also riche | von bluomen eine bettestat* (E 14) — auch das alte Lied (E 108) *Wir wollten beide heimgehn, | wir hatten keins kein Haus, | da baut' ich mir ein Häuselein | von Petersilie grün; | mit gelben Lilien deckt ich's mir, | mit roten Röslein schön.* Schiller sagt (E 138) *Ihr Zweige, baut ein schattendes Gemach, | mit holder Nacht sie heimlich zu empfangen! | Und all ihr Schmeichellüfte werdet wach | und scherzt und spielt um ihre Rosenwangen.* In einem neuarabischen Trillerliede bei dem Paradiertanze (vgl. A. 1 zu II) der Braut heißt es (L 107, 80) *Jasmin sei dein Lager und Rosen deine Decke;* vgl. auch L 108, 88: *Unser Haus ist aus Holz, beschlagen mit Gold.* L 127, 127 sagt die Mutter der Braut: *Dein Haus, o Bräutigam, hat Marmorplatten.*

(4) Der Apfel ist ein erotisches Symbol; vgl. dazu die in A. 26 zu II angeführten Stellen aus Goethes *Faust* und A. 20 zu VIII sowie Theokrit 2, 120; 3, 110; 5, 88; 10, 34; 11, 10.

Es ist nicht ausgeschlossen, daß das hebr. Wort für Apfel (*tappū͞aḥ*, d. h. wahrscheinlich *Wohlgeruch aushauchend, duftend*) die apfelartigen, großen, gelben Beeren der Alraune (*Mandragora*) bezeichnet. Diese Früchte, die von den Arabern gegessen werden, galten als *Aphrodisiaca* (vgl. A. 38 zu VIII) und wurden deshalb vielfach zu Liebestränken benutzt. Die Alraunwurzeln, aus denen man Männchen schnitzte, wurden im Mittelalter als mächtige Talismane geschätzt, die den Frauen Fruchtbarkeit und leichte Niederkunft brachten u. a. In 7, 13 und 1 Mos. 30, 14 heißen diese Liebesäpfel* *dūdha'îm*. Nach Wetzstein (vgl. A. 31 zur Einleitung) sind die reifen Äpfel des syrischen Alrauns wohlriechend und schimmern im schönsten Goldglanze, und die Früchte fallen umsomehr auf, als die wildwachsende Flora Syriens nichts hervorbringt, was ihnen nur annähernd ähnlich wäre. Wetzstein sagt, daß diese Alraunäpfel vollkommen glatt und kugelrund seien; der Durchschnitt sei

---

* Wir gebrauchen diesen Namen für die *Tomaten*, die daneben auch *Paradiesäpfel* genannt werden. *Paradiesäpfel* sind eigentlich die sogenannten *Adamsäpfel* (d. h. die Früchte von *Citrus Pomum Adami*) oder die Früchte des dem Pomeranzenbaume ähnlichen Pompelmus. Die kandierte unreife Schale der Adamsäpfel wird als Zitronat verwendet.

3 bis 3¹|₂ cm groß; zwei besonders große maßen fast 4 cm. Die Äpfel riechen angenehm, aber ihr Aroma hat etwas eigentümlich Süßliches, das sich nicht lange ertragen läßt. Die Araber nennen die Früchte des Alrauns *tuffâḥ* (= hebr. *tappûaḥ*) *el-dschinn*, d. h. *Dämonenäpfel*. In arabischen Wörterbüchern wird von der Alraunwurzel gesagt, daß sie, wenn sie ausgezogen werde, zwei sich umarmende Menschen zeige, von denen das Weibchen ganz mit Haaren bedeckt sei. Vgl. die Abbildungen in den *Verhandlungen der Berliner Anthropologischen Gesellschaft* vom 17. Okt. und 19. Dez. 1891 (auch G 133).

Die Früchte des wirklichen Apfelbaums sind in Palästina gering, jedenfalls nicht besonders wohlriechend. Im allgemeinen ist Palästina für den Apfelbaum zu heiß. Auch Quitten und Apfelsinen können nicht in Betracht kommen; ebensowenig Aprikosen. Die Quittenfrüchte riechen ja sehr angenehm, sind aber roh nicht genießbar. Apfelsinen (d. h. *Äpfel von Sina* = China) oder (Gold)orangen sind erst etwa im 9. Jahrhundert n. Chr. durch die Araber in die Mittelmeerländer eingeführt worden; ebenso sind die Aprikosen in Palästina nachbiblisch. Auch die *goldenen Äpfel an silbernen Zweigen* (Luther: *Güldene Äpfel in silbernen Schalen*)* und die damit zusammenhängenden goldenen *Äpfel der Hesperiden* mögen eigentlich Alraunbeeren sein, nicht idealisierte Quitten, wie Victor Hehn meinte; vgl. meine Bemerkungen zum hebr. Texte von Sprüche 25, 11 in der *Regenbogen-Bibel*.

Nach der überlieferten Auffassung war die Frucht vom Baume der Erkenntnis, die Eva Adam zu essen gab, ein Apfel.† Der Sündenfall ist die erste Beiwohnung: wer von der verbotenen Frucht ißt, verliert seine kindliche Unschuld; seine Augen werden aufgetan, sodaß Adam und Eva zum ersten Male ihrer Nacktheit inne werden. *Nicht wissen was gut und böse* (d. h. zunächst *zuträglich* oder *schädlich* zu essen)‡ ist, heißt im Hebräischen *wie ein Kind sein*. Barsillai von Gilead ant-

---

* Die Übersetzung *Schalen* ist unmöglich. Übrigens bezieht sich Luthers *in silbernen Schalen* natürlich auf die *Fruchtschalen*, d. h. die Schüsseln, in denen die Äpfel dargereicht werden, nicht etwa auf die *äußere Schale* (engl. *skin*, *peel*) der Frucht.

† In der Lutherbibel wird das Wort *Apfel* dem hebräischen Texte entsprechend 1 Mos. 3 nicht gebraucht, sondern nur der allgemeine Ausdruck *Frucht*. *Malum* heißt im Lateinischen (mit *ă*) *das Böse*, und (mit *ā*) *der Apfel*. Vgl. auch oben, S. 64, A.*.

‡ Tiere vermeiden Kräuter, die ihnen schädlich sind; Kinder essen die giftigen Beeren der Tollkirsche u. a.

wortete David, der ihn aufforderte zu ihm nach Jerusalem zu kommen: Ich bin jetzt achtzig Jahr alt und weiß nicht mehr, was gut und böse ist (2 Sam. 19, 35) d. h. ich bin kindisch geworden (Goethe sagt im *Prometheus*, E 168: *Da ich ein Kind war, | nicht wußte wo aus und ein*). Diese Erklärung der Erbsünde ist schon von dem englischen Philosophen Thomas Hobbes in seinem *Leviathan* (London 1651) gegeben worden, und wir können sie bis auf Clemens von Alexandria im zweiten Jahrhundert n. Chr. zurückverfolgen. Auch Schopenhauer vertritt sie: er erklärt die Legende vom Sündenfall bekanntlich für *die einzige metaphysische Wahrheit im Alten Testament*, sie sei *der Glanzpunkt des Judentums*; aber er sagt, es sei ein *hors d'oeuvre*; die pessimistische Tendenz der Erzählung finde kein Echo im Alten Testament, das im allgemeinen optimistisch sei, während das Neue Testament pessimistisch sei. *

(5) Vgl. D 279: *Nur mein Geliebter ist mir süß unter ihnen*. Beachte auch die in A. 4 angeführte Bemerkung Wetzsteins, daß die im schönsten Goldglanze schimmernden und wohlriechenden Äpfel der syrischen *Mandragora* um so mehr auffielen, als die wildwachsende syrische Flora nichts ihnen annähernd Ähnliches hervorbringe. *Waldbäume* heißt in unserer Strophe *wildwachsende Bäume* (Luther: *wilde Bäume*; Goethe: *Waldbäume*; Herder: *Bäume im Walde*) wie sie sich in einem Naturwalde entwickeln im Gegensatze zu Bäumen, die in einem Garten oder Parke (oder bei uns in einem Forste) gezogen werden; vgl. Hos. 2, 12 (hebr. 14). Die Stellen Jes. 29, 17; 32, 15 sind anderer Art; siehe die Erklärung in der *Regenbogen-Bibel*. L 101, 28 heißt es: *O ihr blühenden Jünglinge, alle in einem Garten .... wenn er* (der Bräutigam) *die Weste über den Kaftan knöpft, seid ihr Emire, und er ist unter euch der Sultan.*

(6) D. h. seine Küsse und Umarmungen; vgl. A. 9.

(7) Das heißt *das Brautgemach*; vgl. 1, 4; 4, 10; 5, 1ª und ᵇ, sowie D 238: *Gebet Arak, gießet Wein, und die Zukost ist das Mal ihrer Wange.* Siehe auch Gustav Jäger, *Die Entdeckung der Seele*, Band I (Leipzig 1884) S. 135, und unten, A. 20.

(8) Das *Wirtshauszeichen*, eigentlich die *Fahne* (arab. *râje*). Dieses

---

* Vgl. dazu meine Ausführungen in *Oriental Studies* (Boston 1894) S. 246 und A. Guttmacher, *Optimism and Pessimism in the Old and New Testaments* (Baltimore 1903).

Zeichen, das andeutet, daß in den Weinschenken noch Wein zu haben ist, wird auch in den *Moallakât** erwähnt (J 11).

(9) D. h. er küßte und umarmte mich;† vgl. A. 6 und 4, sowie D 277: *Wer Gott liebt, speise mich mit einem Kuchen vom Brot des Geliebten; er genügt mir für ein Jahr;* D 106: *Wenn du hungrig bist, künde ich an dein Abendessen,* d. h. wenn du dich nach mir sehnst, will ich heute Nacht dich mit meiner Liebe (vgl. unten, S. 72, A. *) erquicken; auch D 43: *Wenn mein Bruder mich bittet im Durst, ist mein Auge wie Wasserbäche,* d. h. nach D: sie weiß ihn besser zu befriedigen als der Brunnen. Das geliebte Weib ist nach orientalischer Anschauung die Zisterne, aus der der Mann Erquickung schöpft; vgl. A. 17 zu meiner metrischen Verdeutschung des sogenannten Prediger Salomos in *Koheleth oder Weltschmerz in der Bibel* (Leipzig 1905) S. 30 und A. 32 zu VIII.

(10) Vgl. D 32: *Er schlingt seine Rechte um seinen* (d. h. *ihren,* vgl. A. 4 zu VI) *Hals.* Nach Herder soll das nur ein *Traum zukünftiger Freuden* sein; *das Mädchen, das ihn träumt, schlummert in Unschuld.*

(11) Das heißt *der Bräutigam;* vgl. A. 8 zu I.

(12) Das *Speisesopha* (lat. *lectus convivalis*) ist hier das *Brautbett,* lat. *lectus genialis* (Goethe richtig: *so lange der König mich koset*). Die Sitte des zu Tische Liegens stammt aus Babylonien. Vgl. das in Delitzschs erstem Vortrag über *Babel und Bibel* (Abbildung 30) abgebildete Marmorrelief aus Ninive, auf dem Sardanapal mit seiner Gemahlin speisend dargestellt ist, der König in halbliegender Stellung auf einem Speisesopha, während die Königin (die möglicherweise eine arische, blonde Prinzessin ist) am Fußende des königlichen Speisesophas auf einem hohen Stuhle sitzt. Ebenso nahmen die Römer ihre Mahlzeiten in halbliegender Stellung ein, während Frauen und Kinder, selbst die kaiserlichen Prinzen bei Tische saßen. Tacitus (*Ann.* 13, 16) sagt: *Mos habebatur principum liberos cum ceteris idem aetatis nobilibus sedentes vesci in aspectu propinquorum propria et parciore mensa;*

* Das heißt ursprünglich die *auf Pergament* (arab. *'aliq*) *geschriebenen* altarabischen Gedichte. Die Erklärung *aufgehängte* (an der Wand der Kaaba) ist eine spätere Volksetymologie.

† Wie die *Äpfel,* an denen sie sich labt, *Liebesäpfel* sind (vgl. A. 4) so sind auch die *süßen Kuchen* (von zusammengepreßten Trauben) *Liebeskuchen,* wie sie für die babylonische Himmelkönigin und Göttin der Liebe (Astarte) gebacken werden; vgl. Jer. 7, 18; 44, 19 und unten, A. 32. Die *Äpfel* und *Kuchen* bezeichnen hier aber lediglich Liebkosungen und Umarmungen. Vgl. die in A. 26 zu II angeführten Verse aus Goethes *Faust.*

vgl. auch Sueton, *Aug.* 64; *Claud.* 32. Das bei Tische Liegen (*accubitio*) kam in Rom nach dem ersten punischen Kriege auf (264—241 v. Chr.). Bei den Griechen war diese Sitte in der homerischen Zeit noch unbekannt (vgl. Od. 1,145: ἑξείης ἕζοντο κατὰ κλισμούς τε θρόνους τε; 15,134: ἑζέσθην δ' ἄρ' ἔπειτα κατὰ κλισμούς τε θρόνους τε) aber später nahmen die Griechen und Römer die orientalische Sitte an und lagen während ihrer Mahlzeiten entweder nahezu ausgestreckt auf der Brust oder in einer halbsitzenden Stellung, indem sie sich auf den linken Arm stützten, wie es Sardanapal auf dem oben erwähnten ninivitischen Relief tut.

Bei den Juden kam diese Sitte erst in der griechisch-römischen Zeit auf; die alten Israeliten saßen bei Tische entweder auf Stühlen oder auf der Erde; vgl. Abbildung 39 in Benzingers *Hebräischer Archäologie* (S. 113) wo einige Araber, die bei einer Mahlzeit um einen kleinen Tisch auf der Erde hocken, dargestellt sind. Erst in der talmudischen Zeit erhält das 1 Sam. 16,11 gebrauchte Verbum für *bei Tische sein*, eigentlich (den Tisch) *umgeben*, die spezielle Bedeutung *zu Tische liegen*; vgl. *Ber.* fol. 42ᵃ unten: *Wenn man* (zu Tische) *sitzt* (hebr. *jōšĕvîn*) *so spricht jeder das Tischgebet für sich; wenn man zu Tische liegt* (hebr. *hesébbu*) *so spricht einer das Tischgebet für alle.*

An unserer Stelle hat das Wort für *accubitio* die erotische Bedeutung von *concubitus*; ebenso der durch *schwelge* (eigentlich *liege bei Tische, tafele*) übersetzte Imperativ am Schluß von Strophe viii (2,17). Das Wort für *accubitio* oder *Speisesopha* (hebr. *mesáv*) findet sich in diesem Sinne in einer Talmudstelle (*Schabb.* fol. 63ᵃ) wo wir lesen: *Rabbi Juda sagte: Die Männer in Jerusalem waren sehr frivol. Ein Mann sagt z. B. zu seinem Freunde: Was hattest du gestern Abend zum Abendessen?* Gekneteles Brot oder ungeknetetes? Gordelier oder Chardelier? War dein Speisesopha geräumig oder knapp? Hattest du gute oder schlechte Gesellschaft? Rabbi Chisda sagt: All das bezieht sich auf Buhlerei.* Der Ausdruck *ungeknetetes Brot* bezieht sich auf eine Jungfrau (vgl. auch Hesek. 23,3) während die Frage *Hattest du Gordelier oder Chardelier?* (d. i. Weißwein oder Rotwein) bedeutet: War sie hell oder dunkel, blond oder brünett?

(13) Das heißt nicht *ich erwiderte seine Liebe in leidenschaftlichster*

---

* Eigentlich: *Womit hast du heute* (dein Herz) *gestärkt*, d. h. *was hast du heute genossen?* (vgl. 1 Kön. 13, 7 und 1 Mos. 18, 5; Richt. 19, 5; Ps. 104, 15); aber da der Tag der Juden mit Sonnenuntergang beginnt, so bezieht sich das *heute* auf die vorhergehende Nacht.

Weise (vgl. A. 12 zu IX) sondern *mein Schatz schien mir das Süßeste* (eigentlich Wohlriechendste) *in der Welt* (engl. *the sweetest thing on earth*); vgl. unten A. 21 und das oben in A. 5 zu I zitierte Buch über sexuelle Osphresiologie; auch A. 41 zu VIII. *Meine Narde* bezieht sich auf den Bräutigam. D 318 wird ein Jüngling *o Parfüm* angeredet; D 331 wird ein Verstorbener *mein Ambra, duftender Moschus* genannt; in einem Jerusalemer Wiegenlied (L 136, 32) finden wir: *Mein Sohn ist Ambra*. Das Wort für *gut* (hebr. *ṭôv*) bedeutet eigentlich *wohlriechend*; ebenso heißt das aramäische Wort für *böse* (syr. *beš*) eigentlich *übelriechend*; vgl. 2 Mos. 5, 21: *ihr habt unsern Geruch stinkend gemacht vor Pharao* (d. h. ihr habt uns in Verruf gebracht, verhaßt gemacht) und unser *in gutem Geruche stehen*. Siehe auch Pred. Sal. 7, 2: *Guter Ruf ist besser als Wohlgeruch* (Luther: *Ein gutes Gerücht ist besser denn gute Salbe*). Die Wörter *Gerücht, berüchtigt, anrüchig, ruchbar* hängen aber nicht mit *riechen* zusammen, sondern mit *rufen*; das *ch* statt *f* beruht auf niederdeutschem Einfluß wie in *Nichte* statt *Nift*, fem. zu *Neffe*; *sacht* statt *saft, sanft*, engl. *soft*; *Schacht* statt *Schaft*, engl. *shaft*. Natürlich haben bei *ruchbar* usw auch die Idee des schlechten Geruchs und biblische Wendungen wie *ich stinke vor den Einwohnern dieses Landes* (1 Mos. 34, 30) mitgewirkt. Vgl. auch Lieschens hämische Bemerkung am Brunnen in Goethes *Faust: Es stinkt! Sie füttert zwei, wenn sie jetzt ißt und trinkt.*

(14) Narde (*unguentum* oder *oleum nardinum*) war eine höchst kostbare wohlriechende Salbe (Mark. 14, 3; Joh. 12, 3). Man nimmt gewöhnlich an, daß dieses Parfüm aus der Wurzel einer baldrianartigen Pflanze (*Nardostachys Jatamansi*) in der Himalaja-Region gewonnen wurde. Der Geruch soll einer Kombination von Baldrian und Patschuli ähneln. Plin. 12, 42 sagt dagegen, daß die syrische Narde (d. i. vielleicht *Valeriana sambucifolia*) am meisten geschätzt wurde (*in nostro orbe proxime laudatur nardum Syriacum*). Vgl. Hor. Carm. II, 11, 13—17:

> *Cur non sub alta vel platano vel hac*
> *Pinu jacentes sic temere et rosa*
> *Canos odorati capillos,*
> *Dum licet, Assyriaque nardo*
>
> *Potamus uncti?* —

und *nardo perunctus*, Hor. Epod. 5, 37; siehe auch VIII, xi. Mörike, *Erinna an Sappho* (E 339) spricht vom *nardeduftenden Kamm*.

(15) Der Geliebte war ihr ebenso nahe wie das Myrrhensachet

(vgl. A. 5 zu I) das sie des Nachts zwischen ihre Brüste (vgl. D 85, A. 3) zu legen pflegte um ihren Busen zu parfümieren, und er war so wonnig (vgl. A. 13) daß sie außer ihm kein andres Parfüm nötig hatte. D 91 sagt ein alter Mann von der Geliebten seines Sohnes: *Ich wünschte, meine Wohnung wäre nahe dem Brustteil ihrer Gewänder*; vgl. auch D 260 (L 141, 20) *das Parfüm duftet auf dem Busen* und unten, A. 19. Zu dem Dufte des Busens vgl. die zweite Zeile des auf S. 139 von Dr. Hagens (in A. 5 zu I zitierten) Buche angeführten Sonetts von Baudelaire (1821—1867) dem Übersetzer der Werke Edgar Allen Poe's: *Je respire l'odeur de ton sein chaleureux* (der Dichter der *Fleurs du Mal* endete in einer Heilanstalt) auch die auf S. 261. 266 des Hagenschen Buches angeführten Stellen.

Mörike sagt von einer Christblume (E 344) *In deines Busens goldner Fülle gründet | ein Wohlgeruch, der sich nur kaum verkündet; | so duftete, berührt von Engelshand, | der benedeiten Mutter Brautgewand.* — Herder übersetzte: *Ein Sträußchen Myrrhe sollst du, mein Lieber, | mir zwischen den Brüsten ruhn*, hat wohl dabei aber *Myrrhe* und *Myrte* verwechselt. Nachträglich hat er allerdings die Anmerkung hinzugefügt: *Die Myrrhe übernachtet ohne Zweifel im Büchschen und nicht als Blume; wozu aber solche ermattende Ausführlichkeit für uns? in einem Gedicht der Liebe!* Nach Herder bedeutet die Stelle: *Auch entfernt von ihm ist er ihrem Herzen nah; im Myrrhenstrauße, den er ihr sandte, kühlet er ihren Busen, darauf übernachtend, als das lebende Sinnbild ihres Geliebten auch im Traum und Schlummer.* — Diese Auffassung ist durchaus verfehlt.

(16) Die sogenannte *Cyperblume* (Luther in 4, 13: *Cyper*, hier *Traub-Copher*) d. i. *Lawsonia alba*, deren weiße Blüte wegen ihres Wohlgeruchs (vgl. VIII, σ) bei den Orientalen sehr geschätzt wird. Im Englischen wird sie auch *Paradiesblume* (engl. *Flower of Paradise*) genannt; in Westindien: *Jamaika Mignonette*. Mohammed erklärte sie für die wichtigste Blume dieser und der zukünftigen Welt. Die Frauen stecken Hennablüten ins Haar und färben mit den Blättern die Finger- und Zehennägel, auch die Fingerspitzen und die Handflächen und Fußsohlen, orangerot. Ebenso färben die Männer den Bart mit Henna, und die Araber die Mähnen der Pferde (vgl. A. 53 zu VIII). In neuerer Zeit wird Henna auch in Europa als Haarfärbemittel angewandt; durch nachträgliche Anwendung von Indigo wird das Orangerot in dunkles Schwarz verwandelt. Vgl. Dr. Clasen, *Die Haut und das Haar* (Stuttgart 1892). Siehe auch A. 6 zu IX. D 21 lesen wir:

sein (des Mädchens) *Handteller ist mit Henna gefärbt*; D 151: *Heil meiner Mutter, die mir meinen Kopf mit Henna färbte!* D 291: *Ich färbte mit Henna mein Haar*; D 314: *Ich will deine Füße mit Henna färben, o Kamel, wenn du den Pilger* (aus Mekka zurück) *bringst.* Herder übersetzt: *Ein Palmknöspchen bist du*; er meint, das Wort bezeichne eine männliche Palmblüte, die zur künstlichen Befruchtung in die Scheide der weiblichen Blüte hineingezwängt wird; man vergleiche dazu das assyrische Relief nebst Erläuterung in dem Hefte *Die Regenbogen-Bibel* (Leipzig 1906) S. 30 und unten, A. 11 zu X. Herder fand diesen Vergleich jedenfalls *unvergleichlich zart*; vgl. A. 2 zur Einleitung.

(17) In Palästina gedeiht die Hennastaude jetzt nur noch in Engedi, das Plin. 5, 17 *Engada, oppidum secundum ab Hierosolymis fertilitate palmetorumque nemoribus* nennt, ist der schönste Punkt am Westufer des Toten Meeres, eine Oase mit üppigem Pflanzenwuchs inmitten einer öden Wildnis. Engedi (arab. ʿ*Ain-dschidi*ʾ) heißt *Böckchenquelle*. Es befindet sich dort eine Quelle frischen aber warmen (27° C) Wassers, das eine Menge kleiner schwarzer Schnecken enthält. Diese Quelle entspringt auf einer 120 m über dem Spiegel des Toten Meeres gelegenen Terrasse, und der kleine Wasserstrom springt *wie ein Böckchen* von Fels zu Fels. Auch Steinböcke (vgl. 1 Sam. 24, 2) finden sich in den Klippen von Engedi. Der Boden ist fruchtbar, und der Ort war anscheinend eine alte Ansiedlung, von der aber nur noch einige Gebäudereste bei der Quelle erhalten sind. Im 12. Jahrhundert hatten die Kreuzfahrer dort eine Zuckerfabrik. Vgl. die Anmerkungen zur Übersetzung des Buches Hesekiel in der *Regenbogen-Bibel*, S. 202.

(18) Der überlieferte Text hat *mit seines Mundes Küssen mög' er mich küssen*, und die dritte Person wäre wegen des vorausgehenden *mein Liebster* in Strophe v nicht unmöglich, wenn auch in den folgenden Halbzeilen die zweite Person gebraucht wird. Wir finden denselben Wechsel in IX, i. Vgl. auch den Schluß von A. 21 zu I.

(19) Die griechische Bibel las hier und in Vers 4, ebenso in 4, 10 und 7, 13 *daddáim* 'Brüste' statt *dodhim* 'Liebe.' Die Vulgata übersetzt die vorliegende Stelle: *meliora sunt ubera tua vino*, obwohl der Bräutigam angeredet wird; 4, 10 (VIII, viii): *quam pulchrae sunt mammae tuae, soror mea, sponsa! pulchriora sunt ubera tua vino*;* 7, 12^b (III, θ):

---

* In dem in A. 11 zu II angeführten Lobgesange auf Maria finden wir:

ibi dabo tibi ubera mea. Wir finden *Brüste* in ähnlichem Zusammenhange in altägyptischen Liebesliedern; vgl. M 15, A. 7; 22, A. 12; siehe auch die Bemerkungen zum hebräischen Texte von Sprüche 5, 19 in der *Regenbogen-Bibel* und D 70: *meine Brust ist gangbar, noch nicht wurde daran geweidet* (vgl. die zweite Halbzeile von Strophe viii); D 106: *Wenn du durstig bist, sollst du haben das Wasser meiner Brüste,** *die wie Schöpfräder sind*; D 212: *die Brust ist ein Rennplatz für den Reiter darauf zu spielen*; † D 240 wird ein Mädchen *du mit den Samtknöpfen* angeredet, was sich, wie D anmerkt, auch auf den Busen bezieht. Vgl. auch die in A. 38 zu III zitierte Stelle D 250. Die syrische Bibel übersetzt in 1, 2 und 4: *Liebe*, aber in 4, 10 und 7, 12^b: *Brüste*, und an diesen letzten beiden Stellen (wo auch Luther *Brüste* übersetzt) ist diese Auffassung nicht ausgeschlossen. Faust sagt in der Walpurgisnacht: *Das ist die Brust, die Gretchen mir geboten*; und Euphorion sagt im dritten Akte des zweiten Teils: *Schlepp' ich her die derbe Kleine | zu erzwungenem Genusse; | mir zur Wonne, mir zur Lust | drück' ich widerspenstige Brust.* — In dem alten Liede W 107 heißt es von dem als *Edelwild* bezeichneten Mädchen: *Fahr hin Gewild in Waldeslust, | ich will dich nimmer schrecken, | und jagen dein' schneeweiße Brust* | usw. Vgl. auch W 183: *Ihre Brüst' tät sie einschnüren, | vermacht mit allem Fleiß; | auch sprach die edle Jungfrau schon: | „Kein Mann soll mir's aufreißen, | denn eines Grafen Sohn!"* Ferner W 215: *Er liegt an meinen Brüsten | der Allerliebste mein | .... er ist mein Herzgeselle, | er liegt an seiner Stelle* | usw. W 266: *Der Knab', der tät sich schmiegen | gar freundlich an ihre Brust.* — W 268: *Er griff ihr lieblich an ihr' Brust.* — W 702: *Küßt ihr für*

Und ihren süßen Brüsten weicht (d. h. steht nach) *der Wein aus edlen Trauben.*

* Dies ist natürlich nicht wörtlich zu verstehen, ebensowenig wie die vorhergehende Zeile *Wenn du hungrig bist, künde ich an dein Abendessen,* die in A. 9 zitiert wurde.

† Vgl. in der alten (in A. 5 zu II angeführten) Romanze: *Sie weinten beide zu der Stund', | umfingen einander noch mit Lieb', | sie drückten zusammen beide Brüst'.* Des Centauren Tanzlied (W 695) schließt mit der Strophe: *Ein' reichen Herrn muß es traun han, | der es allzeit so wohl mag warten, | der dies Rößlein fein zähmen kann, | zu reiten in sei'm Lustgarten.* Vgl. dazu IX und L 141, 14, wo es in einem neuarabischen Hochzeitsliede aus der Gegend von Beirût und dem Libanon vom Bräutigam heißt: *Wenn du auf einer edlen Rassestute reitest und zu ihr sagst: Wende dich! so ist der Sattel reich verziert, und der Steigbügel aus Kristall.* Siehe dazu A 16 zu VIII.

mich den roten Mund, | *und, wenn sie's leid't, die Brüstlein rund.* In einem Gedichte aus dem 13. oder 14. Jahrhundert (E 18) finden wir: *Sie drückt an mich ihr Brüstelein,* | *mein Herz wollt mir zerspringen;* und: *Süß will ich ihn nah an Herz und Brüstlein zwingen.* Vgl. auch Hesek. 23, 3 und Abraham Geiger, *Urschrift und Übersetzungen der Bibel* (Breslau 1857) S. 396—404.

(20) Nicht *süßer als Wein* (Herder) sondern *besser*, d. h. *berauschender*. Goethe richtig *trefflicher*. Vgl. oben A. 7, und A. 26 zu III, auch die Verse in dem alten geistlichen Trinklied der Nonnen am Niederrhein (E 21) *Wir müssen alle trunken sein,* | *wohl von der süßen Minne sein* | *in den Rosen.*

(21) D. h. dein Name ist mir das Süßeste in der Welt; vgl. oben, A. 13 und 15 und D 214: *dein Name ist ein goldner Nasenring* in der Schachtel des Goldschmieds*; auch W 756: *Wo ich dich, Lieb, hör' nennen,* | *da tut mein Herz ein' Sprung* | *und wird vor Freuden jung.* Herder übersetzt: *So ist zerfließender Balsam dein Name* und erklärt: *Wenn nur sein Name genannt wird, ist die Luft umher Balsam.* Diese Erklärung ist jedenfalls besser als seine Bemerkung, daß die beiden Strophen VI und VII *mit einer schmachtenden Blume, mit einer duftenden Morgenrose übersandt worden seien; das sehnende Mädchen dufte mit hinüber.*

Die Halbzeile bedeutet eigentlich *Öl, das abgegossen wird, ist dein Name.* Das Öl (d. i. kostbares wohlriechendes Salböl) wird von einem Gefäß ins andere gegossen (*dekantiert*) um es von allen Unreinigkeiten zu befreien (vgl. Shakespeare's *Love's thrice-repured nectar*). In Jer. 48, 11 lesen wir:

> Ruhe hatte Moab von Jugend auf.
>   still lag es auf seinen Hefen;
> Nie ward es umgegossen,†
> * * * * * * * * * * ‡
>   Drum wurde sein Geschmack nicht entwickelt,
>   sein Duft wurde nicht verbessert.

(22) Wörtlich *Mein Liebster* (gehört) *mir, und ich ihm*; vgl. A. 1 zu III.

(23) Vgl. A. 29 zu III. Goethe hat hier richtig *der unter Lilien*

---

* Vgl. die Abbildung auf S. 126 der Übersetzung des Buches Hesekiel in der *Regenbogen-Bibel.*

† Von einem Gefäß ins andere.

‡ Die zweite Halbzeile ist durch eine erklärende Glosse *nie ging es in's Exil* verdrängt worden; vgl. A. 50 zu VI.

weidet (= Vulgata *qui pascitur inter lilia*) nicht *der unter den Rosen weidet* (wie Luther).

(24) Eigentlich *bis der Tag weht* (Goethe *atmet*, Vulg. *aspiret*). Die Seebrise setzt in Palästina kurz nach Tagesanbruch ein; die Landbrise einige Stunden nach Sonnenuntergang (vgl. 1 Mos. 3, 8: *da der Tag kühle geworden war*, eigentlich *um das Wehen des Tages*).*
Vgl. Sprüche 7, 18:
        Laßt uns buhlen † bis an den Morgen,
        Laß uns schwelgen ‡ in Liebeslust.
W 217: *Steh' auf, wer bei Feinsliebchen liegt,| der Tag kommt angeschlichen.*

(25) Die Schatten der Nacht.

(26) Eigentlich *tafele, liege zu Tische*; vgl. oben, A. 12.

(27) Wörtlich *Ähnle, mein Liebster, einem Gazellenbock oder einem Damhirschkalb*. Das *tertium comparationis* ist das *springen*, und das ist hier im sexuellen Sinne zu verstehen wie unser *bespringen*, lat. *salire*, griech. ἐπιθόρνυσθαι (vgl. engl. *jump, buck* usw). In der Glosse X, a ist dieser Nebensinn nicht erforderlich. Auch in dem Hochzeitsliede zur Vermählung Kaiser Leopolds (1658—1705) und seiner zweiten Gemahlin, Claudia Felicitas von Tirol, bedeutet *Spring, spring, spring, keusches Hirschlein* (W 271) nur, daß die Braut noch so schnell springen kann, sie wird dem Jäger (d. i. der Kaiser) doch nicht entgehn. Der Kaiser sagt zu Anfang des Liedes: *Spring, spring, mein liebstes Hirschelein,| bald wollen wir dich fällen.*

(28) Vgl. D 261 (= L 142, 28) *Spiele* (o Braut) *das Spiel der Gazellen*; D 271: *Spiele, o Spielende*. Für dieses *spielen* vgl. 1 Mos. 26, 8 (Luther: *scherzte*); 39, 14. 17 (Luther: *zu Schanden machen*). Auch in der angeblichen Übersetzung der assyrischen Inschrift auf dem Denkmal (Sardanapals oder vielmehr) Sanheribs zu Anchialos ἔσθιε, πῖνε, παῖζε, soll παῖζε ein Euphemismus für ὀχεύε sein. Arrian 2, 5 sagt: τὸ παῖζε ῥᾳδιουργότερον ἐγγεγράφθαι ἔφασαν τῷ Ἀσσυρίῳ ὀνόματι; vgl. Strabo, § 672 und Ed. Meyer, *Geschichte des Altertums*, Band 1 (Stuttgart 1884) S. 473, A. 1. Siehe auch die Gedichte des Mutalammis (in den *Beiträgen zur Assyriologie* usw herausgegeben

---

* Nach Sonnenuntergang beginnt der kühlere Landwind gegen das Meer zu streichen. In der Stelle 1 Mose 3, 8 ist statt *le-rûaḥ haijôm* aber wahrscheinlich *le-rewâḥ haijôm* zu lesen; siehe AJSL 22, 203.
† Wörtlich *Komm, wir wollen uns satt trinken an* (sinnlicher) *Liebe*.
‡ Eigentlich *gegenseitig genießen*.

von **Friedrich Delitzsch** und **Paul Haupt**, Band 4) VI, 13 und vgl. die oben, zu Anfang von A. 1, angeführte Stelle aus dem Hochzeitliede für Kaiser Leopold, auch W 581: *Zwei Lieblein scherzen die ganze Nacht*, und den Schluß des Liedes W 696: *So scherzen wir beid' zusammen*.

(29) Das heißt *ein junger Hirsch*, insbesondere ein *einjähriger Hirsch*. Genauer *wie ein Junges der Damhirsche*, d. i. ein *Damhirschkalb*, nicht ein junger Edelhirsch oder ein Rehbock, ebensowenig ein junges *Mähnenschaf* (J 9). Ein Schaf ist kein passender Typus für einen feurigen Liebhaber. *Hirschkalb* bezeichnet stets ein junges *männliches* Tier; junge weibliche Tiere heißen *Wildkälber*.

(30) Der *Berg (duftender) Myrrhe* und der *Hügel (köstlichen) Weihrauchs* in der folgenden Halbzeile, ebenso die *balsamischen Höhen* in der Glosse η, sind alles hyperbolische Bezeichnungen der Reize der Braut; vgl. oben A. 13, A. 5 zu I und A. 5 zu IX. Der *Berg* ist der Schamberg (*Mons Veneris*); für die *duftende Myrrhe* usw vgl. das in A. 5 zu I zitierte Buch über sexuelle Osphresiologie, S. 48 (Vaginalgeruch) und 241. 254 (Kosmetik der Vulva).

(31) Die beiden letzten Halbzeilen sind hier ergänzt auf Grund der Variante in 4,6 (vgl. A. 44 zu VIII). Der überlieferte Text hat hier *auf den zerklüfteten Bergen*, (vgl. A. 42) was, wenn es im Texte belassen würde, einen Zusatz wie *auf den balsamischen Höhen* (siehe η) als vierte Halbzeile erfordern würde. Für die *Weihrauchhügel* vgl. W 799.

(32) Hier sind weibliche Tiere gemeint; der hebräische Text hat die Femininform. Die Gazelle war das Symbol der Astarte, ebenso wie die Taube der Liebesgöttin heilig war; siehe **W. Robertson Smith**, *Kinship and Marriage in Early Arabia*, S. 195. 298; vgl. M 24, A. 11. Mädchen werden oft mit Gazellen verglichen; z. B. D 25: *ich habe ja verloren die schönste der Gazellen*; 45: *zu dir nach Wasser kommen junge Gazellen*, d. h. Mädchen; 70: *Verehrungswürdige Gazellen, wer hat euch geweidet?* 80: *Meine Gazelle, ich meinte, du wärest für mich allein, und siehe da, du hast drei, vier Freunde* (vgl. A. 12 zu IV); 99: *Drei Gazellen* (d. h. Mädchen) *gehen zum Wasser*; 131: *ich war bei meiner Arbeit am Sonntag, und siehe da das Gazellenjunge von Arabien* (d. h. ein Beduinenmädchen); 170: *Guten Morgen, o hellfarbige Gazelle! Deine Mutter und dein Vater sind schwarz, und du, o Vollmond* (vgl. A. 4 zu II) *woher bist du?* 236: *Grüßet mir eine Gazelle, deren Augen schwarz sind*; 259 (L 141, 16) *Auf, schreie hin*

und her, o schöne, o Blume, drinnen im Garten, der Nelkenstock, o Gazelle (Var. *o Braut*), *und die Rose bedeckten uns*; 261 (L 142, 27) *keine ist dir gleich unter den Gazellen. Auf, spiele das Spiel* (vgl. oben, A. 28) *der Gazellen, o Rose, blühend im April, die du (alle) Frauen übertriffst an Schönheit und Schwärze der Augen*; 279; *o Gazellenjunges*; vgl. auch 321: *Nach Wasser gingen zum Orontes Antilopen* (zwei im Orontes ertrunkene Mädchen), *wegen ihrer Schönheit konnte ich nicht mehr schlafen* und A. 20 zu VIII; ferner L 106, 70. Wenn bei einer Hochzeit im Libanon die Braut nach ihrer nächtlichen Einholung (vgl. A. 2 und 10 zu I) den Paradiertanz (vgl. A. 1 zu II) ausführt, so singen die Frauen: *Schreite auf und ab, du Gazelle!* (L 139). Siehe auch L 126, 95.

(33) *Damhirschkühe*; vgl. A. 29 und Sprüche 5, 19.

(34) D 91 wird ein Mädchen *die Gazelle des Gefildes* genannt.

(35) Vgl. die oben in A. 24 zitierte Stelle Sprüche 7, 18, auch A. 40 zu III und A. 44 zu VIII. Am Tage nach einer Hochzeit in der Gegend von Damaskus erwacht das neuvermählte Paar als *König* und *Königin* (vgl. A. 8 zu I). Sie empfangen ihren *Wesir*, den besten Freund des Bräutigams, früh am Morgen, aber an den folgenden Tagen der Königswoche beginnen die Festlichkeiten erst zu Mittag. Die Braut bittet die weiblichen Hochzeitsgäste in dieser Schlußstrophe, die in 3, 5 und 8, 4 fälschlich wiederholt wird, die Wonne der Brautnacht nicht zu stören (Schiller sagt, E 138: *Der Liebe Wonne flieht des Lauschers Ohr*) bis sie ihr Glück voll und ganz genossen. Sie ist ebenso scheu und schüchtern *wie die Gazellen und Hinden der Flur*, und die Mädchen und Frauen, an die sie sich mit dieser Bitte wendet, sind ebenso anmutig und schön *wie die Gazellen und Hinden der Flur*. Der der Beschwörung *bei den Gazellen* ursprünglich zugrunde liegende Gedanke ist wohl aber, daß die Gazelle das Symbol der Astarte ist (vgl. oben A. 32). Nach Herder ist es ein *Schäferschwur: (ich beschwöre euch) so wahr die Rehchen auf dem Felde schlüpfen, ihr vorbeischlüpfen wie Lüftchen der Flur und sie nicht stören*. Diese Auffassung ist unmöglich. Ebensowenig ist die Strophe ein *Schlummerlied, das der Geliebte der Geliebten singt*, wie Herder meint.

(36) Dies ist ein Zusatz aus VIII, 1, das weibliche Gegenstück zu dem ersten Halbzeilenpaar von VII, wie 2, 2 (III, γ) das weibliche Gegenstück zu 2, 3 (VII, ii) bildet; vgl. A. 33 zu III. Ein Wechselgesang mit Strophen und Gegenstrophen, wie ein neuerer Erklärer annimmt, liegt nicht vor.

(37) Dieser Zusatz stammt aus VI, vii; vgl. A. 20 zu VI. Hebr. *ki* bedeutet sowohl *denn* als *daß*.

(38) Eine der Halbzeile *Geklärtes Duftöl ist dein Name* (siehe A. 21) vorausgeschickte erklärende Glosse. Vgl. VIII, ix^d und unten, A. 47.

(39) Nicht *die Frommen lieben dich*, wie Luther übersetzt, oder *die Edlen* (Goethe). Ebensowenig können die Worte bedeuten *von Herzen lieben wir dich* (Herder).

(40) Dies scheint ein erläuterndes Zitat (vgl. A. 21 zu I) zu sein, das ein Symposium mit Hetären schildert.* Es wurde als Parallele zu dem Ausdruck *wir wollen uns berauschen an deiner Liebe* hinzugesetzt. Statt *niskeráh* 'wir wollen preisen' im überlieferten Texte der letzten Halbzeile von Strophe vii ist *niškeráh* 'wir wollen uns berauschen' zu lesen.

(41) Dieser Ausdruck ist doppelsinnig, er hat eine sexuelle Nebenbedeutung wie das *Gedenke* zu Anfang des letzten Kapitels des Prediger Salomos; siehe A. 17 zu meinem *Koheleth oder Weltschmerz in der Bibel* (Leipzig 1905) S. 30 und S. 261 meiner Abhandlung in *Oriental Studies* (Boston 1894). Das Wort für *durchgehen* bedeutet nicht nur *weglaufen*, sondern auch *etwas durchbohren* (der Pfeil *ging durch* den Hals u. ä.). Es kann mit dem Wort für *Riegel*, Querholz zum Verschließen (hebr. *berī^{a}ch*) zusammenhängen (vgl. 2 Mos. 36, 33) oder mit dem aramäischen Worte (*barrácha*) für *Ziegenbock* (vgl. τραγίζω und engl. *to buck* = *to copulate*; auch den Schluß von A. 6 zu XI). Siehe A. 34 zu III; A. 4 zu XI; auch M 19, vii.

Die Orientalen haben eine besondere Vorliebe für Zweideutigkeiten, besonders die Juden in Damaskus. *Zweideutiger als ein Jude* war nach Wetzstein (vgl. A. 31 zur Einleitung) in Damaskus eine sprichwörtliche Redensart. Wetzstein, der 14 Jahre lang preußischer Konsul in Damaskus war, ehe er sich 1862 in Berlin niederließ, bemerkt auf S. 454 von Franz Delitzschs *Commentar über das Hohelied und Koheleth* (Leipzig 1875) daß ihn diese Zweideutigkeiten oft an gewisse Arten des Wortwitzes erinnert hätten, die in Süddeutschland für eine

---

* Vgl. J. D. Michaelis' Bemerkungen über diese Stelle in seiner Besprechung von J. C. Velthusen, *Das Hohelied* (Braunschweig 1786) in seiner *Neuen orientalischen und exegetischen Bibliothek*, Teil 4 (Göttingen 1787) S. 91. Die richtige Übersetzung *Werdet trunken in Liebe* (so Goethe) ist auch von dem Begründer der neupreußischen Orthodoxie, E. W. Hengstenberg (1853) vertreten worden. Nach Franz Delitzsch ist das Lied der Lieder *hier auf seinem Höhepunkte angelangt*.

Eigentümlichkeit der Berliner Juden gelten. Auch D xi spricht von der Neigung der Orientalen zu verhüllten Anspielungen; ebenso bemerkt er auf S. xiii, die Worte der Liebeslieder hätten mitunter einen unschönen zweiten Sinn; er habe es aber nicht für seine Aufgabe gehalten, diesen Nebensinn zu enthüllen (vgl. A. 2 zur Einleitung).

(42) Auch dies bezeichnet den Schoß der Geliebten (*Berg* = *mons Veneris*, und *Kluft* = *rima mulieris*). Luther übersetzt *Scheideberge*, meinte aber mit *Scheide* nicht *vagina*, sondern *separatio*; die *Scheideberge* sind die Berge, die den Liebsten von der Geliebten trennen (vgl. 2, 8). Auch Herder faßte den Ausdruck in diesem Sinne; vgl. den Schluß von A. 20 zu II. Der Ausdruck *Kluft*, *Spalt* bezieht sich aber auf die *vagina*; der gewöhnliche Ausdruck für *weiblich* im Hebräischen (*neqeváh*) bedeutet eigentlich *gespalten*. Mephistopheles (mit der Alten) sagt in der *Walpurgisnacht* nach den oben in Anm. 26 zu II angeführten Zeilen: *Einst hat ich einen wüsten Traum,| da sah' ich einen gespaltenen Baum*, usw. Einige halten das Wort für *Kluft*, *Spalt* (hebr. *bethr*) für den Namen eines kostbaren Parfüms, das sogenannte *malobathron* (oder *malabathron*) das von Horaz und Plinius erwähnt wird, d. i. wahrscheinlich *Zimtöl* (vgl. 4, 14; 2 Mos. 30, 23; Sprüche 7, 17) das aus der Rinde (*cortex malabathri*) und den Blättern des Zimtbaumes (*Cinnamomum Tamala*, Nees) an der Malabarküste gewonnen wurde, nicht von dem *cinnamomum Ceylanicum* oder *cinnamomum cassia* (vgl. Ps. 45, 9; siehe A. 5 zu I) oder *cassia lignea*. Zimtöle werden noch jetzt in der Parfümerie und Likörfabrikation benutzt (vgl. A. 39 zu VIII). Nach Plin. 12, 129 kam *malabathron* auch in Syrien vor (*dat et malabathron Syria*); in 23, 98 sagt er, daß ein unter die Zunge gelegtes Malabathronblatt üblen Geruch aus dem Munde beseitige und daß es auch zum Parfümieren von Kleidern diene (*oris et halitus suavitatem commendat linguae subditum folium, sicut et vestium odorem interpositum*). Horaz (*Carm.* II, 7, 8) sagt zu seinem Jugendgefährten und Waffengenossen Pompejus Varus: O Pompejus, mit dem ich oft einen langweiligen Tag verkürzt mit Wein, das Haar parfümiert mit syrischem Malobathron:

> *Pompei, meorum prime sodalium,*
> *Cum quo morantem saepe diem mero*
> *Fregi, coronatus nitentis*
> *Malobathro Syrio capillos.*

Andere denken an Betelblätter; aber die Blätter des Betelpfefferstrauchs dienen lediglich als Umhüllung der (gewöhnlich in vier Stücke geschnittenen) getrockneten Arekanüsse, die dann (in Indien, auf den malayischen Inseln und in Südchina) mit etwas Katechu und Kalk gekaut werden. Es ist kaum anzunehmen, daß Horaz sein Haar mit Betelblättern parfümierte (vgl. dagegen *crines cinnamei*). Ebensowenig kann φύλλον 'Ινδικόν oder φύλλον ein *Betelblatt* bezeichnen; es muß Zimtröllchen bedeuten, was Herod. 3, 111 κάρφος nennt. *Bethr* an unserer Stelle ist aber kein fremder Name, sondern ein hebräisches Wort für *Spalt, Kluft*, und bezieht sich auf die *rima mulieris*; vgl. A. 35 zu VIII; A. 14 zu IX. Goethe faßt *Bether* wie die Vulgata (*super montes Bether*) und die englische Bibel (*upon the mountains of Bether*) als Eigenname; vgl. A. 17 zur Einleitung.

(43) Vgl. oben, A. 30. Das Ganze ist eine Variante zu Strophe ix. Im überlieferten Texte steht sie (abgesehen von der Halbzeile *auf den zerklüfteten Bergen*) am Schluß des ganzen Buches. Stünde sie bei Strophe ix, so würden die doppelsinnigen Ausdrücke allzu unmißverständlich werden. Aus diesem Grunde hat man auch die Strophen von IX soviel wie möglich auseinandergerissen.

(44) Vgl. Anmerkung 6 zu III.

(45) Das heißt *im Brautbette, während der ehelichen Umarmung*. Über den Apfel als erotisches Symbol siehe A. 4. *Unter dem Apfel* ist ein symbolischer Ausdruck wie das lateinische *sub hasta* oder *sub rosa* oder das englische *below the salt*: bei Auktionen wurde ein Speer (*hasta*) als *symbolum imperii* aufgepflanzt; der Verkauf erfolgte auf diese Weise *unter dem Speer*. Bei Festmahlen usw bestand früher die Sitte, eine Rose als Symbol der Verschwiegenheit und Geheimhaltung aufzuhängen; alle Mitteilungen erfolgten dabei *unter der Rose*. Der Ausdruck *unter dem Salz* (engl. *below the salt*) heißt: unter den geringeren Gästen am Ende des Tisches; das Hauptsalzfaß stand in der Mitte der Tafel.

(46) *Aufscheuchen, aufschrecken, aufjagen* (lat. *excitare*). Im Hebräischen steht dasselbe Verbum, das in der vorletzten Halbzeile von Strophe x *scheucht auf* übersetzt ist.

(47) Dies ist eine vorausgeschickte erklärende Glosse (vgl. oben, A. 38) zu der folgenden Halbzeile.

(48) Der Sinn dieser Zeilen ist: Selbst im Brautgemache will ich dich aufjagen, wenn du in den Armen des Bräutigams liegst, sodaß du nicht so gesegnet sein wirst wie deine Mutter, die dich *unter dem Apfel* (siehe A. 45) empfing. Kinderlosigkeit galt als eine Schande und Strafe Gottes; vgl. 1 Mos. 30,23; 1 Sam. 1,11; Luk. 1,25. Wir könnten mit den Worten Schillers am Schluß des vierten Aktes der

Räuber sagen: *Ich will dich aus dem Bette zerren, wenn du in den Armen der Wollust liegst*; vgl. auch Shakespeare's *Heinrich VIII*, Akt 3, Szene 2: *I'll startle you worse than the sacring bell when the brown wench lay kissing in your arms, lord cardinal*. In der vorliegenden Glosse ist die Drohung aber nicht an den Mann sondern an die Frau gerichtet. Es scheint ein erläuterndes Zitat (vgl. A. 21 zu I) aus einem Gedichte zu sein, in dem ein verschmähter Liebhaber der Braut droht, daß er sie in der Brautnacht aus dem Bette zerren werde. Das Zitat ist wohl als Parallele zu der Halbzeile *Stört und scheucht nicht auf unsere Liebe* in Strophe x, hinzugeschrieben; es wäre aber auch denkbar, daß es zur Erläuterung der Halbzeile *er stillte mein Gelüste mit Äpfeln* in Strophe iii dienen sollte, obwohl das weniger wahrscheinlich ist. Nach Hugo Grotius' *Annotationes in Vetus Testamentum* (ed. Vogel, Band 1, Halle 1775, S. 453) soll die Halbzeile *unterm Apfel will ich dich scheuchen* bedeuten: *Sub malo nudavi te* (i. e. *devirginavi*). Er fügt hinzu: *malum quid intelligat, non obscurum ex* 2,3.5. Dabei ist der *Apfel* wohl richtig erklärt, aber Grotius' Auffassung des Verbums ist verfehlt. Ein hervorragender neuerer Ausleger (1898) meint, die ansprechendste Ausdeutung wäre die Annahme, daß *unter dem Apfelbaum* das Lieblingsplätzchen der jungen Frau gewesen sei, weil sie dort geboren wurde; so habe sie sich auch jetzt in seinem Schatten zur Mittagsruhe niedergelegt und vielleicht süß geträumt von seligen Erfahrungen, die auch ihr wie einst ihrer Mutter winken. Das ist im Vergleich mit Grotius' Erklärung (1644) kein Fortschritt. Auch wenn man statt *wo deine Mutter dich empfing* liest *wo deine Mutter dich in Windeln wickelte*, wird diese Ausdeutung nicht ansprechender.

VIII.

(1) Diese Beschreibung ist dezenter (vgl. aber A. 35) als II. Nach Wetzstein, dem Budde folgt, soll dieses Lied am ersten Tage der *Königswoche* (vgl. A. 8 zu I) gesungen worden sein, d. h. am Tage nach der Hochzeit; aber es entspricht wohl dem Lobpreis der Braut, der von den Frauen beim Ankleiden der Braut gesungen wird, ehe sie das Haus ihrer Eltern verläßt (D 214) oder während des Präsentier-

tanzes (vgl. A. 1 zu II) der sich an die Ankleidung der Braut anschließt. Der Tag der Ankleidung ist nach D 185 bei Christen der vorletzte Tag der Hochzeit, bei Moslems der letzte. Die Heimführung der Braut ist nicht der Beginn der Hochzeit, sondern der Schluß.

(2) Vgl. A. 36 zu VII. — (3) Vgl. A. 28 zu VI. — (4) Vgl. A. 8 zu III.

(5) Das Ostjordanland zwischen dem *Jarmûk* am Südende des galiläischen Meeres und dem *Arnon*,* das durch den *Jabbok* in zwei Hälften geteilt wird, das Stammgebiet von Ruben und Gad. Der Name *Gilead* wird aber auch auf das ganze Gebiet östlich vom Jordan zwischen dem Arnon und dem Hermon (vgl. A. 7 zu V) ausgedehnt (5 Mos. 34, 1; 1 Makk. 5, 20). Von den Bergen des Westjordanlandes aus gesehen erscheint Gilead wie ein großer Gebirgszug, dessen Rücken im allgemeinen gleichförmig ist und keine größeren Erhebungen aufweist. Die schönen Berge und Täler Gileads bieten herrliche Weidegründe für Rinder, Schafe und Ziegen (4 Mos. 32, 1). Ziegenherden weiden noch heute daselbst.

(6) Eigentlich *wallen*, d. h. hier *sich in beständiger Bewegung auf und nieder, hin und her bewegen.*† Das Haar der Braut ist während der Hochzeitsfeier nicht fest aufgesteckt, sondern hängt aufgelöst herunter (vgl. A. 1 zu II) teils über die Brust teils über die Schultern. Es ist deshalb in beständig wogender Bewegung wie eine Herde schwarzer Ziegen, die an einem Gebirgsabhange herumklettern. Vgl. die in A. 30 zu II zitierte Stelle D 260. — Herder sagt: *Natur und Wahrheit liegt in den Bildern! Kann das zarte Haar, auch in seinem Herabfließen, im Fall seiner schönen Locke, lieblicher geschildert werden als im Bilde jener glänzenden Heerde, die, weidend hie und da, und wie in Flechten und Locken den schönen Gilead herabströmet? Die Fülle, die Weiße, die ununterbrochene Reihe, die Gesundheit und Wohlgestalt der Zähne, kann sie ein besser Bild in der lebendigen Natur finden, als von der Heerde neugeschorner, neugewaschener Lämmer, wo jede Mutter Zwillinge trägt, und keine fehlt, keiner es mangelt?* In einer Anmerkung fügt Herder hinzu: *Da die Morgenländer so sehr Reinigkeit des Mundes und gesunden Atem lieben, so ist auch deswegen für die Zähne kein besser Bild als die neugewaschene, neugeschorene Heerde..... Man muß auch nicht fragen: gibt's eine*

---

* Siehe die Abbildungen auf S. 78 der Übersetzung der *Richter* in der *Regenbogen-Bibel*.

† Vgl. die Erklärung des Namens *Engedi* in A. 17 zu VII.

Herde ganz gleicher Schafe, die alle Zwillinge tragen u. dgl. Es gibt solche hier, im Munde der Geliebten. Das ist alles ganz schön, aber die Bilder bleiben für unsern Geschmack immerhin etwas fremdartig, wenn auch Herder meint: *So lange Natur Natur ist, wird man aus der Schäferwelt und Gegend keine reizenderen, lebendigeren Bilder finden*; vgl. den Schluß von A. 20.

(7) Wörtlich *Deine Zähne* (sind) *wie eine Herde von Geschorenen* (fem.) *die heraufgekommen sind vom Waschen.* Die Vulgata hat: *Dentes tui sicut greges tonsarum quae ascenderunt de monte Galaad.* Das Wort für *Mutterschafe* (hebr. *raḥēl*)* ist hier ausgelassen, aber wir finden es in der Variante 6, 5 (η); vgl. A. 47. Der Vergleich besagt natürlich: Dein Haar ist schwarz, und deine Zähne sind weiß. *Weiß wie Wolle* ist ein gewöhnlicher Ausdruck im Hebräischen; vgl. Jes. 1, 18; Ps. 147, 16; Dan. 7, 9. Für *Schafe = weiß* und *Ziegen = schwarz* vgl. das Beduinenlied D 34: *O Knabe, weide bei meinen Eltern, dann wird dein Lohn für die Weiße fünfzig sein, und die Schwarze erreicht hundert*, d. h. der Hirtenknabe soll als Lohn fünfzig von den geworfenen Lämmern erhalten, und von den Ziegen hundert; *Weiße = Schaf, Schwarze = Ziege* (vgl. unser *Brauner* für ein braunes Pferd). In den modernen palästinischen Liedern werden die Zähne mit *Hagelkörnern* verglichen (D 100. 112. 253) oder sie sind *wie Perlen* (D 112. 261) oder *wie Silber* (D 86; vgl. A. 41 zu VI und W 822: *ein silberweißes Lamm*) oder *wie das beste Gold*** *mit darwischengesetzten Korallen*§ (D 292). L 140, 11 heißt es: *Er hat einen Mund wie einen goldenen Ring*** *mit Perlen besetzt.*

(8) Ihre Zähne sind so gleichmäßig, daß die oberen und unteren Zähne wie Zwillingspaare (vgl. A. 20) aussehen. Auch in dem babylonischen Nimrod-Epos verheißt die Göttin Istar dem Helden: *Deiner Herde Schafe werden Zwillinge gebären* (assyr. *laxrát*§§ *çenika tu'áme*† *lilidá*). Vgl. den Aufsatz *The name Istar* in JAOS 28.

(9) Es findet sich keine Lücke, es fehlt kein Zahn. Wenn sie einen Zahn verlor, so war er nicht *unfruchtbar*,‡ sondern es kam ein neuer

---

* *Rahel* heißt *Mutterschaf*, während *Lea* wahrscheinlich *Wildkuh* bedeutet.
** Dies bezieht sich auf die roten Lippen; vgl. A. 27 zu VI.
§ Oder *Perlen;* vgl. unten, Anmerkung 19 auf Seite 85.
§§ Assyr. *lachr* 'Mutterschaf' ist nur eine Umstellung von hebr. *raḥēl, raçhel* (vgl. A. *).
† Der Name *Thomas* bedeutet *Zwilling.*
‡ Das Wort für *Zahn* ist im Hebräischen weiblichen Geschlechts.

Zahn an seiner Stelle. Der Vergleich ist nicht streng durchgeführt, und die Einzelheiten müssen nicht zu genau genommen werden. Der Dichter wollte bei seinen ländlichen Hörern nur den Eindruck hervorrufen, daß es eine selten schöne Schafherde war. Die ganze Strophe bedeutet lediglich: *Die Zähne sind ihr ganz und weiß* (W 754).

(10) Mit zerriebenen Kermeskörnern (das sind die getrockneten Weibchen der auf der Kermeseiche, *quercus coccifera* lebenden Kermesschildlaus, *coccus ilicis*) gefärbt, sogenannte *unechte Kochenille*. Uns erscheint es poetischer, den Mund mit Rubinen zu vergleichen: W 754 heißt es: *Ihr Mund, geschwungen fein | brennt recht als ein Rubein.* Heine sagt: *Leise küßt' ich ihre Stirn, | leise ihres Munds Rubinen.* L 100, 22 heißt es: *Deine Lippe, o Geliebte, ist eine Rose in Kristall.*

(11) Eigentlich *Redeort, Stelle der Rede* (nicht *deine Rede*). Der Dichter braucht hier ein seltenes Wort (*midhbarékh*) statt des gewöhnlichen *pikha*, um zwei Hebungen zu haben. Ähnlich wird in einem neuarabischen Klagelied (L 114, 7) auf den Tod eines jungen Mannes, wie sie bei den Einwohnern von Jerusalem üblich sind, statt *Hals* gesagt *Aufstieg des Atems* (arab. *ṭ"lû' er-rûḥ*) d. i. die Stelle, wo der Atem aufsteigt (*maṭraḥ mâ biṭla' er-rûḥ*); vgl. auch arab. *minchar* 'Nase,' eigentlich *Schnauborgan*. Wenn *midhbarékh* wirklich *deine Rede* bedeutete, so entspräche die Halbzeile W 755: *Mich lockt dein' süße Zunge, | wie auch der Jungfrau klares Singen.*

(12) Herder übersetzt merkwürdigerweise: *wie ein aufgeritzter Apfel deine Wangen | am Lockenhaar.* Der Dichter meint nicht eine *Scheibe* (Vulgata: *fragmen*) eines Granatapfels, sondern einen *Ritz* (so, richtig, Luther und Goethe) in einer noch am Baume (die Araber sagen *an ihrer Mutter*) hängenden aufgesprungenen reifen Granate, durch den die Samenkörner in dem roten Fruchtfleisch hervorschimmern. Vgl. D 261 (L 142, 25) *über deiner Wange ist Granatapfelblüte* und Anm. 27 zu III, auch die letzten Halbzeilen von IX, ii und iv, sowie M 38, A. 2. Goethe spricht im zweiten Teil des *Faust* von *der Wänglein Paar, wie Pfirsiche rot*. L 104, 54 lesen wir: *Deine Wangen sind wie Äpfel* (vgl. A. 4 zu VII).

(13) Dies muß ein bekanntes Bollwerk gewesen sein, vgl. unten, A. 15 und oben, A. 15 zu II. Siehe auch die Abbildung des sogenannten Davidsturms in Jerusalem G 679. Herder sagt: *Der Hals, mit Davids Turme verglichen, ist oft belacht worden; ich weiß aber nicht, was hier im Punkte der Vergleichung treffender sein könne? Fest und rund und*

schön und geziert steht er über der Brust der königlichen* Braut da; auch an ihm, wie an der stolzen Davidsfeste, hängt glänzende Siegsbeute, die einst ein Held trug, und, überwunden, freiwillig dahin zollte, das prangende Halsgeschmeide.

(14) Luther *mit Brustwehr gebaut*, Goethe *gebaut zur Wehre*, Herder *gebaut zur Waffenburg*; die Vulgata hat *cum propugnaculis*; die Septuaginta behält das hebräische Wort (*le-thalpijôth*) bei: εἰς Θαλπιωθ. Man hat vermutet, daß dies den Plural eines griechischen τηλωπία *Fernsicht* (vgl. τηλωπός, fem. τηλῶπις *fernsehend*) darstelle; aber das ist sehr unwahrscheinlich. Wenn *talpijôth* ein griechisches Wort gewesen wäre, so würden es die griechischen Übersetzer wohl erkannt haben. Vgl. A. 11 zu I.

(15) Die wohlbekannten tausend Schilde (vgl. A. 13). In der Beschreibung des Handels von Tyrus, Hesek. 27, 11 lesen wir: *Die Männer von Arvad waren auf deinen Mauern ringsum, die Männer von Gammad auf deinen Türmen; ihre Schilde hingen sie ringsum an deine Mauern* (vgl. die an den Bordseiten der Wikingerschiffe aufgehängten Schilde und die Bemerkungen auf S. 151 der Übersetzung des Buches Hesekiel in der *Regenbogen-Bibel* sowie die Abbildungen daselbst, S. 175). In 1 Makk 4, 57 wird berichtet, daß nach der Einweihung des neuen Brandopferaltars (im Dez. 165 v. Chr.) die Vorderseite des Tempels mit goldenen Kränzen und Schildchen (*plaques*) geschmückt wurde (καὶ κατεκόσμησαν τὸ κατὰ πρόσωπον τοῦ ναοῦ στεφάνοις χρυσοῖς καὶ ἀσπιδίσκαις); vgl. dazu die Übersetzung und Erklärung von Ps. 23 in der Schrift über die *Regenbogen-Bibel* (Leipzig 1906) S. 25—28. Nach 1 Kön. 10, 16 hatte Salomo 200 große und 300 kleine Schilde von gehämmertem Golde, die er in der *Libanon-Waldhaus* genannten Säulenhalle (vgl. 1 Kön. 7, 2) anbrachte. Sie wurden von dem ägyptischen König Schoschenk im fünften Jahr Rehabeams, d. i. etwa 928 v. Chr. weggenommen (1 Kön. 14, 26). Die Schilde Davids (vgl. 2 Sam. 8, 7) im Tempel werden in der Glosse 2 Kön. 11, 10 erwähnt. Das Wort für (gewaltige) *Recken* ist dasselbe wie in I, 11. Bei den *tausend Tartschen* denkt der Dichter hier wohl an die Goldmünzen, die die Braut am Halse trägt; vgl. A. 35 zu III.

(16) Theokrit sagt in *Helenas Brautlied* (18, 30), daß Helena *wie ein thessalisches Roß an einem Wagen* sei; Anakreon redet ein Mädchen als *thrakisches Füllen* (πῶλε Θρηκίη) an, und Horaz (*Carm.* III,

---

* Vgl. dagegen A. 5 zur Einleitung.

11,7—12) sagt von Lyde, daß sie auf den Fluren herumspringe wie ein dreijähriges Füllen:

> *Dic modos, Lyde quibus obstinatas*
> *Applicet aures,*
>
> *Quae velut latis equa trima campis*
> *Ludit exsultim metuitque tangi,*
> *Nuptiarum expers et adhuc protervo*
> *Cruda marito.*

In D 319 wird eine Frau eine *Rassestute* und D 327 ein Mädchen eine *vierjährige junge Stute* genannt. In einem neuarabischen Klagelied aus Jerusalem (L 116,39) heißt es von einer verstorbenen jungen Frau: *O die junge Stute, deren Zügel Perlen und Korallen.* Vgl. auch den Schluß von A. † auf S. 72.

Erst Salomo führte Pferde in größerer Anzahl aus Ägypten ein; vgl. die Bemerkungen zum hebr. Texte von 1 Kön. 10, 28 in der *Regenbogen-Bibel* (S. 120, Z. 42). Das ägyptische Heer hatte keine Reiterei, sondern Wagenkämpfer; vgl. die Abbildung ägyptischer Wagen auf dem farbigen Titelbild der Übersetzung des Buches Josua in der *Regenbogen-Bibel* und den Wagen des Pharaoh auf dem Vollbilde daselbst bei S. 42 mit den Erläuterungen dazu auf S. 91, auch die assyrischen Rosse und Streitwagen auf S. 140. 141 der Übersetzung von Hesekiel und S. 175. 192 der Übersetzung der Psalmen in der *Regenbogen-Bibel*. Ägyptische Pferde waren in alter Zeit ebenso geschätzt wie später die arabischen. Nach Hengstenberg (vgl. oben, S. 77, A. *) wird die Geliebte hier nicht mit den edlen Rossen in den Prachtwagen der Pharaonen verglichen, sondern *mit der ganzen ägyptischen Kavallerie und ist deshalb eine ideale Person.*

(17) Hier steht derselbe Ausdruck wie in Strophe i und vi. vii.

(18) Wohl *Goldmünzen*; vgl. D 292: *sie legte an goldne Münzen* (große Goldmünzen, die über die Schläfe herunterhängen) *unter der Kinnlade eine Perlenschnur.* Der hebr. Text hat dasselbe Wort (*tôrîm*) wie in der Glosse III, b, und diese Glosse ist deshalb in dem überlieferten Texte hinter unseren Vers (1,10) gestellt worden, obwohl sie hier gar nicht in den Zusammenhang paßt. Vgl. A. 34 zu III.

(19) Diese Übersetzung ist nicht ganz sicher; es könnten auch *Perlen, Glaskügelchen, kleine Muscheln* u. ä. sein. *Perlen* und *Korallen* werden nicht genau unterschieden, ebenso wie wir *ächte Perlen* und *Glasperlen* u. ä. nicht scharf auseinanderhalten, während man im Englischen *pearls* und *beads* trennt. Vgl. die am Schluß des ersten Abschnitts von A. 16 angeführte Stelle L 116,39.

(20) Ebenso zierlich, zart, fein, schön, glatt und glänzend wie zwei Damhirschkälbchen (vgl. A. 29. 32—34 zu VII) und so gleichmäßig (vgl. A. 8) wie Gazellenzwillinge. Die Haut des Damhirsches ist weicher als die des Rotwildes; nicht selten finden sich auch weiße Damhirsche; weiße Edelhirsche kommen dagegen nur ganz ausnahmsweise vor. Unsere Hirsche sind im Sommer rötlich-braun; die Kälber sind allerdings anfangs weiß gefleckt (vgl. dagegen W 823: *ein rotes Hirschkälblein*). Gewöhnlich setzen die Hirschkühe nur ein Kalb, nicht zwei; ebenso die Gazellen. Gazellenzwillinge sind noch seltener als Hirschzwillinge. In dem alten Liede W 107 heißt es: *Fahr' hin Gewild in Waldeslust, | ich will dich nimmer schrecken, | und jagen dein' schneeweiße Brust, |* usw (siehe A. 19 zu VII). W 755 finden wir: *Daran zwei Brüstlein kleine, | sind nicht zu klein und nicht zu groß.* Vgl. II, α. In modernen palästinischen Liebesliedern werden die Brüste mit Äpfeln (vgl. A. 4 zu VII) verglichen (D 253) oder (D 101. 214. 231) mit *Granatäpfeln* (vgl. A. 26 zu II; auch M 38, A. 3). L 121, 4 heißt es von der Braut: *Ihre Granatäpfel sind frisch, schwellend, knospend;* L 124, 53: *ich vergleiche.... ihre Brüste mit den Granatäpfeln im Garten;* L 152, 13: *sie schlug ihren Ärmel zurück, da zeigte sich ihr Granatapfel.* — Das Zahlwort *zwei* vor *Brüste* im überlieferten Text gehört vor *Gazellenzwillinge*. Herder übersetzt: *Die zwo Brüste dein | wie zwo Zwillingsrehchen, | die unter Lilien weiden.* Er bemerkt dazu: *Welch ein treffendes Bild des Schüchternen, Leise- und Stillschweigenden hier! So lange Natur Natur ist, wird man aus der Schäferwelt und Gegend keine reizenderen, lebendigeren Bilder finden* (vgl. den Schluß von A. 6). Zu der irrigen Wiederholung dieser Stelle in 7, 3 bemerkt Herder: *die Rehchen weiden stille und verhüllt unter den Lilien ihres Busens.* Das klingt ganz schön, aber ich weiß nicht, was sich Herder dabei gedacht hat.

(21) Eigentlich *machen mich unruhig*; Luther und Goethe: *sie machen mich brünstig*. Herder: *Wend' ab die Augen | vor mir über, | sie sind mächtiger als ich.* Vgl. das in der folgenden Anmerkung angeführte alte Lied.

(22) Wörtlich *mit einem deiner Augen hast du mein Herz genommen*, d. h. meinen *Verstand*; vgl. A. 2 zu VI. Herder: *du beherzest mich*, was, wie er an einer anderen Stelle erklärt, bedeuten soll: *Ein Blick von ihr konnte Helden machen* (vgl. den zweiten Absatz von A. 1 zu V). Das denominative Verbum ist aber privativ: *du entherzest mich*, raubst mir mein Herz oder vielmehr meinen Verstand; vgl. unser

köpfen = den Kopf abhauen; *häuten* = die Haut abziehen. In neuarabischen Liebesliedern finden wir z. B. D 124: *sie (ihre Stirn) macht zittern den Verstand der Beschauer wegen ihrer Anmut*; D 217: *du raubtest den Geist, du Tätowierter* (vgl. A. 40 zu VI); D 224: *du verwirrtest mit deinen schönen Eigenschaften die Leute des Verstands*; D 234: *deine Blicke raubten mich, um deinetwillen bewies man Wahnsinn; ich weiß nicht, wo mein Verstand ist*; D 240: *O weh mir, du mit den Sammetknöpfen!* (vgl. A. 19 zu VII) *der Verstand wurde mir gestört*; D 241: *o Vollmond* (vgl. A. 4 zu II) *deine Schwingen betörten mich*; D 245: *ich sah die Süße bei der Quelle, sie raubte mir meinen Verstand sofort*; D 257: *o Süße, du hast beunruhigt meinen Sinn*; L 100,21: *Die Liebe zu dir hat meine Gedanken verwirrt*; L 152,9: *Süß war ihr Liebreiz; sie verwirrte den, der sie preist*. Vgl. auch die Verse von Martin Opitz (W 80): *Es ist vorbeigegangen | fast jetzt ein ganzes Jahr, | daß Eine mich gefangen | mit Liebe ganz und gar, | daß sie mir hat genommen | Gedanken, Mut und Sinn | .... Seitdem bin ich verwirret | gewesen für und für.* Der Schluß dieses Gedichts ist in A. 6 zu IV angeführt worden. Ferner W 252: *Den sie nur freundlich blicket an, | den hat sie schon gewonnen, | ihr Anblick ihn bald fangen kann, | kommt nimmer gern von dannen.* — W 684: *Hier ist ein wackres Aug' und rosengleiche Wangen, | hie ist das schönste Haar der Menschen Herz zu fangen.* — W 753: *Die gänzlich hat das Herze mein mit ihrer Lieb' besessen.*

(23) Wörtlich *mit einem deiner Halskettchen* (hast du meine Sinne gefangen, mich sinnlos gemacht; siehe A. 22). Möglicherweise ist übrigens 4,9 eine Variante zu 6,4, und 6,3 eine Variante zu 4,7; vgl. A. 15 zu IX.

(24) Vgl. A. 19 zu VII. Goethe übersetzt hier richtig *deine Liebe*, obwohl die Vulgata und Luther *deine Brüste* haben; die englische Bibel hat *thy love*; vgl. A. 17 zur Einleitung.

(25) Vgl. A. 4 zu VI.

(26) Vgl. A. 20 zu VII.

(27) Vgl. VI, xv. In dem (in A. 9 zu II angeführten) Lobgesang auf Maria heißt es: *Die Lilienhänd', | Lefzen vermengt | mit Honig und mit Rosen, | Die süße Red', | die von ihr geht | ist über all Liebkosen.* D 32 spricht von den *Honiglippen* der Geliebten; vgl. D 134: *ihr Mund ist süß mir, darin ist Honigwabe*; D 253: *ihre Lippen sind Nektar*; D 223: *es tropft von deinen Lippen* (süßer) *Saft*. L 153, 16 lesen wir: *Sie öffnete ihre Lippen, ließ mich ihren Honig sehen*. Das Wort für *Honigseim* (hebr. *nof̱th*) bezeichnet den sogenannten *Jungfernhonig*, d. i. der

von selbst ausfließende Honig, ehe die Waben ausgepreßt und ausgekocht werden; vgl. A. 18 zu VI.

(28) Vgl. D 125: *ihr Speichel* (ist) *süßer als der Zucker*; D 349: *ein Gruß wie Zucker mit Honig gemengt*; D 309 wird die Geliebte angeredet: *o Körner von Bonbon und Schachtel mit Zucker!* Edmond Haraucourt sagt in einem Gedichte: *Quand ta bouche s'ouvre et se mouille | on dirait que tu bois du ciel; | et pour mes lèvres qu'elle fouille, | ta langue a le gout blond du miel. || Ta salive sent la dragée | lorsque dans nos baisers mordants | j'aspire par longues gorgées | ton âme qui vient sur tes dents*; vgl. S. 58 des in A. 5 zu I zitierten Buches von Dr. Hagen.

(29) Wie die Zedern und würzigen Kräuter des Libanon; vgl. Hos. 14,7; auch 1 Mos. 27, 27. Zu dem *Feldduft* vgl. S. 127 von Dr. Hagens Buch.

(30) Vgl. VII, b und VI, xii. Im überlieferten Texte steht diese Halbzeile am Schluß von Vers 10.

(31) Vgl. A. 34 zu III; A. 2 zu IV; A. 3 und 13 zu IX. Die Geliebte ist ein *eingehegter Garten* und eine *verschlossene Quelle*, weil ihre Reize nur ihrem Liebsten zugänglich sind; vgl. II, vii^c. Heinrich Stadelmann in seiner (auf Franz Delitzschs Auslegung beruhenden) deutschen Umdichtung des Hohenliedes (Eichstätt und Stuttgart 1870) gibt diese Stelle deshalb folgendermaßen wieder: *Ein Garten, andern verschlossen, | nur mir geöffnet, du bist; | eine Quelle, nur mir ergossen, | ein Born, der mir nur fließt*. Herders Wiedergabe: *Ein heiliger Garte bist du, meine Schwester Braut, | ein heiliger Quell, ein versiegelter Brunn* erweckt eine ganz falsche Vorstellung entsagungsvoller platonischer Liebe; vgl. die in A. 32 angeführten Verse Wolframs aus Wagners *Tannhäuser* und den Schluß von A. 24 zu III.

(32) Zu Anfang des Schlußkapitels des Prediger Salomo (12, 1) wird das Eheweib als *Zisterne* des Mannes bezeichnet; ebenso heißt es in den Sprüchen:

5, 15 Trink Wasser aus deiner Zisterne,
    und was quillt aus deinem Borne!
16 Soll dein Quell auf die Straße fließen?
    deine Bäche auf die freien Plätze?
17 Dir allein sollen stets sie gehören,
    keinem Fremden je neben dir!
18 Gesegnet sei dein Brunnen,
    freue dich des Weibs deiner Jugend.

Die Zeilen bedeuten: Widme deine Liebe nur deinem Weibe, laß dich mit keiner andern ein! Vgl. den Schluß von A. 9 zu VII. In modernen palästinischen Liebesliedern wird ein Mädchen häufig als *Quelle* oder *Brunnen* bezeichnet; z. B. D 8,1; 43,2; 49,1; 213,3; 225 (*O Myrtenquelle*); vgl. auch D 75, 5; 294, 2. Der Liebesgenuß wird häufig durch Ausdrücke wie *Schöpfräder* umschrieben; vgl. D 85, 4; 106: *wenn du durstig bist* (künde ich an) *das Wasser meiner Brüste, die wie Schöpfräder sind,* d. h. wenn du nach mir Verlangen trägst, sollen meine Reize deine Sehnsucht stillen; 107: *nicht wurde in mich hinabgelassen der Schöpfeimer* (vgl. A. 12 zu IV).* Die Küsse der Geliebten sind so erquickend, daß es D 290 heißt, sie habe *ein Wasserrad im Gaumen*. Wolfram von Eschenbach sagt in seinem ersten Sang beim Sängerkrieg auf der Wartburg in der vierten Szene des zweiten Aufzugs von Richard Wagners *Tannhäuser* (Band 2, S. 23 der 3. Auflage der *Gesammelten Schriften und Dichtungen*, Leipzig 1897) *Und sieh'! mir zeiget sich ein Wunderbronnen, | in den mein Geist voll hohen Staunens blickt: | aus ihm er schöpfet gnadenreiche Wonnen, | durch die mein Herz er namenlos erquickt. | Und nimmer möcht' ich diesen Bronnen trüben, | berühren nicht den Quell mit frevlem Mut: | in Anbetung möcht' ich mich opfernd üben, | vergießen froh mein letztes Herzensblut. | . . . . .* — Tannhäuser erwidert darauf: *. . . . . Wer sollte nicht den Bronnen kennen? | Hör', seine Tugend preis' ich laut! | Doch ohne Sehnsucht heiß zu fühlen | ich seinem Quell nicht nahen kann: | des Durstes Brennen muß ich kühlen, | getrost leg' ich die Lippen an. | In vollen Zügen trink' ich Wonnen, | in die kein Zagen je sich mischt: | denn unversiegbar ist der Brunnen, | wie mein Verlangen nie erlischt. | So, daß mein Sehnen ewig brenne, | lab' an dem Quell ich ewig mich, | und wisse, Wolfram, so erkenne der Liebe wahrstes Wesen ich.* — Vgl. auch E 51: *Bei meines Buhlen Füßen, | da fließt ein Brünnlein kalt, | und wer des Brünnleins trinket | der jungt und wird nit alt.* In den arabischen Brunnenliedern, die häufig Zwiegespräche zwischen einem jungen Mann und einem Mädchen darstellen, werden sexuelle Verhältnisse mit größter Offenheit berührt (L 154). Die Mündung eines orientalischen Brunnens ist verhältnismäßig eng; vgl. die Abbildung des sogenannten *Jakobsbrunnens* (Joh. 4, 6) am Fuße des Berges Garizim G 286.

---

* Vgl. auch 3 Mos. 20, 18 (AJSL 23, 242) und Jes. 51, 1, wo Sara, die Stammmutter Israels, *der Brunnenschacht* genannt wird, *dem Israel entquollen* (AJSL 23, 235). Hebr. *maqqévth* 'Schacht' kommt von demselben Stamme her wie *neqeváh* 'weiblich' (siehe A. 35, am Ende).

(33) Es ist kein Teich mit stehendem Wasser, ihre Reize sind nicht abgestanden, sondern stets frisch, wie das Wasser einer sprudelnden Quelle; vgl. 1 Mos. 26, 19; Joh. 4, 11; auch A. 1 zu VII.

(34) Da die Quelle auf dem reichbewaldeten Libanon* entspringt, so wird das erquickende Naß nie versiegen. Über die permanenten Quellen auf dem Libanon vgl. den Aufsatz von Hyvernat in *The Catholic University Bulletin* (Washington, Jan. 1901) S. 49—58; auch E. H. Palmer im *Quarterly Statement of the Palestine Exploration Fund*, 1871, und Burton, *Unexplored Syria*, 1, 126. Hölderlin sagt (E 157) *und die Brunnen,| immer quillend und frisch, rauschen an duftendem Beet.*

(35) Ablaßstollen, Abzugstunnel, Wasserleitungstunnel; hier die gekrümmte Röhre der *vagina*; vgl. A. 32 sowie II, vii^c; A. 23 zu II; A. 42 zu VII; A. 14 zu IX. Luther: *dein Gewächs*, ebenso Goethe und Herder. Die Vulgata hat *emissiones tuae*, d. h. *deine Ausströmungen*; vgl. *emissorium* 'Abzugskanal.' Für *Samenfluß* sagt man im Englischen *emission of semen*; vgl. die Übersetzung von 3 Mos. 15, 16—18 in der *Regenbogen-Bibel*. Lat. *emissiones tuae* ist jedenfalls passender als das ἀποστολαί σου der griechischen Bibel. In den (in A. 24 zur Einleitung erwähnten) alten Minneliedern wird *emissiones* durch *Auslaß*† wiedergegeben. Will Vesper in seiner neudeutschen Wiedergabe (S. 51) setzt dafür: *Dein Atem süßen Duft mir gibt*; das ist aber nicht der Sinn des Originals. Das hebr. Wort (*šel^{a}ḥ*) wird Neh. 3, 15 von der Siloahwasserleitung (G 619. 216) gebraucht; es ist nur eine andere Aussprache des Namens *Siloah*. Ein unterirdischer (533 m langer) Kanal leitete das Wasser der sogenannten Marienquelle nach dem (in alter Zeit von der Stadtmauer umschlossenen) Siloahteiche (Joh. 9, 7). Dieser Tunnel oder Durchstich wird in der (1880 am Ausgange des Kanals entdeckten) Siloahinschrift *nequváh* (= lat. *perforatio*) genannt; *neqeváh* (mit *e* statt *u*) heißt im Hebräischen *weiblich* (eigentlich *perforata*; vgl. A. 42 zu VII). Auch das griech. τρῆμα *Durchbohrung* wird für *weibliche Scham* gebraucht.

(36) Vgl. A. 27 zu III. D 28 wird die Geliebte ein *Granatapfelbaum*

---

* Vgl. das Vollbild am Schlusse der Schrift über *Die Regenbogen-Bibel* (Leipzig 1906).

† *Auslatz* ist ein Fehler für *Auslaß*, *uslauß* (mhd. *ûzlâz*). Vgl. J. F. L. Th. Merzdorf, *Die deutschen Historienbibeln des Mittelalters* (Tübingen 1870) S. 440. Ich verdanke diesen Hinweis E. Sievers. *Auslaß* entspricht dem engl. *outlet*, Abfluß (franz. *égout, écoulement, décharge*).

genannt, *dessen Körner der nachts Reisende und der morgens Aufbrechende genießt*, d. h. er *weidet auf den dunklen Lilien* (siehe S. 36, Z. 2) vor dem Einschlafen und vor dem Aufstehen; vgl. A. 7 zu IX; auch M 38; 20, Z. 13.

(37) Vgl. A. 14 zu VII. Der überlieferte Text hat zwischen *Narden* und *Kalmus* noch *Safran*. Dies gehört aber zwischen *Myrrhe* und *Aloeholz* in der zweiten Hälfte des Verses; siehe unten, A. 53.

(38) Araber und Perser halten den aromatischen Wurzelstock des *acorus calamus* für ein sehr wirksames *Aphrodisiacum* (vgl. A. 4 zu VII). Durch Kochen mit Zucker wird aus der Kalmuswurzel (*rhizoma calami*) ein Konfekt bereitet, das im Orient sehr beliebt ist. Das ätherische Öl der Kalmuswurzel dient zur Bereitung von Likören und Parfümen.

(39) Auch Zimtöl wird zu Likören und Parfümen verwendet; vgl. die Bemerkungen über *malabathron* in A. 42 zu VII.

(40) Vgl. A. 6 zu I. D 112 heißt es von einem Mädchen, daß ihr Nabel (arab. *surre*, eine euphemistische Bezeichnung des Schoßes; vgl. A. 21 zu II) eine *Büchse mit Zibet ist und Moschus und Kampfer von ihm ausströmt*. Vgl. dazu S. 50 des in A. 5 zu I angeführten Buches über sexuelle Osphresiologie und den Schluß des in A. 28 zitierten französischen Gedichts. D 309 heißt es von einem Mädchen: *Sieben Könige geben Wasser deinem Basilienkraut* (*ocimum basilicum*, ein in Töpfen gezogenes wohlriechendes Kraut, das noch jetzt als Küchengewürz dient). L 108, 90 (siehe 23, 90) finden wir: *mein Bruder* (d. h. *meine Schwester*; vgl. A. 4 zu VI) *du goldner Krug, aus dessen Öffnung Moschus ausströmt; sie hat geschworen, niemand soll daraus trinken außer ihrem Herrn*; vgl. dazu oben, A. 32. Die arabische Frau muß ihren Mann *mein Herr* anreden (L 114, 16). Für den *Pluralis majestatis* ihren Herrn (arab. *arbâbhâ*) statt *ihrem Herrn* vgl. *içhâbik* deine Besitzer (L 29, 50) statt *dein Besitzer* sowie den Schluß von A. 2 zu VII. Im Talmud finden wir Aussprüche wie: *Man trinkt nicht aus einem Becher ohne ihn zu untersuchen* (d. h. man heiratet kein Weib, ehe man nicht sicher ist, daß sie *ohne Fehl* ist) oder *Koche nicht in einem Gefäß, worin ein anderer gekocht hat* (d. h. heirate keine geschiedene Frau, so lange ihr Mann noch lebt) *Kethuvôth* 75[b], am Ende; *Pesachim* 112[a], am Ende (vgl. L. Goldschmidt, *Der babyl. Talmud*, 2, 714).

(41) Vgl. W 798: *Steh auf, Nordwind, | und komm, Südwind! | Weh mit deiner heilgen Luft | durch den Garten*, auch Schillers Verse (E 134) *Die Zephyre kosen | und schmeicheln um Rosen, | und Düfte be-*

strömen die lachende Flur. Die Schlußstrophe unsres Liebeslieds bedeutet: Laß mich' die Reize der Geliebten genießen, möge sie meine Liebe feurig erwidern (vgl. A. 13 zu VII). Die verschiedenen Gewürze und Düfte deuten lediglich den unvergleichlichen Genuß an, den die Geliebte bietet (vgl. A. 30 zu VII). Im Griechischen steht κῆπος *Garten* auch für *pudendum mulieris;* vgl. A. 3 zu IX. In einem dem arabischen Dichter Mutalammis* zugeschriebenen Fragmente (No. xxviii) heißt es: *Wenn ein Fieberkranker ihr* (individuelles) *Parfüm einsöge, so würde sein Fieber schwinden.*† Vgl. L 144, 57ᵈ: *durch ihren Anblick wird der Betrübte geheilt* und W 477: *Küß mir den Mund, | ich bin gesund;* d. h. wenn ich sterbenskrank bin, so macht mich ein Kuß von dir wieder gesund. Vgl. D 134 am Schluß von A. 19 zu IX.

Die Schlußstrophe (xii) hat nur zwei Hebungen in jeder Halbzeile, nicht drei; vgl. den Schluß von A. 34 zu III und A. 1 zu X. Für kürzere Zeilen am Schlusse altägyptischer Liebeslieder siehe M 11, Z. 13. Wechsel zwischen Reihenpaaren mit 3 + 3 und 2 + 2 Hebungen findet sich auch in Davids Klage über Saul und Jonathan; siehe die metrische Verdeutschung mit Erläuterungen in der illustrierten Schrift *Die Regenbogen-Bibel* (Leipzig 1906) S. 23 (vgl. JHUC, No. 163, p. 55). Auch in Goethes *Ach neige, | du Schmerzenreiche* haben wir Wechsel von Halbzeilen mit zwei und Halbzeilen mit drei Hebungen. In den ersten drei Strophen sind die ersten beiden Zeilen Halbzeilen mit zwei Hebungen, und die dritte Zeile hat 2 + 2 Hebungen. Auch in der vierten Strophe *Wer fühlet, | wie wühlet* haben die Halbzeilen je zwei Hebungen (die zweihebige Halbzeile *Wer fühlet, wie wühlet* ist des Reimes wegen geteilt worden). Von der fünften Strophe an *(Wohin ich immer gehe)*

---

* Mutalammis (um 550 n. Chr.) war der Oheim des berühmten vorislamischen Dichters Ṭarafa. Der König von Ḥira (vgl. die *Nachträge* zu S. 48, A. 13) Amr ibn Hind schickte die beiden Dichter, die seine Eitelkeit durch ihre Spottverse verletzt hatten, mit zwei angeblichen Empfehlungsschreiben zu dem Statthalter von Bahrein im persischen Meerbusen. Mutalammis öffnete das Schreiben und ließ es sich vorlesen. Als er sah, daß es sein Todesurteil enthielt, floh er nach Syrien; Ṭarafa aber lieferte sein Schreiben ab und wurde darauf enthauptet und gespießt. Ein *Mutalammisbrief* (arab. ṣaḥife el-Mutalammis) bedeutet bei den Arabern einen *Uriasbrief* (2 Sam. 11, 15). Vgl. Rückerts *Morgenländische Sagen und Geschichten* (Stuttgart 1837) S. 136; August Müller, *Der Islam,* I (Berlin 1885) S. 40; Brockelmann, *Geschichte der arab. Literatur* (Leipzig 1901) S. 30.

† Siehe *Beiträge zur Assyriologie und semitischen Sprachwissenschaft,* herausgegeben von Friedrich Delitzsch und Paul Haupt, Band 5 (Leipzig 1906) S. 206.

bis zur Schlußstrophe: *Hilf! rette mich von Schmach und Tod*, die wieder 2 + 2 Hebungen hat, haben wir aber Zeilen mit drei Hebungen. In der Domszene dagegen sind die ersten achtzehn Zeilen des Bösen Geistes (von *Wie ánders, Grétchen, wár dir's* bis *Mit áhnungsvóller Gégenwart*) dreihebig, während das Folgende zweihebig ist. Vgl. den Schluß von A. 1 zu X und A. 49 zur Einleitung.

(42) Dieser Zusatz ist hier irrtümlich aus der letzten Halbzeile von Strophe iii eingedrungen, ebenso wie die vorhergehende Glosse α auf einer irrigen Wiederholung aus der ersten Halbzeile dieses Gedichts beruht. Vgl. A. 13 zu XII.

(43) Dies ist ein Zusatz wie in III, α; vgl. A. 29 zu III und oben, Schluß von A. 20. Die Ánsicht, daß der Dichter hier einen *Farbenkontrast* beabsichtigte *zwischen den braunen Brustwarzen mit ihrem Hofe und der leuchtenden Farbe der Brüste, sodaß Gazellensicklein und Lilien zusammen den Vergleich ausmachen*, wie ein hervorragender neuerer Erklärer meint, wird wenig Beifall finden.

(44) Diese Strophe, die Goethe mit Recht ausgeschieden, ist eine hier fälschlich eingeschobene Variante zu VII, viii. ix; vgl. A. 47. Oder wir müssen den Zusatz wie die Glosse II, β erklären; vgl. A. 31 zu VII. In der zweiten Halbzeile ist *dem Frührot* (wörtlich *am Morgen*) des Metrums wegen ergänzt; vgl. A. 12 zu IV; A. 13 zu VI. Herder meint, diese Strophe würde *von der bescheidenen schamhaften Braut gesprochen, um die entzückte Beschreibung des Liebhabers zu unterbrechen, und der ebenso bescheidene Liebhaber, der ihre Scham ehre und sogleich fühle, warum sie seinem Lobe entrinnen wollte, fahre dann nachgebend fort*. An einer späteren Stelle fügt er hinzu: *Schönheit und Reize sind süß; aber eine Braut der Unschuld, Bescheidenheit und Schamröte soll man loben. Als ihr Liebhaber, ihr Vermählter nur von ihrem Busen sprach, wandte sie sich; es unterbrach ihn ihre Lippe von Milch und Honig. Und der Liebling fährt nicht fort, nennt sie von jetzt an nur Schwester, wählt auch in seiner Entzückung nur Gleichnisse vom verschlossenen Quell, vom versiegelten Garten, vom heiligen, reinen Brunnen, als ob er mit jedem Wort ihr Ohr schonen und die Rose ihrer Schamhaftigkeit, die schönste Blume im Kranz ihrer Schönheit, feiern wollte....* Vgl. auch die oben, S. xi angeführten Bemerkungen Herders, denen die hier mitgeteilten vorausgehen. Franz Delitzsch meinte noch im Jahre 1875, *daß der Myrrhenberg und der Weihrauchhügel an den Tempel erinnern, wo Gotte alle Morgen und Abende das aus Myrrhe, Weihrauch und anderen Spezereien gemischte Räucherwerk*

emporsteigt; der Myrrhenberg (hebr. *har hammôr*) *ist ein vielleicht nicht unbeabsichtigter Anklang an* den Moriaberg (hebr. *har hammorîjâh*) *den Berg der Gottesschau. Jedenfalls sind 'Myrrhenberge' und 'Weihrauchhügel' passende Namen für Plätze andächtiger Betrachtung, wo man mit Gott verkehrt.*

(45) Thirza war die Königsstadt des Nordreiches (Israel) von Jerobeam (930) bis Omri (880) dem Begründer Samarias. Der Name scheint *Wohlgefallen* zu bedeuten. Die griechische Bibel hat ὡς εὐδοκία statt *wie Thirza*. Die Ruinen von Thirza sind noch nicht gefunden worden. Nach der vorliegenden Stelle muß es eine besonders schön gelegene Stadt gewesen sein. Die Schönheit des im Text stehenden Jerusalem wird Klagelieder 2, 15 und Ps. 48, 3 gepriesen. W 615 heißt es: *O Jerusalem, du schöne, | o wie schöne glänzest du*; dies bezieht sich allerdings auf das *neue* Jerusalem.* Vgl. auch A. 6 zu III. Wincklers astrale Erklärung dieser Stelle (AoF 3, 242) ist verfehlt; vgl. die Bemerkung am Schluß von A. 20 zu III. Samaria ist nicht genannt, weil der Name bei den Juden der griechischen Periode (siehe oben, S. xiii) keinen guten Klang hatte: Samaria war der Inbegriff der Abtrünnigkeit und Ketzerei. Vgl. die Bemerkung über die Vermeidung des ominösen Namens am Schlusse von A. 6 zu II und *Nachträge* zu S. 32, A. 17.

(46) Dies ist ein Zusatz, der hier aus II, i eingedrungen ist; vgl. A. 3 zu II.

(47) Glosse η ist ein (im überlieferten Texte an falscher Stelle eingeschobener) Zusatz, der auf den ersten drei Strophen dieses Gedichts beruht. Goethe hat ihn an unserer Stelle mit Recht übergangen. Wir haben hier einige Abweichungen (wie in δ; vgl. A. 44): z. B. steht hier *auf* (oder *an*) *dem Gilead* statt *auf Gileads Bergen*; sodann hat hier das Wort für *Schafe* (genauer *Mutterschafe*, hebr. *raḥel* (vgl. oben, S. 82, A.*) das nur eine erklärende Glosse zu *glattgeschorene* ist, diese ursprüngliche Lesart verdrängt; vgl. A. 50 zu VI. Ferner fehlen hier die ersten beiden Halbzeilen von Strophe iii: *Karmesinbänder sind deine Lippen, | und lieblich ist dein Mund*; vgl. A. 40 zu III.

(48) Der Glossator, der den erläuternden Zusatz *Braut* (vgl. A. 16 zu IX) beifügte, fürchtete wohl, man könnte die Anrede *meine Schwester* wörtlich nehmen; vgl. das Verbot 3 Mos. 18, 9. Wäre *Braut* nicht ein späterer Zusatz, so würde man im Hebräischen *meine Braut* erwarten;

---

* Offenb. Joh. 21, 2 heißt es: Ich sah das neue Jerusalem aus dem Himmel herabkommen geschmückt (eigentlich *hergerichtet*) wie eine für den Gatten geputzte Braut.

vgl. VI, 11ᵇ. Die Behauptung Delitzschs, daß *kallathî* nur *meine Schwiegertochter* heißen könnte, geht zu weit.

(49) Das hebr. *dĕváš* 'Honig' bezeichnet auch, wie das entsprechende arabische (D 29, unten) *dibs*, eine aus Trauben oder Datteln eingekochte, honigähnliche *Marmelade* (franz. *raisiné, charlotte d'automne*) nicht *eingedickten Most*, den wir als *Traubensyrup* bezeichnen. Das Wort ist verschieden von dem in Strophe ix mit *Honigseim* übersetzten *nofᵉth*; vgl. A. 27. *Deváš* ist das in der Redensart *ein Land, wo Milch und Honig fließt* (genauer *das von Milch und Honig überfließt*) gebrauchte Wort; vgl. dazu Max Löhr, *Volksleben im Lande der Bibel* (Leipzig 1907) S. 61. Vielleicht wurde *dĕváš* hier wegen dieser sprichwörtlichen Verbindung dem Worte für *Milch* hinzugefügt. Möglicherweise ist es aber eine erklärende Glosse zu *nofᵉth* 'Honigseim,' die zu Anfang der ersten Halbzeile stehen sollte, nicht am Anfang der zweiten.

(50) Diese im überlieferten Text zu Anfang von Vers 15 stehende Glosse zeigt, daß Vers 15 ursprünglich auf Vers 12 folgte. Vgl. den Schluß von A. 21 zu I und A. 3 zu II. Zum Erweis der ursprünglichen Reihenfolge durch versprengte Glossen siehe auch den dritten Abschnitt der Noten zu Nah. 2, 4ᵇ in Haupt, *Nahum* (Baltimore 1907) S. 40 (JBL 26).

(51) Vgl. A. 16 zu VII. (52) Siehe A. 6 zu I.

(53) Der gewürzhaft riechende Safran (*crocus sativus*) galt im Altertum als *König der Pflanzen*. Im Berner Oberland ist er noch jetzt als Gewürz beliebt, während er anderwärts nur zum Färben von Speisen benutzt wird. Araberinnen färben Fingerspitzen, Zehen und Augenlider mit Safran; vgl. die Bemerkungen über Henna in A. 16 zu VII, auch A. 2 zu III. Im überlieferten Texte steht *Safran* zwischen *Narde* und *Kalmus* zu Anfang von Vers 14; siehe oben, A. 37.

(54) Dies ist nicht der als Abführmittel gebrauchte bittere *Aloesaft*, sondern das wohlriechende Harz des *Aloeholzes*, auch *Adlerholz* genannt (*Aquilaria agallocha*) das Napoleon I. in seinen Palästen als Zimmerparfüm benutzte. Gegenwärtig wird es besonders in China als Parfüm und Arznei gebraucht.

(55) Diese beiden Halbzeilen scheinen eine Variante zu dem ersten Reihenpaar von Vers 14 (den letzten beiden Halbzeilen von Strophe xi) zu sein; vgl. A. 19 zu I.

IX.

(1) Die hier folgenden Strophen scheinen sich unmittelbar an VIII anzuschließen wie in dem überlieferten Texte (vgl. D 15, A. 4). Die Verse 7, 11—13 sowie 6, 10 und 1 sind in dem überlieferten Texte vielleicht an eine andere Stelle gesetzt worden, um die erotischen Anspielungen nicht allzudeutlich werden zu lassen; vgl. oben, A. 43 zu VII und unten, A. 15.

(2) Diese Überschriften fehlen in dem hebr. Texte. Ähnliche Andeutungen finden sich aber in gewissen Handschriften der griechischen Bibel.

(3) Der Lustgarten mit dunklen Lilien, Hennablüten, Granaten und Nüssen stellt wieder die Reize der Geliebten dar; vgl. W 695 in A. † auf S. 72; A. 8 und 13 unten, und die altägyptischen *Gartenlieder* (M 26—28, besonders No. XIX; auch 18, v). Das Weib wurde das *Saatfeld* ihres Mannes genannt (M 6, A. 12). Im Griechischen steht ἄρουρα *Saatfeld* auch für *Mutterschoß*, und κῆπος *Garten* für *weibliche Scham.** Sophokles (*Antigone* 565) sagt: ἀρώσιμοι γὰρ χἀτέρων εἰσὶν γύαι. D 261 heißt es in einem Hochzeitliede bei der Übergabe der Braut an den Bräutigam: *Wenn du in den Blumengarten gehst, sitzest in deinem Glück*, und ein zum Paradiertanz der Braut (vgl. A. 1 zu II) gesungenes Lied (D 259 = L 141, 16) beginnt: *Auf, schreite einher, du Schöne, du Blume im Gartenlande.*† In einem bei der Einholung der Braut in den Dörfern bei Jerusalem gesungenen Liede (L 121, 5) wird die Braut als *Blumengarten zu Pferde* angeredet. Vgl. auch die am Schluß von A. 26 zu II angeführten Verse aus Goethes *Faust* und W 136: *Hätt' mir ein Gärtlein bauet* | . . . . . . *Das Blümlein, das ich meine,* | *das ist von edler Art,* | *ist aller Tugend reine,* | *ihr Mündlein, das ist zart.* In den (oben in A. 24 zur Einleitung besprochenen) Minneliedern ist diese Auffassung des *Gartens* der Braut ganz deutlich; vgl. Vesper, S. 10: *Meinem Freunde will ich sagen:* | *Mein Garten soll dir Blüten tragen;* | *kommst du zu mir,* | *Lust geb' ich dir;* | *und küssen wirst du inne, bleibst du in treuer Minne*.

(4) Das heißt, möge er bei mir im Liebesgenuß schwelgen; vgl.

---

* Vgl. A. 41 zu VIII, auch das in A. 66 zur Einleitung angeführte moderne ägyptische Liebeslied.

† Vgl. oben, S. 28, Z. 6 von unten, und S. 38, letzte Zeile, auch die Bemerkung über die talmudische Redensart *in den Gärten pflügen* in den *Nachträgen* zu S. 36, Z. 2.

VIII, xi[b]. In einem Trillerliede (siehe oben, S. 23, A. *) nach der Trauung des Brautpaars aus der Gegend von Beirût und dem Libanon lesen wir (L 140, 5): *O Braut, laß mir deinen Kaschmir-Shawl, damit ich meine Lende* (arab. *xaçr* = hebr. *xalaçáim*, assyr. *xinçâ*†) *an deine Lende bringe und in die Gärten hinuntergehe um einen Korb voll Trauben zu bringen, auch Feigen, um die Liebeswurzel zu bringen, auf daß du mich liebst.* Vgl. dazu den Schluß von III und unten, A. 17; auch den Schluß von A. 13 zu X. L 142, 30 heißt es von der Braut: *Wenn du in deinen Garten gehst zu weilen in deinem Glück*, und nachdem die Leute des Bräutigams die Braut in Empfang genommen, wird fortgefahren: *Die Nacht des Glücks, o Bräutigam, möge dich erfreuen!*

(5) Auch dieser *Spaziergang* in dem schönen Garten der Braut ist natürlich nicht wörtlich zu nehmen, sondern ebenso zu verstehen wie das *Springen* des Herzallerliebsten *auf dem Berge duftender Myrrhe, dem Hügel köstlichen Weihrauchs* in VII, ix. Vgl. Vesper (siehe oben den Schluß von A. 3) S. 11: *Wir wollen hingehn über den Berg | und erfüllen da der Liebe Werk.*

(6) Vgl. VII, v[c] und VIII, τ. Luther übersetzt: *Laß uns auf das Feld hinausgehen, und auf den Dörfern bleiben;* Goethe: *auf den Landhäusern schlafen.* Ebenso Herder: *Wir wollen auf's Land, | auf Dörfern wohnen.* Das hebr. *kof*er kann *Dorf*, *Henna*, *Asphalt* und *Lösegeld* bedeuten. Das Metrum zeigt, daß *auf das Feld* oder *hinaus auf die Flur* (siehe A. 20) ein erklärender Zusatz ist.

(7) Am Morgen warten ihrer neue Freuden: nach dem erquickenden Schlaf können sie von Neuem dem Liebesgenuß sich hingeben; vgl. A. 1 zu VII und besonders das in A. 36 zu VIII angeführte Lied D 28.

† Arab. *xaçr* (eine Umstellung des aramäischen *xarçâ*, *xaççâ*) bedeutet *die Mitte des menschlichen Körpers*, die Taille usw; ebenso bedeutet im Assyrischen *qablâti* 'die mittleren Teile' speziell die *Gürtelgegend* (vgl. Hom. *Il*. 11, 234) z. B. Z. 54 der Höllenfahrt der Istar und Kol. vi, Z. 5 des Sanherib-Prismas. Bertha von Suttner, *Die Waffen nieder!* (S. 213 der Volks-Ausgabe) sagt: *Da führte er ihre Hand an seine Lippen und versuchte den Arm um ihre Mitte zu schlingen.* W 17 unten heißt es in dem alten Liede vom Tod und dem Mädchen im Blumengarten: *Er nahm sie in der Mitten, | da sie am schwächsten was, | es half bei ihm kein Bitten, | er warf sie in das Gras*; ebenso finden wir in dem Lied vom alten Hildebrandt (W 86) *Er nahm ihn in der Mitte, | da er am schwächsten war, | und schwang ihn dann zurücke | wohl in das grüne Gras.* Dagegen bedeutet *Ich schoß ihn durch die Mitten* in dem Liede von Wilhelm Tell (W 418) *Ich schoß ihn mitten durch.*

(8) Oder *Weingärten*; vgl. A. 34 zu III; A. 2 zu IV. Der Plural *Weingärten* kann auch *einen herrlichen Weingarten* bezeichnen; vgl. S. 26, A. †.

(9) Das heißt, ob wir von neuem der Liebe pflegen können; vgl. *unsere Weinberge blühen* in III, b. Für die *Granatenblüten* vgl. A. 27 zu III; A. 36 zu VIII.

(10) Hebr. *dûdha'îm*, eine Ableitung von dem Wort für *Liebe*, hebr. *dôdh*, plur. *dôdhim*. Diese *Liebesäpfel* sind nicht etwa *Tomaten* (vgl. oben S. 64, A. *) sondern die süßlich duftenden, glatten, kugelrunden, goldglänzenden *Äpfel* (oder vielmehr *Beeren*) der *Alraune*;† vgl. A. 4 zu VII. Herder übersetzt: *Die Blumen der Liebe*; Goethe: *Die Lilien geben den Ruch*; ebenso Luther: *die Lilien geben den Geruch*. Die Vulgata übersetzt richtig *mandragorae*; ebenso 1 Mos. 30, 14, wo Luther das hebr. Wort *Dudaim* beibehält.

(11) Das heißt, der herrlichste Liebesgenuß ist uns leicht erreichbar; vgl. die zweite Halbzeile der ersten Strophe. Herder versteht die Halbzeile wörtlich: *sie sieht die Tür ihrer Hütte ländlich mit Früchten und Blumen geschmückt und gekrönt; sie hat ihrem Lieblinge noch manches Schöne von Früchten vom vorigen Jahre aufgesparet*. Früchte vom vorigen Jahre sind aber schwerlich besser als frische; vgl. die folgende Anmerkung.

(12) Ihre Liebessehnsucht ist nicht von gestern: schon lange hat sie sich nach dem Geliebten gesehnt, und diese langverhaltene Sehnsucht wird die Wonne steigern und sie seine Umarmungen um so feuriger erwidern lassen; vgl. dagegen A. 13 zu VII. Goethes Verse (E 201) *Gestern blühte wie heute der Baum. Wir wechselten Küsse .... Gestern, sagst Du? — Es war, ich weiß, ein köstliches Gestern: Worte verklangen im Wort, Küsse verdrängten den Kuß* haben einen anderen Sinn. Für *neue und firne* vgl. W 564.

(13) Auch der *Nußgarten* mit seinen süßen Kernen in den hartschaligen Früchten (vgl. A. 31 zu VIII) bezeichnet die *Reize der Braut*; vgl. A. 3. Nußbäume finden sich im Orient besonders bei den Dorfbrunnen; vgl. A. 32 und 35 zu VIII und M 27, A. 10.

† Eine besonders gute Abbildung einer Alraunwurzel (vgl. oben, S. 65, Z. 6) mit zwei menschenähnlichen Gesichtern findet sich in vol. XVI, No. 204 (24 Mai 1905) S. 275 des Londoner Journals *The Tatler* (eine Wiederaufname des Titels der berühmten Wochenschrift, die 1709—11 von Sir Richard Steele in Verbindung mit seinem Jugendfreunde Joseph Addison herausgegeben wurde).

(14) Luther: *die Sträuchlein am Bach*; Goethe: *das grünende Tal.* Das hebr. Wort bezeichnet insbesondere ein *Wadi*, d. h. ein von einem Gießbach durchströmtes Tal; vgl. A. 42 zu VII. Für die *Knospen* vgl. oben, A. 9. Siehe auch A. 23 zu II.

(15) Möglicherweise sind die Strophen v und vi nur Varianten von Strophe iv. Vielleicht aber (und das scheint mir noch wahrscheinlicher) schließt sich die Schlußstrophe, in der die Braut wieder spricht, unmittelbar an die ersten drei Strophen an, und die dazwischenstehenden Strophen iv und v, in denen der Bräutigam spricht, mögen dann Varianten zur Schlußstrophe sein; vgl. A. 23 zu VIII.

(16) *Meine Schwester* kann hier nicht Anrede sein; diese Strophe ist nicht an die Braut gerichtet. Für *Schwester* mit dem erklärenden Zusatz *Braut* siehe A. 25 und 48 zu VIII.

(17) Vgl. dazu D 248: *er ging hinein in die Weingärten und leerte den Traubenplatz* (wo die Trauben getrocknet werden) und oben, A. 4. Die vorliegende Strophe bedeutet: ich schwelgte in den Reizen meiner Braut; sie war so köstlich und wohltuend wie Myrrhen und andere balsamische Würzkräuter, so süß wie Honig, so berauschend wie Wein, so rein und erquickend wie Milch. Herder, der hier noch 5, 1^b (vgl. A. 40 zu VII) anschließt, sagt: *So endet dieses unvergleichliche Stickwerk von Zucht, Einfalt, Liebe und Schönheit.* Will Vesper setzt in seiner neudeutschen Wiedergabe des Hohen Liedes in 43 Minneliedern (siehe A. 24 zur Einleitung) 5, 1 (*Favum comedi*) an den Schluß, da er *das Ausruhende, Abschließende dieses Liedes als Abschluß für die ganze Sammlung ausnutzen wollte.* Besser ist es sicherlich, mit Goethe die herrliche Stelle 8, 6. 7 an den Schluß zu setzen.

(18) Vgl. VI, xii. D 247 heißt es von der Geliebten: *sie blühte wie ein Anger, wuchs wie Moschus und Muskat.* Vgl. auch W 225: *Brich mich stilles Veilchen, | bin die Liebste dein, | und in einem Weilchen | werd' ich schöner sein! | Weißt du, was ich denke, | wenn ich duftend schwenke, | meinen Duft um dich: | Knabe, liebe mich!*

(19) Vgl. oben, Seite 36, Zeile 3 und D 69: *Bist du Jungfrau oder pflückte jemand deine Rose?* Ebenso W 684: *Hie ist ein Röselein, von keinem nicht gepflückt, | von niemand angerührt, von keinem unterdrückt.* Vgl. auch W 738: *Wenn mich schon die Dornen stechen, | will ich doch die Ros' abbrechen.* In einem persischen Gedichte (J 7) gibt ein Greis einem jungen Manne, der über die Bösartigkeit seiner Gattin klagt, die Antwort: *Wenn du vom Rosenstrauch Freude erfahren, | magst du auch die Beschwerde seines Dorns tragen. | Ein Baum dessen*

Frucht du immer schmeckst, | *ertrage, wenn du auch seinen Dorn schmeckst.* — *Fruchtpflücken* wird von arabischen Dichtern häufig für *Liebesgenuß* gebraucht; vgl. das Essen der verbotenen Frucht in der biblischen Erzählung vom Sündenfall (siehe A. 4 zu VII). D 134 heißt es von einem Beduinenmädchen: *Seine Wangen übertreffen einen Rosengarten, ihr Pflücken ist gut, während sie frisch sind. Sein Mund ist süß mir, darin ist Honigwabe; eines Leiden wird geheilt, wenn man schlürft*; vgl. dazu den Schluß des ersten Abschnittes von A. 41 zu VIII. Luther hat an unserer Stelle: *daß er Rosen breche*; aber Goethe übersetzt richtig: *Lilien zu pflücken.*

(20) Dieser Zusatz beruht auf einer mißverständlichen wörtlichen Auffassung des *Spazierens*; vgl. A. 5 und 6. Das Liebespaar will nicht auf's Land gehen; sie waren schon auf dem Lande; sie wollen sich nur etwas ergehen in dem Lustgarten des Brautgemachs. Der Anfang des schwäbischen Liedchens (W 253) *Büble, wir wollen auße gehe,* | *wollen unsere Lämmer besehe,* bietet also keine Parallele.

X

(1) Dieses Gedicht besteht aus drei Strophen. Die erste und zweite Strophe hat je fünf Reihenpaare; die dritte dagegen hat im überlieferten Texte nur drei. Wahrscheinlich hatte aber auch die Schlußstrophe denselben Kehrvers† wie die beiden ersten Strophen, und ein weiteres Reihenpaar ist nach VI, ii leicht zu ergänzen; vgl. A. 6 zu IV. Auch am Schluß von Vers 12 erfordert das Metrum einen Zusatz, der auf Grund von Jer. 8, 7 ergänzt worden ist. Die erste und dritte Strophe dieses Liebeslieds ist in lebhafterem zweitaktigen Rhythmus (mit 2 + 2 Hebungen in jedem Reihenpaar; in W 539, A. *: *Linienpaar*) gehalten, während die mittlere Strophe mit der Beschreibung des erwachenden Lenzes, der in Palästina in den März fällt, den ruhigeren dreitaktigen Rhythmus (mit 3 + 3 Hebungen in jedem Reihenpaar) aufweist. Nur der Kehrvers am Schluß der zweiten Strophe hat 2 + 2 Hebungen.

† Vgl. W 46: *Komm raus, du Hübsche, du Feine,* | *komm nur ein wenig raus.*

Für den Wechsel von 2 + 2 Hebungen und 3 + 3 Hebungen vgl. den Schluß von A. 41 zu VIII und A. 49 und 39 zur Einleitung.

(2) Vgl. Anmerkung 3 zu VI.

(3) *Berge, Hügel* und *springend* haben hier keinen Nebensinn wie in VII, ix (vgl. A. 27 und 30 zu VII). Palästina ist ein Bergland; auch Damaskus (vgl. A. 3 zur Einleitung) ist hochgelegen und auf drei Seiten von Bergen umgeben.

(4) Die *Fenster* waren kleine, ziemlich hoch angebrachte Öffnungen mit hölzernen Gittern. Selbst heutzutage sind die auf die Straße gehenden Fenster des Erdgeschosses klein, sehr hoch über der Erde und stark vergittert. Glasscheiben finden aber mehr und mehr Eingang.* Das Mädchen öffnete das Fenster nicht, sondern guckte durch das Gitter, sodaß ihr Liebster sie nicht sehen konnte; vgl. die Schlußzeilen des Debora-Liedes† (Richt. 5, 28) und Sprüche 7, 6. — In der Beschreibung der Verlobungsgebräuche bei den heutigen Einwohnern von Jerusalem wird (L 96. 99) hervorgehoben, daß das Mädchen sich vor ihrem Zukünftigen bis zur Hochzeit nicht sehen läßt: so oft er nach ihrem Hause kommt, versteckt sie sich, sodaß er sie nicht sehen kann, während sie ihn sieht; auch wenn der Brautstand ein bis zwei Monate oder ein bis zwei Jahre dauern sollte. Nur ein Mädchen ganz niederer Herkunft würde diese Sitte nicht beobachten.

(5) Palästina hat eigentlich nur zwei Jahreszeiten: Sommer und Winter. Der Winter ist die Regenzeit, aber verhältnismäßig warm. Der Sommer ist nahezu regenlos; es fällt nur starker Tau (oder vielmehr Nebel) während der Nacht; vgl. A. 8 zu VI. Der Frühling ist sehr kurz; er dauert nur von Mitte März bis Mitte Mai. Von Anfang Mai bis Ende Oktober ist der Himmel fast wolkenlos. Das Wort für *Winter* (hebr. *sĕthāṷ*) ist im arabischen Dialekt von Marokko, ebenso in Jerusalem, der gewöhnliche Ausdruck für Regen (*šitā*). In der Gegend von Damaskus (vgl. oben, A. 3) werden nach Wetzstein (vgl. A. 31 zur Einleitung) die meisten größeren Hochzeiten im März‡

---
* Die Bemerkung in Max Löhr, *Volksleben im Lande der Bibel* (Leipzig 1907) S. 40: *Fenster mit Glasscheiben gibt es nicht* bezieht sich auf die Häuser der palästinischen Bauern (*Fellâḥîn*).

† Siehe die Übersetzung und Erklärung dieses ältesten Denkmals (entstanden um 1200 v. Chr.) des alttestamentlichen Schrifttums in der *Regenbogen-Bibel* (Richter, S. 8—11 und 63—66).

‡ In Palästina dagegen (westlich vom Jordan) ist nach D xii (vgl. D vii, A. 1) jetzt nicht der Frühling, sondern der Herbst die beliebteste Zeit für Hochzeiten, weil man dann erst Zeit und Geld dafür hat; das Dreschen ist

gefeiert; dies ist der schönste Monat im ganzen Jahre. Man feiert sie auf der Dorftenne, die um diese Zeit eine blumige Wiese darstellt. In gewisser Hinsicht entspricht der palästinische März also dem deutschen Mai,* und *Im Maien, im Maien, da freuet man sich, | da singt man, da springt man, da ist man fröhlich; | da kommet so manches | Liebchen zusammen* (W 739). In dem alten Liede (E 54) heißt es: *Und schließ mich in dein Arme, | so fährt der Winter hin*; hier sagt der Dichter: Der Winter ist hin, drum schließ mich in deine Arme. Vgl. auch *Des Hirten Winterlied* von Uhland: *O Winter, schlimmer Winter.*

(6) Herder übersetzt: *Denn siehe, der Winter ist über, der Regen ist über, vorüber.*

(7) Wörtlich *die Zeit des Gesanges ist da* (so Herder); vgl. Psalm 104, 12. Goethe (*der Lenz ist gekommen*) folgt Luther. Die Vulgata hat *tempus putationis* (entsprechend dem καιρὸς τῆς τομῆς der griechischen Bibel) d. h. *die Zeit des Schneitelns* (Beschneidens der Reben) aber nach der Halbzeile *süß duften die Rebenblüten* blühen die Weinstöcke schon, und das Schneiteln wird vor der Blüte vorgenommen. Vgl. Friedrich von Spee's (1591—1635) Lied (E 65) *Der trübe Winter ist vorbei | . . . . | nun reget sich der Vogelschrei | . . . . | die Blümlein nun sich melden* und Goethes *Mailied* (E 164) *Es dringen Blüten | aus jedem Zweig | und tausend Stimmen aus dem Gesträuch.* Lenau sagt dagegen vom Herbst (E 305) *Die Zeit der Liebe ist verklungen, | die Vögel haben ausgesungen, und dürre Blätter sinken leise.* — Für den Blumenschmuck des Heiligen Landes vgl. die *Nachträge* zu S. 34, A. 20 auf S. 114.

vorüber, und der Verkauf der Ernte liefert das nötige Geld für den Brautkauf (vgl. A. 12 zu XII).

* Das hebräische Purimfest, das ursprünglich zur Zeit des Frühlingsäquinoktiums (um den 21. März) gefeiert wurde, entspricht dem germanischen Maifest: der Baum, an den Haman (d. i. der Winter) gehängt wird, ist ein Maibaum; Mardachais Ritt durch die Stadt ist ein Mairitt; Esther, der Scheherasade in Tausendundeine Nacht und Phaedymia in Herod. 3, 68 entspricht, eine Maikönigin; vgl. Haupt, *Purim* (Leipzig 1906) S. 11, Z. 20 und oben, S. 22 (am Ende der Seite). Ebenso wie der deutsche Mai dem palästinischen März entspricht, so entspricht andrerseits der amerikanische März dem englischen Februar; nach amerikanischer Anschauung beginnt der Frühling am 1. März, in England aber schon am 1. Februar; das Fest der Sommersonnenwende (um den 24. Juni) heißt deshalb *Midsummer day*; der englische Sommer umfaßt die Monate Mai, Juni, Juli (*the season*); der amerikanische: Juni, Juli, August. Das Maifest wurde in England dagegen nicht am 1. Mai, sondern erst zu Pfingsten gefeiert.

(8) Die Turteltaube ist das Symbol zärtlicher Liebe; vgl. unser *sie leben wie die Turteltauben*. Der hebr. Name *tor* ist, ebenso wie das verdoppelte lateinische *turtur*, lautnachahmend.

(9) Die *Schwalbe* als Frühlingsbote ist wohl hier von einem Abschreiber weggelassen worden, weil er *hassûs* törichter Weise als *das Pferd* auffaßte; hebr. *sûs* bedeutet gewöhnlich *Pferd*, aber auch *Schwalbe* (vgl. A. 6 zu IX). Das beiden Gemeinsame ist die Schnelligkeit. In dem Gedichte eines Drusenfürsten (L 155, 8) wird von einer Stute gesagt, daß sie ihre Schenkel schneller werfe als eine Schwalbe. Im Englischen wird die Turmschwalbe (oder Mauersegler, *Cypselus apus*) *swift* (schnell) genannt. Aristoteles (*Nikomach. Ethik*, 1, 6) führt das Sprichwort an: μία χελιδὼν ἔαρ οὐ ποιεῖ, *eine Schwalbe macht nicht - Frühling* oder, wie wir sagen, *eine Schwalbe macht noch keinen Sommer*; vgl. oben A. 5. In Nr. 304 der Äsopischen Fabeln lesen wir, daß ein Jüngling, der sein Hab und Gut verschwendet, selbst seinen Mantel (vgl. 2 Mos. 22, 27; 5 Mos. 24, 13; auch A. 10 zu VI) verkaufte, als er die erste Schwalbe im Frühjahr zurückkehren sah; aber es fing wieder an zu frieren, und die Schwalbe kam um. Vgl. Büchmann, *Geflügelte Worte* (Berlin 1900) S. 360.

(10) Über die Ergänzung dieser Halbzeile auf Grund von Jer. 8, 7 siehe oben A. 1. Vgl. auch das dritte Reihenpaar in Samuèl Hannagîd's (993—1055)* erotischem Gedicht, das Lagarde im dritten Bande seiner *Mittheilungen* (Göttingen 1889) S. 33 zu erklären versucht hat (siehe andrerseits M 8, A. 6). Ein Mädchen, das das hebr. *r* nicht als Zungen-*r* ausspricht, wie im Englischen, sondern guttural (wie es z. B. in Berlin üblich ist, wo *Waren* und *Wagen* nahezu gleichlautend sind) will zu ihrem Geliebten sagen *ra*' 'Böser!' Ihr *ra*' klingt aber wegen der gutturalen Aussprache des *r* (L 4. 5) wie *gha*'† 'berühre, komm nah!' (vgl. Sprüche 6, 29; 1 Mos. 20, 6; sowie A. 41 zu VII).

---

* Samuel Hannagîd (Ibn Nagdila) ist der Verfasser einer Einleitung in den Talmud, die ebenso wie die längere Einleitung zur Mischna von Moses Maimonides (1135—1204) den Talmudausgaben beigedruckt ist. Samuel Hannagîd war Wesir des Kalifen Habus von Granada. Hannagîd heißt *der Fürst.* Er war ein Gönner des Dichterphilosophen Avicebron (Salomon Ibn Gabirol).

† Der hebr. Text ist auch auf S. 33 von H. Brody und K. Albrecht, *Die neuhebr. Dichterschule der spanisch-arabischen Epoche* (Leipzig 1905) abgedruckt; die Herausgeber punktieren aber *ga*' mit Dagesch, statt *gha*' mit raphiertem *g*, wodurch der Witz verloren geht. Das *lî* hinter *amár* ist eingeschoben, um dem anlautenden *g* die Aussprache *gh* (wie in *Wagen* = *Waren*) zu geben.

Als er dieser willkommenen Aufforderung nachkommt und sie zu ihm sagen will *sûráh* 'weiche, geh weg!' klingt dieser entrüstete Ausruf wegen ihrer gutturalen Aussprache des *r* wie *sûgháh* 'umsäumte,' was ihn an die Zeile *umsäumt von dunklen Lilien* in den biblischen Liebesliedern erinnert, sodaß er kühn dazu übergeht, *auf den Lilien zu weiden*; vgl. oben, S. 36, Z. 2; S. 91, Z. 2. Man kann die beiden (etwas zotigen) Wortspiele im Deutschen einigermaßen nachahmen, wenn man übersetzt: Sie wollte sagen: *Drück dich!* aber versprach sich und sagte: *Drück mich!* Als ich ihrer Aufforderung prompt nachkam, wollte sie sagen: *Laß los!* Aber sie versprach sich wieder und sagte: *Leg los!* und ich ließ mir das nicht zweimal sagen!* Vgl. *Er tut sie wohl anfassen* und *Laß ab, laß ab, ei lasse ab* in dem alten Liede von dem Straßburger Mädchen (W 125). Für die in diesem erotischen Gedichte Samuel Hannagîd's in Bezug auf die Geliebte gebrauchte Maskulinform vgl. A. 4 zu VI. Das Mädchen wird hier als *ein barbarisch redender* (Jes. **32**, 4) *Gazellenbock* und *ein von Stakte* (vgl. A. 18 zu VI) und *Weihrauch umdufteter* (vgl. A. 5 zu I) *Spießer* (vgl. A. 29 zu VII) bezeichnet, *deren Erscheinen das Licht des Mondes verdunkelt* (vgl. W 664: *Mein allerfeinst Liebchen | war die schönst' in der Sonn', | verblendet' die Sonne, | verdunkelt' den Mond*). Vgl. A. 66 zur Einleitung.

(11) Hebr. *paggîm*, wovon der Name des (beim Ölberge, auf einem kleinen Hügel an der Straße von Jerusalem nach Jericho gelegenen) Dorfes Bethphage (d. h. *Haus der Winterfeigen*) herkommt. Die Winterfeigen (ital. *cratiri*) sind die während des Winters am Baum gebliebenen Feigen. Die Frühfeigen (hebr. *bikkurîm*, ital. *grossi*)† reifen im Juni; die gewöhnlichen Feigen (hebr. *teenîm*, ital. *forniti*) fangen im August an reif zu werden; aber viele davon sind noch nicht reif, wenn die Blätter im November zu fallen beginnen; sie fangen dann bei Beginn des Frühjahrs an reif zu werden (vgl. Matth. **24**, 32). Gewöhnlich befinden sich das ganze Jahr hindurch Feigen am Baume und nur ausnahmsweise ist ein Feigenbaum ganz ohne Früchte. Daraus erklärt sich die Legende in Matth. **21**, 18: Als Jesus eines Morgens von Bethanien wieder nach Jerusalem zurückkehrte, hungerte ihn; er

---

* Im Englischen könnte man sagen: Sie wollte mir zurufen: *Run!* aber sie sagte: *Won* (d. h. sowohl *Wohne=Bleibe!* als *Gewonnen!* ergänze *bin ich* oder *hast du mich*). Als ich sie darauf in meine Arme schloß, wollte sie sagen *Wretch!* aber sie sagte *Wedge!* Das engl. *r* klingt bei manchen fast wie das engl. *w*.

† Die Vulgata hat an unsrer Stelle *grossi* für *paggîm*.

sah einen Feigenbaum am Wege, aber fand nur Blätter daran; deshalb verfluchte er den Baum: *Nun wachse auf dir hinfort nimmermehr keine Frucht*, worauf der Baum sofort verdorrte. — Die künstliche Befruchtung (Kaprifikation) der kultivierten Feigenbäume vermittelst Kränzen von wilden Feigen (*caprifici*) wird schon auf einem altassyrischen Relief aus dem von *Assur-naçir-pal* III. (885—860 v. Chr.) erbauten Nordwestpalaste in Nimrûd (d. i. *Calah*, 1 Mos. 10, 12) südlich von Niniveh dargestellt; siehe die Abbildung nebst Erläuterungen in der Schrift über die *Regenbogen-Bibel* (Leipzig 1906) S. 31. Vgl. A. 16 zu VII. Goethe übersetzt: *der Feigenbaum knotet*.

(12) Gewisse Weinrebenblüten sind sehr wohlriechend; die amerikanische *vitis riparia* (die in den letzten Jahren öfter in europäischen Weingärten, besonders in Frankreich, wegen ihrer Widerstandsfähigkeit der Reblaus gegenüber angepflanzt worden ist) wird auch *vitis odoratissima* genannt; der Duft ihrer grüngelben Blüten ist resedaartig.

(13) Diese Zeile wird im 20. Kapitel von Scheffels *Ekkehard* (S. 320) angeführt; vgl. den Schluß von A. 5 zu II (S. 29). *Felsentauben* sind in Palästina häufig, besonders die in Ritzen und Spalten der Kalkfelsen nistende *columba Schimperi*; vgl. Jer. 48, 28; auch W 798: *Wie ein einsam Täublein girret | und fleucht hohlen Felsen zu | sowie D 6: Jungfrauen, Mädchen, ihr bezaubernden Tauben, warum weint ihr? Wegen Trauben, wegen Feigen, wegen Granatäpfeln?* Vgl. oben, S. 67, A. †; A. 4 zu IX; A. 36 zu VIII.

(14) Das heißt, hinter der hoch über der Erde befindlichen engen Fensteröffnung (siehe oben, A. 4) des Steinhauses. Im Gebirge und an den Bergabhängen sind die Häuser häufig aus unbehauenen Steinen gebaut; vgl. Löhr, *Volksleben*, S. 39. Goethe: *Meine Taube in den Steinritzen im Hohlhort des Felshangs.* Herder: *Mein Täubchen in den Spalten des Felsen, | in den hohlen Klüften der Steige.*

(15) Diese Zeile ist nach VI, ii ergänzt; vgl. oben, A. 1.

(16) Das Mädchen war hinter dem Fenstergitter nicht zu sehen; vgl. A. 4.

(17) Dies ist ein auf VII, ix beruhender müßiger Zusatz.

(18) Auch dies ist ein unnötiger erklärender Zusatz; vgl. A. 13 zu III. Luther hat *Mein Freund antwortet und spricht zu mir*; Goethe richtig: *Da beginnt er und spricht*, ebenso wie die englische Bibel hat *My beloved spake and said unto me*; vgl. A. 17 zur Einleitung.

(19) Dies ist eine tertiäre Glosse zu dem vorausgehenden *o du, die du weilst in dem Prachtgarten*, wobei die Femininform irrtümlich

kollektiv gefaßt ist (vgl. griech. ἡ ἵππος = *Stute* und *Reiterei*). Für *Prachtgarten* siehe oben, S. 98, Z. 2.

(20) Diese ganze Glosse ist lediglich eine Parallele aus einem anderen Gedichte zu den Worten im Texte: **deine Stimme laß mich hören.*** Dieses erläuternde Zitat ist in dem überlieferten Texte am Schluß des Buches angehängt, ebenso wie der folgende Vers (8, 14) eine Variante zu 2, 17 bietet; vgl. A. 43 zu VII und für erläuternde Zitate siehe A. 21 zu I.

XI

(1) In III, iv—vi hatten wir ein Trotzliedchen, in dem die Brüder der Braut wegen ihrer unnötigen und verfrühten Sorge um die Keuschheit ihrer Schwester aufgezogen wurden. Hier haben wir ein kleines Scherzgedicht auf das neuvermählte Paar mit der Antwort, die der Bräutigam angeblich der Braut gegeben, als sie ihn einst um ein Stelldichein zur Mittagszeit bat. Diese Gedichte entsprechen in gewisser Hinsicht unseren Polterabendscherzen und Hochzeitskladderadatschen, wobei mitunter auch ziemlich derbe Anspielungen vorkommen. Herder hält das Liedchen allerdings wieder für eine *schöne Szene der Hirtenunschuld*. Er verband es mit III, ii. iii, wie in dem überlieferten Texte, während Goethe die beiden Liedchen mit Recht von einander getrennt hat. Diese Scherzliedchen sind natürlich nicht bös gemeint; vgl. L 111, wo eine Frau ihre Schwiegertochter neckt: *Frau meines Sohnes, an dir ist nichts was mir gefiele, außer den geschwärzten Brauen und der Schminke. Dein übler Geruch hat meinen Sohn schwindlig gemacht.* Vgl. auch den Scherz der Frauen bei Festlichkeiten (L 113) und das Scherzlied bei einer Drusen-Hochzeit (L 151) auch die altara-

---

* Ebenso könnte ein deutscher Leser sich hier die Zeilen (486/7) aus der ersten Szene des ersten Teils von Goethes *Faust* an den Rand schreiben, wo der Geist sagt: *Du flehst eratmend mich zu schauen, | meine Stimme zu hören, mein Antlitz zu sehn*, oder ein Kenner der altarabischen Poesie könnte an Z. 51 der Moallaka des Ṭarafa (vgl. A. 65 zur Einleitung) erinnern, wo die Sängerin (*qaine*) die bei den Gelagen in den altarabischen Weinkneipen zugegen zu sein pflegte, mit *asmiʿina* 'laß uns hören' aufgefordert wird, ein Lied vorzutragen.

bischen Scherze in Fr. Rückerts *Hamása* (vgl. A. 65 zur Einleitung); 2, S. 341—362.

(2) Wörtlich *den meine Seele liebt*; vgl. A. 2 zu XII.

(3) Mit dem Kleinvieh. Eigentlich *wo wirst du* (die Herde sich) *niederlegen lassen.* Vgl. D 233. 234: *Zeige mir, wo dein Haus ist.*

(4) Der überlieferte Text liest 'oṭějá 'eine Verhüllte,' was man auf Grund von 1 Mos. 38, 14 erklärt (Buhlerinnen verhüllten sich). 'Oṭějá aber ist eine Umstellung von ṭo'ějá (ṭo'ajá) 'eine Irrende.' Diese Änderung mag im Hinblick auf 1 Mos. 38, 14 vorgenommen worden sein. Auch die ursprüngliche Lesart *damit ich nicht irre gehe* hat einen sexuellen Nebensinn; vgl. unser *Fehltritt* und *Gefallene*, sowie A. 34 zu III und A. 41 zu VII. Die erste Strophe kann deshalb auch so aufgefaßt werden, als wenn die Braut dem Geliebten sagte: falls er ihr nicht mitteilte, wo er seine Mittagsrast halten würde, dann könnte es geschehen, daß sie vom rechten Wege abkäme zu den Herden seiner Gefährten, und das könnte die Veranlassung einer weiteren Irrung* ihrerseits werden. Herder übersetzt: *wie eine Verhüllte* und fügt in einer Anmerkung hinzu: *Schultens übersetzt das Wort schmachtend, schwindend; selbst der Ton der Worte im Original schmachtet dahin.* Das ist auch eine Verirrung.

(5) Am hellerlichten Tage, um die Mittagszeit sollte sie den Rastort ihres Geliebten unschwer finden. *Folge den Spuren der Herde* mag ein Ausdruck gewesen sein wie unser *Geh nur der Nase nach*. Es ist nicht nötig, die *Spuren der Herde* als eine *göttliche Leitung* aufzufassen (so J 37).

(6) Auch die Aufforderung *weide deine* (weiblichen) *Zicklein* hat einen besonderen Sinn, ebenso wie unsere Redensarten *einen Bock schießen, einen Bären anbinden* oder *aufbinden, sich einen Affen kaufen* usw. Die Bedeutung ist aber gänzlich verschieden. Ein Zicklein war das übliche Geschenk für eine öffentliche Buhldirne oder eine private Freundin (arab. ҫadîqe) die ihr Freund von Zeit zu Zeit besuchte. Als Juda seine Schwiegertochter Thamar sah (die er für eine Buhldirne hielt, weil sie sich verhüllt hatte; siehe oben, A. 4 und Sprüche 7, 10) sagte er zu ihr: Ich will dir ein (männliches) Zicklein schicken, und als Simson seine Freundin in der Philisterstadt Thimnath besuchte, brachte er ihr ein (männliches) Zicklein (Richt. 15, 1). Die Freundin erwartete jedenfalls ein derartiges Geschenk bei jedem Besuche; sie blieb im

---

* Der moderne Ausdruck *Eheirrung* wäre in diesem Falle verfrüht.

Hause ihres Vaters, und ihr Mann besuchte sie dort. Der altarabische Ausdruck für ein Geschenk, das ein Mann seiner Freundin gibt, ist ṣadâq. Nach Ammianus Marcellinus (14, 4) war die Ehe bei den Sarazenen eine Dienstmiete, wofür die Frau bezahlt wurde; der Mann mietete die Frau auf eine bestimmte Zeit. Diese zeitweiligen Verbindungen, die zur Zeit Mohammeds in Arabien üblich waren, heißen auf Arabisch: nikâḥ el-môt'a. In Persien sind sie jetzt noch gesetzlich erlaubt.

Im Buche Tobias (2, 13) lesen wir, daß Tobias' Weib, Anna, als ihr Mann sein Augenlicht verloren hatte, in eine Weberei ging,* wo Arbeiterinnen beschäftigt wurden (vgl. M 6, A. 4), und als die Fabrikherren ihr eines Tages außer ihrem Lohne ein Zicklein (ἔριφον) gaben, so machte ihr Mann ihr Vorwürfe; er traute ihrer Erzählung nicht recht und bestand darauf, daß sie das Zicklein den Herren wieder zurückbrachte, da er sich seines Weibes schämte. Ein Ziegenböckchen wurde von den griechischen Hetären der Liebesgöttin Aphrodite als Opfer dargebracht. Vgl. auch den Schluß des ersten Absatzes von A. 41 zu VII.

(7) Das heißt: Wenn du mich so wenig liebst, daß du nicht von selbst den Platz findest, wo ich zu Mittag raste, dann kannst du meinetwegen deine Gunst den andern Hirten schenken und dir auf diese Weise als Belohnung deines liebenswürdigen Entgegenkommens eine Anzahl Zicklein erwerben, die du dann bei den Zelten der Hirten weiden kannst. Sie wird so viel Zicklein kriegen, daß sie sich eine eigne Herde anlegen kann. Ähnlich könnte man einem Schauspieler sagen: wenn er in einer Rolle, worin er besonders mißfallen, noch einmal auftreten sollte, so würde er nach der Vorstellung, wenn auch keinen Blumenladen, doch einen Handel mit (faulen) Eiern und Äpfeln eröffnen können.

(8) Dies ist, wie schon das Metrum zeigt, ein erklärender Zusatz zu *wo wirst du rasten*. Der Ausdruck *weiden* war wegen seines sexüellen Nebensinns (vgl. A. 41 zu VII und S. 36, Z. 2) in der ersten (der Braut in den Mund gelegten) Strophe ursprünglich gewiß vermieden worden.

(9) Auch dies wird schon durch das Metrum als ein (auf VI, viii. ix beruhender) späterer Zusatz erwiesen. In der (dem Bräutigam in

---
* Der griechische Text hat ἠριθεύετο ἐν τοῖς γυναικείοις. Die Vulgata übersetzt: *ibat ad opus textrinum*, und Hugo Grotius bemerkt dazu: *lanificium faciebat in domo aliqua divitum quaestum inde facientium*. Vgl. auch 1 Chr. 4, 21.

den Mund gelegten) patzigen Antwort ist diese Anrede nicht am Platze. Eine ironische Fassung der Worte wäre verfehlt; die Schönheit des Mädchens wird nicht in Zweifel gezogen.

XII

(1) Goethe sonderbarerweise: *auf meiner Schlafstätte zwischen den Gebirgen*; dies ist wohl ein durch das vorausgehende *auf den Bergen Bether* (siehe A. 42 zu VII) veranlaßtes Versehen. Vgl. A. 18 zur Einleitung.

(2) Wörtlich *den meine Seele liebt*; vgl. A. 2 zu XI. Das hebr. *nef*ˤ*s* 'Seele' entspricht häufig mehr unserem *Herz*, während hebr. *lebh* 'Herz' vielfach für unser *Sinn, Verstand* gebraucht wird; vgl. A. 2 zu VI und A. 22 zu VIII.

(3) Ergänze *Ich sagte zu mir*; vgl. A. 13 zu III.

(4) Ergänze: *Ich fragte sie*; vgl. die vorhergehende Anmerkung.

(5) Diese fehlende Halbzeile, die im überlieferten Texte durch die hier gar nicht in den Zusammenhang passende Glosse *b* verdrängt (vgl. A. 50 zu VI) worden ist, ist hier dem Zusammenhang gemäß ergänzt; vgl. A. 6 zu IV.

(6) Siegel wurden entweder an einer Schnur um den Hals über die Brust herabhängend auf dem Herzen getragen (1 Mose 38, 18 gibt Juda seiner Schwiegertochter Thamar sein Siegel nebst Siegelschnur und seinen Stab zum Pfande; vgl. A. 6 zu XI) oder als Siegelring (G 617) an der rechten Hand. Das Siegel galt für etwas besonders Wertvolles; vgl. Jer. 22, 24; Hag. 2, 24.* Im Ägyptischen wird das Zeichen für *Siegelcylinder an einer Schnur* für *Schatz* gebraucht; vgl. Delitzsch und Haupt, *Beiträge zur Assyriologie*, Band 5, S. 457. In einem altägyptischen Liebesliede (M 44, x) heißt es: *O daß ich wäre ihr Ring an ihrem Finger!* In einem bei dem mitternächtlichen Hochzeitszuge (vgl. A. 10 zu I) des Bräutigams in Aleppo gesungenen (an die Schöne gerichteten) Liede (D 205) finden wir; *Mache mich zu einer silbernen*

---

* Noch heutzutage gilt in Damaskus unter Dokumenten bloß das Siegel, nicht die Unterschrift; vgl. Baedekers *Palästina und Syrien* (Leipzig 1904) S. 265.

Halskette, | *auf deiner Brust schüttle mich,* | *mache mich zu einem hübschen Kleide,* | *und auf deinen Leib lege mich an,* | *und mache mich zu einem goldnen Ohrring,* | *an deine Ohren hänge mich!* und D 276: *O mein Geliebter, stecke mich in deine Tasche anstatt des Taschentuchs.* In einem Hochzeitsliede aus der Gegend von Beirût und dem Libanon (L 141) heißt es von der Braut: *O daß ich eine Perlenkette um deinen Hals wäre!* Vgl. auch W 726: *Wollt' Gott, wär' ich ein seiden Hemdlein weiß,* | *daß mich die allerschönste Frau* | *an ihrem Leibe trüge.* | *Wollt' Gott, wär' ich ein rot Goldringelein,* | *daß mich die allerschönste Frau* | *an ihre Händlein zwinge.* In unserer Stelle will das Mädchen nicht nur ebenso dicht am Herzen des Geliebten ruhn wie sein an einer Schnur über dem Herzen hängendes Siegel: sie erwartet auch, daß er sie ebenso wert halten werde wie sein Siegel an der Schnur oder seinen Siegelring an seiner Rechten. *Ich will dich halten wie mein Siegel* hat ungefähr dieselbe Bedeutung wie *ich will dich hüten wie meinen Augapfel*; vgl. 5 Mose 32, 10; Psalm 17, 8; Sprüche 7, 2. Für *Halte mich wie deinen Siegelring an deiner Rechten* vgl. auch Ps. 91, 12; Matth. 4, 6. Eine Strophe des in A. 9 zu II angeführten Lobgesangs an Maria schließt mit den Versen: *Trug, wie ich sing', den liebsten Ring,* | *den Diamant im* (lies: *am*) *Herzen*; vgl. die Übersetzung der Vulgata: *Pone me ut signaculum super cor tuum* (Luther: *Setze mich wie ein Siegel auf dein Herz*).

(7) Unwiderstehlich. Man darf nicht etwa den Gedanken *Die Liebe währt bis in den Tod* hineinlesen.

(8) Wörtlich *hart*.

(9) Hebr. *Scheôl*, der Aufenthalt der Abgeschiedenen, dem jeder verfällt (vgl. das horazische *omnes eodem cogimur*). Die Auffassung *heiß wie die Hölle ist die Leidenschaft* ist gänzlich ausgeschlossen. Die Vorstellung von der Hölle als einem Ort der Qual ist später.

(10) Ebenso heiß wie.

(11) Sie kommt ebenso unverhofft und man kann sich ebensowenig dagegen schützen. Wörtlich *ihre Flammen sind Flammen Jahves*.

(12) Das letzte Halbzeilenpaar wird gewöhnlich übersetzt: *Wenn einer alles Gut in seinem Hause um die Liebe geben wollte, so gälte es Alles nichts* (so Luther; in Kautzschs Textbibel: *Man würde ihn doch nur verachten*).* Aber die letzte Halbzeile ist ein Fragesatz: *Würde*

---

* Auch Ed. König, *Die Poesie des Alten Testaments* (Leipzig 1907) S. 154 übersetzt: *man würde ihn doch nur verächtlich abweisen* (vgl. auch

man ihn verachten? Ebenso müssen wir Sprüche 6, 30 übersetzen,
nicht: *Es ist einem Dieb nicht so große Schmach, ob er stiehlt, seine
Seele zu sättigen, weil ihn hungert,* sondern
> Verachtet man nicht auch einen Dieb,
> wenn er stiehlt, seinen Hunger zu stillen?

Goethe schließt seine Übersetzung des Hohenliedes mit dieser Verherrlichung der Liebe; vgl. dazu oben, S. viii der Einleitung. Auch Daniel Sanders' Übersetzung (1845) schließt mit dieser Stelle. Die im überlieferten Texte folgenden Verse gehören in einen andern Zusammenhang: Vers 8—10 gehört zu den drei Liedern über die Brüder der Braut in III; Vers 11 und 12 gehört zu 6, 7. 8 in IV; Vers 13 und 14 sind zwei am Schlusse angehängte Glossen zu 2, 14 und 17; siehe A. 20 zu X; A. 43 zu VII.

Hölty sagt (E 131) *Nähm er Kronen und Gold, mißte der Liebe? Gold | ist ihm fliegende Spreu; Kronen ein Flitterland; alle Hoheit der Erde | sonder herzliche Liebe, Staub.* Wir können die Schlußzeile der biblischen Liebeslieder in diesem Sinne auslegen, müssen uns dabei aber vor Augen halten, daß das eine moderne 'fränkische' *Anwendung*, und daß der ursprüngliche orientalische Sinn ist: Wenn der Kaufpreis für ein schönes Mädchen, in das sich ein Mann verliebt hat, so hoch ist, daß er gezwungen ist, sein ganzes Vermögen für sie hinzugeben, kann man ihn deshalb schelten? Ein Mädchen oder eine Braut im Orient kostet Geld; der Liebhaber muß für sie zahlen. Bei den Bauern in den Dörfen bei Jerusalem wird für ein Mädchen, das bei ihrer Verheiratung gewöhnlich 12 oder 13 Jahre alt ist, ein Preis von 60 türkischen Pfund (etwa M. 1200) verlangt (L 119). Dann wird gehandelt, bis der Preis auf die Hälfte ermäßigt wird (L 120). Ein Drittel dieses vom Bräutigam zu zahlenden Brautgeldes wird gewöhnlich für die Neuvermählte sichergestellt. Außer diesem an den Vater der Braut gezahlten Preis, erhält auch der Bruder des Brautvaters eine Geldsumme: er fordert 20 Goldstücke (etwa M. 400) was auf 5 (etwa M. 100) heruntergehandelt wird. Der Bruder der Brautmutter erhält Kleidungsstücke (Kaftan, Mantel, Schuhe), seine Söhne nur Schuhe. Ohne Zustimmung des Bruders des Brautvaters und dessen Söhne kann aus der Hochzeit nichts werden. Vgl. auch Löhr, *Volksleben im Lande der*

A. 45 zur Einleitung). Auf S. 56 dieser Schrift findet sich die Übersetzung *Saul hat eine Niederlage unter den ihm angemessenen Tausenden bewirkt, David aber unter den ihm entsprechenden Zehntausenden* (1 S 18, 7; 21, 12; 29, 5).

Bibel, S. 51; ferner oben, A. 21 zu I, und die Geschichte des jungen Mannes in Bagdâd, der für seine geliebte Sklavin schließlich sein ganzes Vermögen verausgabte,* übersetzt in Weils *Tausendundeine Nacht*, Band 4, S. 344 (vgl. A. 65 zur Einleitung).

(13) Dies ist eine irrtümliche Wiederholung des Schlusses der folgenden Glosse (β); vgl. A. 42 zu VIII.

(14) Dies ist ein späterer Zusatz, der auf VI, vi^c beruht; andrerseits ist die erste Halbzeile der zweiten Strophe des vorliegenden Gedichts mit einigen tertiären Zusätzen in VI, β eingeschoben worden; vgl. A. 48 zu VI.

(15) Dies ist eine irrtümliche erklärende Glosse; die *Männer, die die Stadt durchstreiften*, waren nicht alle Schutzmänner; vgl. A. 48 zu VI.

(16) Dieses Halbzeilenpaar gehört zu III, viii. Das *bis ich ihn gebracht* statt *ich möchte ihn bringen*, beruht auf nachträglicher Angleichung an die letzte Halbzeile von ii, *da fand ich meinen Herzliebsten*, die wörtlich lautet *ich war schon ein wenig an ihnen vorüber, bis ich ihn, den meine Seele liebt, gefunden hatte.*

(17) Vgl. Anmerkung 6 zu III.

(18) Diese Strophe, die Goethe hier mit Recht ausgeschieden, gehört an den Schluß von VII. Auch Herder sagt, das Lied steht hier nicht so gut wie zum ersten Male.

---

* Arab. *fa'ánfaqa 'aláihâ mâ má'ahu ḥáttâ náfida wa-ḍâqa ḥáluhu.*

Nachträge.

Zu S. 22, A. 5, Z. 7. — Bei den alten Orientalen war die uns sonderbar erscheinende Empfänglichkeit für Gerüche etwas Normales; wenn bei modernen Europäern ähnliche Erscheinungen auftreten, so ist das aber etwas Abnormes ebenso wie die ganz ungewöhnliche Schärfe des Geruchsinnes, die sich zuweilen bei Hysterischen findet. In Persien und Indien wird *Asa foetida* zum Würzen von Speisen und Getränken benutzt, während in Europa nur hysterische Personen diesen höchst widerwärtigen knoblauchartigen Geruch erträglich finden, ebenso wie sie z. B. auch den Geruch verbrannter Federn lieben. Übrigens spricht auch Mephistopheles von Gretchens *Dunstkreis* (Faust 2671) und Phorkyas sagt (9046): *Die duften Jugend*; vgl. 6473—8; *Zum Weihrauchsdampf, was duftet so gemischt?* ..... *Es ist des Wachstums Blüte, | im Jüngling als Ambrosia bereitet, und atmosphärisch ringsumher verbreitet.* Herder sagt in seinen Bemerkungen zu VII, vi: *das sehnende Mädchen duftet mit hinüber*; und zu VII, iv^d bemerkt er: *sie fühlte seine Gegenwart und duftet zu ihm und duftet schöner.*

Zu S. 23, A. 7. — Mörike sagt in dem Märchen *Das Stuttgarter Hutzelmännlein* (Band 6, S. 173 der Ausgabe von R. Krauss): *kein Wurzler hat's noch Krämer.*

Zu S. 24, A. 10. — Eine ähnliche bewaffnete Eskorte des Brautzuges ist auf der Insel Korsika üblich; vgl. A. C. Gunter's *Mr. Barnes of New York* (S. 267 der Tauchnitzschen Ausgabe): *a band of goat-herds .... clad in skins and armed with double-barrel guns, came up the avenue, followed by half the peasants of the village .... to escort the bride to the house of her husband.*

Zu S. 26, A. ✠. — In der griechischen Bibel (Est. 2, 7. 15; 9, 27) wird Esther eine Tochter von *Aminadab* genannt um ihre vornehme Herkunft hervorzuheben, ebenso wie ihr Vetter (nicht Oheim!) Mardachai als Abkömmling des ersten Königs von Israel erscheint; siehe Haupt, *Purim*, S. 8, Z. 26; S. 12, Z. 33; S. 23, Z. 30 und vgl. oben, S. 22, unten. Nach Redlich, S. 675 (siehe A. 25 zur Einleitung) soll ʽ*ammî nadhîv* bedeuten *meines Volkes, des edeln*. Das müßte aber ʽ*ammî hannadhîv* heißen. Wenn ʽ*ammî* nicht *status constructus* ist, kann ʽ*ammî nadhîv* nur bedeuten: *mein Volk ist edel*.

Zu S. 27, Z. 8. — Assyr. *îdî* kann auch *erkennbar* heißen, sodaß *ul îdî* bedeuten würde *nicht zu erkennen*; vgl. Otto Weber, *Die Literatur der Babylonier und Assyrer* (Leipzig 1907) S. 26 und 295; sowie Haupt, *Die akkadische Sprache* (Berlin 1883) S. 32, Z. 3.

Zu S. 28, Z. 25. — Zu dem Auftreten der Braut in sieben verschiedenen Kleidern vgl. die Geschichte von *Nûr-ed-dîn* und *Schâms-ed-dîn* in Weils Übersetzung von 1001 Nacht (vgl. A. 65 zur Einleitung) Band 1, S. 134 und S. 203, unten.

Zu S. 30, A. 6, letzter Absatz. — In der ersten Fassung von 1776 (vgl. A. 26 zur Einleitung) hatte Herder den Namen *Salome* statt *Sulamith*; siehe S. 619 von Redlichs Ausgabe.

Zu S. 32, A. 14. — Dr. Franz Strunz (Privatdozent der Geschichte der Naturwissenschaften an der technischen Hochschule in Brünn) sagt in einem Vortrage *Die Chemie im klassischen Altertum* (Wien 1905) S. 22: „Der sogenannte tyrische Purpur wurde durch eine doppelte Färbung hergestellt, indem der zu färbende Stoff zuerst in dem zubereiteten Safte der Purpurschnecke, und zwar in dessen halbausgekochten Zustande, darauf in dem Safte der Trompetenschnecke gefärbt wurde. Der ursprünglich farblose Saft der Purpurschnecke färbte sich erst an der Luft allmählich rot. Die chemische Zusammensetzung dieses Purpurs dürfte Indigoblau und ein wenigbeständiges Rot gewesen sein. Die noch heute erhaltenen mit Purpur gefärbten Stoffe sind blauviolett."

Zu S. 32, A. 17. — Wetzstein (vgl. A. 31 zur Einleitung) sagt in seiner Schrift *Das batanäische Giebelgebirge* (Leipzig 1884) S. 13: „Daß der nach Damask schauende Turm, das Bild der hochgetragenen Nase der stolzen Jungfrau, beim *Kaṣr ʽAntar* stand, d. h. zu den Gebäuden des ehemaligen Tempels gehörte, ist wohl nicht zweifelhaft. Der allgemeine Name *Libanon* wird hier statt *Hermon* genannt, weil der Name *Hermon* im Hebräischen eine ominöse Bedeutung hat." — Vgl. dazu S. 46, Z. 6 und den Schluß von A. 45 zu VIII.

Zu S. 34, A. 20. — Der bekannte englische Romandichter W. Rider Haggard sagt in seinem Buche *A Winter Pilgrimage, being an account of travels through Palestine, Italy, and the Island of Cyprus, accomplished in the year 1900* (Band 2, S. 65 der Tauchnitzschen Ausgabe) von der Ebene, in der der Berg liegt, auf dem angeblich die Bergpredigt (vgl. Matth. 6, 28) gehalten wurde: *This mountain, which is named Karn Hattin,* is a lonely hill standing in a great plain remarkable for the extraordinary beauty and variety of its wild flowers. In places, especially under olives on old cultivated ground, the earth was one pink flush, produced by thousands of a small, many-headed bloom, with which I am not acquainted. Elsewhere it was quite blue with a gorgeous giant vetch, or lupin, that grows among springing corn, while everywhere appeared iris and anemones, many in this place of a magenta hue mixed among the commoner whites and scarlets. Probably, on account of its size, this lupin is, I find, not included in the delightful and interesting little book, "Wild Flowers from Palestine," gathered and pressed by the Rev. Harvey Greene, B. D.* — Einige Seiten vorher (2, 60) sagt er von der Umgebung der Mariaquelle bei Nazareth:† *The flowers that I noticed were anemones, ranunculi just showing for bloom, a variety of wild orchis with which I am unacquainted, cyclamen, blue iris (in sheets), asphodel, and, about a mile out of Nazareth, a single patch of English daisies.* — Bei der Beschreibung der Tour von Tiberias nach dem Berge Tabor (Baedeker, S. 215) sagt er (2, 93): *I have spoken before of the flowers of Palestine, but never in any other spot did I see their equal for loveliness and frequency. It is scarcely too much to say that here for whole miles it would have been difficult to throw a shilling at hazard without its falling on some beauteous bloom. Everywhere the turf was carpeted with them, in a pattern of glorious colors such as no man could design or execute.* — Vgl. auch 2, 112: *On our ride‡ over swelling hills to Nazareth we found yet other flowers, gorgeous red tulips and a most splendid variety of iris, though of this, either here or elsewhere, I saw no further specimen;* — 2, 115: *All the slopes of Carmel are covered with the most beautiful flowers and sweet herbs nurtured by the dew for which it is famous;* — 2, 182: *The trail§ runs across an arid plain impregnated with salt and bearing a scanty vegetation. Here and there among the*

---

* Vgl. Baedekers *Palästina und Syrien* (Leipzig 1904) S. 216, Z. 5.
† Dies ist die einzige Quelle in Nazareth; siehe Baedeker, S. 214.
‡ Vom Berge Tabor.
§ Von Jericho nach dem Toten Meere.

bushes bloom ranunculi, while little iris of a peculiarly deep and lovely hue are common; — 2, 192: *The only sweet and cheerful thing in the Holy Land . . . . . are the lovely flowers which for a time smile upon its face.* — Zur Erläuterung der Bergpredigt (Matth. 6, 30) mag schließlich noch 2, 74 angeführt werden: — *In Cyprus and the Holy Land, however, I observed donkeys and women laden with great bundles of a grey prickly growth, the stalks of wild thyme, I believe, though of this I am not certain, and inquired its purpose. Then I learned that this growth is invariably used by the bakers to heat their ovens. It has the property of burning with a clear, hot flame, but without smoke, and therefore leaves the interior of the oven, after the ashes have been drawn, clean and fit to receive the bread. Can any one doubt that this was the "grass of the field" that is "cast into the oven" to which the Saviour alluded, or that He drew His illustration from the still common sight of the passing women bearing it in bundles on their heads to be sold in the cities of the Lake.** Vgl. dazu oben, A. 32 zu III sowie Haupt, *Ecclesiastes* (Baltimore 1905) S. 38, A. 12; *Nahum* (Baltimore 1907) S. 17 und 22; ZDMG 61, 285, A. 14.

Auch Herder verweist in seinen Bemerkungen zu 2, 1 (S. 43, Z. 28 in Meyers Ausgabe) auf Matth. 6, 28 und fügt hinzu: *Alle Reisebeschreiber melden, daß die schönsten Blumen, Tulpen, Anemonen dort wild wachsen und Tal und Feld und Füße der Hügel zieren.* Vgl. auch die Zugabe zur ersten Fassung von 1776 (siehe A. 26 zur Einleitung) S. 645 in Redlichs Ausgabe.

Zu S. 35, Z. 10. — Zu dem *hyazinthfarbigen* (d. h. dunkelvioletten oder blauschwarzen) *Haar* mag darauf aufmerksam gemacht werden, daß das tiefschwarze Haar von Orientalen (auch mancher Juden in Europa) mitunter einen violetten oder bläulichen Schein hat. Auch das mit Henna und Reng † schwarzgefärbte Haar nimmt häufig nach einiger Zeit einen violetten Schein an; vgl. dazu S. 310 des oben (S. 70, unten) zitierten Buches von Dr. Clasen.

Zu S. 36, Z. 2. — Im Talmud wird der Schamberg (vgl. A. 30 und 42 zu VII) *kaf* 'Schale' oder *qĕdhêrâh* 'Kochtopf' genannt, weil man glaubte, daß dort der Same reife (eigentlich *siede*, hebr. *mesîâh*). Zu dem Ausdruck *auf den Lilien weiden* für die *Beiwohnung* vgl. auch das talmudische *pflügen* (insbesondere *in den Gärten pflügen*, hebr.

---

* Genezareth.

† Vgl. unten die *Nachträge* zu S. 70, vorletzte Zeile.

ḫarâš baggannôth;† siehe dazu A. 3 zu IX) für *beiwohnen*. Das *Pflügen* in Richt. 14, 18 hat eine andere Bedeutung.

Zu S. 38, Z. 4. — Statt *Pforte des Weltgedränges* könnte man wörtlicher übersetzen *Pforte des Gedränges der Nationen*, d. h. durch die aller Länder Bewohner sich drängen (HW 26ᵇ). Assyr. *adnâti* ist ein femininer Plural (mit *n* statt *m* wegen des *d*) zu hebr. *adam* 'Mensch.'

Zu S. 38, A. 2. — Die Übersetzung *Herbstzeitlose* ist auch von König in seiner S. 110, A. * zitierten Schrift (S. 26) befolgt worden; vgl. dagegen den Schluß von A. 56 zur Einleitung. Johannes Trojan sagt in einer zu seinem 70. Geburtstag am 14. August 1907 geschriebenen Betrachtung über das Alter in der Berliner *National-Zeitung* von der Herbstzeitlose: *Jeder Botaniker würde mir darin Recht geben: nicht die letzte Blume des Herbstes ist sie, sondern die erste schon eines neuen Frühlings, der erst kommen soll.*

Zu S. 41, A. 20. — Winckler vergleicht richtig den Schluß von Uhlands Ballade *Graf Eberstein*: —. *Schön Jungfräulein,* | *hüte dich fein!* | *Heut' nacht wird ein Schlößlein gefährdet sein.* Ludwig Fränkel zitiert dazu Liebrecht in der *Germania*, Band 33, S. 252.

Zu S. 43, Z. 2. — Die Bemerkung rührt von Schopenhauer her, der sie am Rande des ihm von Wagner übersandten Exemplars des Nibelungenringes eingetragen haben soll. Leider läßt sich das nicht mehr genau feststellen, da Gwinner die ihm von Schopenhauer vermachte Bibliothek seiner Zeit versteigert hat. Paul Lindau sagt dagegen in seinen *Nüchternen Briefen* (S. 29): „Die sittliche Entrüstung über das blutschänderische Verhältnis zwischen Siegmund und Sieglinde vermag ich nicht zu theilen. Wenn man die Sache im Textbuche nachliest, — nun ja, sie ist recht verfänglich, aber in der szenischen Darstellung wirkt sie durchaus diskret; es ist kein Anstoß daran zu nehmen." — Jedenfalls ist der Schluß des ersten Aktes der *Walküre* weit weniger anstößig als z. B. die bekannte Szene in Wildenbruchs *Haubenlerche*.

Zu S. 46, Z. 6. — Zu der Vermeidung des heidnischen Namens vgl. die *Nachträge* zu S. 32, A. 17.

Zu S. 46, A. 5. — Ebenso heißt es Est. 2, 23, daß die Sache (Mardachais Entdeckung der Verschwörung gegen den König) eingetragen wurde in das Buch der Chronik *vor dem Könige*, d. h. *für den König*, sodaß er sich über alle wichtigen Vorkommnisse jeder Zeit Bericht

---

† Der Plural *Gärten* = *herrlicher Garten*; vgl. A. 19 zu X.

erstatten lassen konnte (vgl. Est. 6, 1). Auch im Deutschen wurde früher *vor* vielfach im Sinne von *für* (engl. *for*) gebraucht; mundartlich sagt man heute noch *vor mir* statt *für mich* oder *meinetwegen*. Andrerseits sagt Goethe: *denn krank bin ich für Liebe* statt Luthers *denn ich bin krank vor Liebe* (2, 5). Paul Gerhardt sagt (E 81): *so tritt du dann herfür*; vgl. auch E 55: *mein Feinslieb kommt mir für* in dem oben, in dem zweiten Abschnitt von A. 2 zu VI angeführten Gedichte und *Stek' auf, ich bin dafüre* (statt *davor*) in A. 3 zu VI.

Zu S. 47, A. 9. — Sowohl Nehemia als auch Mardachai mögen Eunuchen gewesen sein; vgl. die A. zu Jes. 56 in der *Regenbogen-Bibel* (S. 190, Z. 37). Ps. 127 ist gegen Nehemia gerichtet; vgl. dazu Simrocks Gedicht *Habsburgs Mauern* (und den Kommentar zu Ps. 127 in AJSL 11).

Zu S. 48, A. 13, Z. 1. — Damit man trotz des hier gegebenen Zitats aus dem alten Volksliede, *die König' sie schön grüßen*, die Voranstellung des pronominalen Objekts in meiner Übersetzung *Die Mädchen sie sehen und rühmen, Königinnen und Kebse sie preisen* nicht etwa als 'Amerikanismus' auffasse (was mir tatsächlich vorgekommen) möchte ich hier noch einige weitere Belege aus alten deutschen Liedern für diesen 'Amerikanismus' anführen, z. B. E 68: *Vielmehr du deine Schwingen | zerschlag im wilden Meer*; — E 69: *Dirs laß in Treuen sagen*; — W 104: *Ihr mich nimmer sollet fällen*; — W 112: *Schöner Mond, du deine Sterne | morgens führtest ab zu spät*; — W 197: *Er ihm singet süße Reimen .... Doch ich deine Treu muß loben .... Morgen ihn es reuen wird, | er sich jetzt gar will befreien*. Diese Verse sind aus Friedrich v. Spee's (vgl. A. 7 zu X) *Trutznachtigal* (Köln 1649). Vgl. auch W 357: *Ich leider nicht ein Pfenning han*; — W 98: *Bald das erhört der Wüterich*.

Zu S. 48, A. 13, Z. 9. — *Nóʿmân* ist der Name der Könige von Hîra,* der den späteren Arabern am meisten bekannt ist. Die Könige von Hîra,

---

* Über die Geschichte von Hîra siehe August Müller, *Der Islam im Morgen- und Abendlande*, Band 1 (Berlin 1885) S. 17—22; Th. Nöldeke, *Geschichte der Perser und Araber zur Zeit der Sasaniden* (Leipzig 1879) an den daselbst auf S. 493 unter Hîra angegebenen Stellen sowie Nöldekes *Aufsätze zur persischen Geschichte* (Leipzig 1887) S. 104. 112. 126; auch Maçoudi, *Les prairies d'or. Texte et traduction par* C. Barbier de Meynard et Pavet de Courteille, vol. 3 (Paris 1864) S. 181—214 (Kap. 44) und Rothstein, *Die Dynastie der Lachmiden in al-Hîra* (Berlin 1899). Zu den *Goldwiesen* oder vielmehr *Goldwäschen* vgl. Brockelmann, *Geschichte der arab. Lit.* (Leipzig 1901) S. 110.

die in den altarabischen Gedichten öfter erwähnt werden, waren arabische Markgrafen der Perserkönige in der vorislamischen Zeit. Das Gebiet von Hîra war eine Art Militärgrenze zwischen dem babylonischen Kulturlande und den räuberischen Beduinenstämmen der syrisch-arabischen Wüste. Die Ruinen von Hîra liegen etwa 50 km südlich von den Ruinen von Babylon, unter 32° nördl. Br. und 42° östl. L. (von Greenwich). *Hîra** ist ein syrisches Wort für *Lager*.

Der Name des berühmten Schlosses bei Hîra, *Chwarnaq*, erscheint im Talmud als *ak(h)warněgâ* mit der Bedeutung *Speisesaal, Speisezelt*. Der Baumeister des Schlosses hieß *Sinimmâr* was (ebenso wie *Chidher*** u. a.) ein altbabylonischer Name zu sein scheint (OLZ 10, 334). Vgl. *Chwarnak* in Fr. Rückerts *Morgenländischen Sagen und Geschichten* (Stuttgart 1837) S. 159. Rückert sagt: *Zwanzig Jahr' ununterbrochen | baut' am Meisterbau der Meister; | und als er vollendet hatte, | ließ der Bauherr ihn zum Lohne | von der Zinne niederstürzen.* § Sinimmâr bedeutet möglicherweise *mondsichtig* (nicht *mondsüchtig!*) d. h. *gut sehend bei Mondlicht*; ein ähnliches Compositum ist das assyr. *sinniš* 'weiblich,' eigentlich *mondkrank*, d. h. *monatlich krank*; vgl. die kritischen Noten zum hebr. Text des Buchs der Könige in der *Regenbogen-Bibel*, S. 270, Z. 29.

Nach arabischer Überlieferung verwaltete No'mân ibn-Mundhir für Chosroes den Großen (mit dem Beinamen Nuschirwan)† Hîra und das benachbarte zu Babylonien gehörige Araberland, (N 221, 1).‡ Tatsächlich war er erst nach dem Tode Chosroes I. (578) König von Hîra (etwa von 580—602). Vieles was unter seinen Vorgängern (z. B. Mundhir und 'Amr ibn-Hind) sich zutrug, wird in der Überlieferung ihm zugeschrieben, sodaß *No'mân* (griech. Ναομάνης) gradezu

---

* Syr. *ḥîrtha, ḥêra* = *ḥâra, ḥa'ra, ḥaḍra*; vgl. arab. *ḥaḍr* 'Wohnung' (*ḥâḍire* 'Dorf, Stadt') und hebr. *ḥaçêr* 'Hof.'

** Vgl. Rückerts bekanntes Gedicht *Chidher der ewig junge sprach*, sowie Zart, *Chidher in der Sage und Dichtung* (Hamburg 1897). Arab. *ḥiḍr* ist eine Umformung des keilschriftlichen *Ḥasîs-atra* = Ξίσουθρος; siehe Haupt, *Purim*, S. 30, A. 33.

§ Auf den *Lohn Sinimmârs* wird auch in den *Liedern der Hudhailiten*, Nr. 167, 2 angespielt; siehe Wellhausen, *Skizzen und Vorarbeiten*, Heft 1 (Berlin 1884) S. 127. Weitere Parallelen zu den biblischen Liebesliedern finden sich daselbst in Nr. 154, 1. 3; 161, 5.

† Genauer *Nôšîrwân*, eine Umformung von *Anôšarwân* für *Anôšak rawân* 'mit unsterblicher Seele.'

‡ Mit N wird hier das oben angeführte Werk Nöldekes: *Geschichte der Perser und Araber* bezeichnet.

als Name der Könige von Hîra gilt, ebenso wie der Name *Chosroes**
vielfach als Titel aller persischen Könige angesehen wird; vgl. das
lateinische *Caesar*, andrerseits das ägyptische *Pharaoh* (das nicht Eigenname sondern Titel ist wie das russische *Zar*) und das kossäische
Ianzû.§ Insbesondere werden in der Überlieferung Chosroes I.
Nuschirwan (unter dessen Regierung, um 570, der Prophet Muhammed
geboren wurde) und sein Sohn Hormizd IV. (Hormisdas, griech.
Ὁρμίσδας, 578—590) sowie Hormizds Sohn Chosroes II. Parwêz
(d. h. *der Siegreiche*) vielfach mit einander verwechselt.

Die L 142, 31 (vgl. L 89, Z. 5) mißverstandene Erwähnung von
Chosroes und No'mân als besonders kompetenter Kenner von
Frauenschönheit spielt auf eine Geschichte an, die (N 325—331; vgl.
Maçoudi, 3, 205) von dem letzten König von Hîra, No'mân ibn-
Mundhir (580—602) und Chosroes II. Parwêz (590—628) erzählt
wird. Nach arabischer Überlieferung besaßen die Perserkönige die
Schilderung eines vollkommenen Weibes (übersetzt N 327) die sie in
den ihnen untertanen Ländern als Richtschnur herumschickten, wenn
sie ihren Harem füllen wollten (vgl. Est. 2, 2. 3). Bei den Arabern
hatten sie derartige Requisitionen noch nie vorgenommen. Nun wurde
Chosroes II. gesagt, in der Familie seines Vasallen No'mân seien mehr
als zwanzig Mädchen, die den königlichen Anforderungen entsprächen.
No'mân aber kam der Aufforderung, arabische Schönheiten aus seiner
Familie für den Harem des Perserkönigs zu senden, nicht nach, und
Chosroes ließ seinen unbotmäßigen Vasallen später durch Elefanten
zertreten.

Wenn bei der Übergabe der Braut an den Brautführer selbst
Chosroes und No'mân *à la bonne heure!*† rufen würden, so muß die

---

* Griech. Χοσρόης = *Chosrau* oder *Chosrô*, auch *Khosrev*, *Khosru*, arab. *Kesrâ*.

§ Vgl. Delitzsch, *Die Sprache der Kossäer* (Leipzig 1884) S. 35.

† Löhr (vgl. oben, S. 101, A. *) führt in seinem Buche *Der vulgär-
arabische Dialekt von Jerusalem* (Gießen 1905) S. 132 *nijâlăk* in der Bedeutung *Wohl dir!* auf. Das vorgesetzte Sternchen bezeichnet den Ausdruck als
fellachisch und der familiären Sprache angehörig. *Nijâlak* ist wohl Ellipse
für *nilta nijâlak*, eigentlich *du hast erlangt dein Erlangen* beziehungsweise
Verlangen (arab. *maṭlûb*). Es entspricht in gewisser Hinsicht der deutschen
Redensart *Du hast's grimmig erfaßt!* oder *Du hast den Vogel abgeschossen!*
Die Wiedergabe durch *Glückauf!* oder *Wohl dir!* ist nicht recht passend.
Eher noch könnte man sagen *Mein Kompliment!* oder *Ich beneide dich!* Vgl.
Wright-de Goeje's *Arab. Gr.* 2, 74, C. Mit dem arab. *nâla, janûlu* hängt
wahrscheinlich assyr. *nûlâti* (HW 454ᵃ) zusammen; zur Bedeutungsentwicklung

Braut ein ganz besonders schönes Mädchen sein. Auch in den in 1001 Nacht verstreuten Versen (vgl. A. 65 zur Einleitung) wird Chosroes mehrfach erwähnt, z. B. (in Weils Übersetzung) 1, 151 (und 308; vgl. auch 4, 65. 81): *Lebte ich im schönsten Wohlbehagen und besäße ich die ganze Welt, das Reich der Chosroen, so würde ich es doch nicht so hoch wie den Flügel einer Mücke anschlagen, wenn mein Auge dich nicht sieht.*

Noʻman besaß nicht nur Verständnis für Frauenschönheit, obwohl er selbst klein und häßlich war; er hatte auch eine besondere Vorliebe für die Dichtkunst; insbesondere ist er wegen seiner Beziehungen zu dem berühmten vorislamischen Dichter Nâbigha bekannt.*

Zu S. 49, Z. 2. — Zu derartigen Zusätzen auf Grund anklingender Stellen vgl. Haupt, *Nahum*, S. 31, zweite A. zu V. 9.

Zu S. 49, Z. 3. — *Naboths Weinberg* wird auch in Goethes *Faust* erwähnt (V. 11 287) wo Mephistopheles sagt: *Auch hier geschieht was längst geschah, | denn Naboths Weinberg war schon da*. Zu *geschieht was längst geschah* vgl. das Zitat aus Hölderlins *Empedokles* in Haupt, *Ecclesiastes*, S. 35: *Es kehret alles wieder, | und was geschehen soll, ist schon geschehn*.

Zu S. 51, A. 8. — Es ist kaum anzunehmen, daß *von den Höhlen§ der Löwen, von den Bergen der Panther* lediglich ein poetischer Ausdruck für *Wohnstätten feindlicher Stämme* ist. In Z. 6 der Moallaka des ʻAntara (siehe A. 65 zur Einleitung) heißt es von der einem feindlichen Stamme angehörenden Geliebten nach Rückerts Übersetzung: *Sie wohnet in der Löwen, der brüllenden Revier; | der Weg, o Tochter Maḫzems, ist mir verlegt zu dir*. Die Erklärung des Wortes für *Feinde* als *Brüller = Löwen* beruht aber nur auf einer späteren Volksetymologie eines alten babylonischen Worts (OLZ 10, 70). Allerdings wird auch im AT *Löwe* von einem *grimmigen Feinde* gebraucht; vgl. (außer der oben zitierten Stelle Nah. 2, 12) Jer. 4, 7; auch Ps. 7, 13; 22, 14† und

vgl. *miẓru* (HW 404, Z. 8) und hebr. *maçâ* Gen. 44, 34; Ex. 18, 8; Num. 20, 14; Ps. 119, 143. Vgl. auch syr. *nûwâlâ* 'Krankheit, Elend' und das englische *to catch cold* &c.

* Vgl. außer den oben angeführten Stellen aus Nöldekes ausgezeichnetem Werke auch noch N 227, 1; 254, 1; 314, 3; 347, 1 sowie N 25. 79. 136. 151; ferner Brockelmanns *Gesch. der arab. Lit.* (Leipzig 1901) S. 29.

§ Eigentlich *Wohnungen*; vgl. Nah. 2, 12.

† Dieser Vers muß in V. 17 eingeschoben werden, dessen Schluß fälschlich auf die Kreuzigung Christi bezogen wird. Wir müssen verbinden: *Denn Hunde umringen mich, | ihr Gebiß wider mich sie fletschen, || In Hand und*

Hos. 13, 7. Sanherib sagt in seinem keilschriftlichen Bericht über die Schlacht von Ḫalûle:* *labbiš annaṭir* 'wie ein Löwe ergrimmte ich' (KB 2, 107, 54). *Labbu*, hebr. *lavî*, worauf unser *Löwe* zurückgeht, heißt eigentlich *der Grimmige*, von *labâbu* 'ergrimmen.'** Auch hebr. *namér* 'Panther' heißt eigentlich *der Grimmige*; das Wort hängt mit *mar* 'bitter, grimmig' zusammen;§ vgl. Hab. 1, 6; 1 Sam. 30, 6; Dan. 8, 7; 11, 11. In der altarabischen Poesie, z. B. in den Liedern der Hudhailiten (vgl. oben, S. 119, A. §) Nr. 229 werden Kämpen, die sich zum Wasser schleichen, mit Panthern verglichen. *Namer* 'Panther' ist auch ein nordarabischer Stammname: *Mâ-es-samâ* (d. h. *Himmelswasser*) die Mutter König Mundhirs III. von Ḥîra (vgl oben, S. 119) war vom Stamme *Namer* am westlichen Euphratufer etwa zwischen Hît∥ und 'Âne an der Karawanenstraße zwischen Damaskus und Bagdâd. Ebenso heißen verschiedene arabische Stämme *Löwe* (arab. *Asad*, † *Lab*', *Labwân*, *Laith*).

Zu S. 52, A. 2, Schluß des ersten Absatzes. — Vgl. meine Übersetzung und Erklärung von Ps. 137 in OLZ 10, 66.

Zu S. 53, A. 2, letzter Absatz. — Unter den in A. 65 zur Einleitung aufgeführten Versen aus 1001 Nacht finden sich Schilderungen der Schönheit eines jungen Mannes z. B. in der Geschichte von Nûr-ed-dîn und Schäms-ed-dîn, S. 126. 141; vgl. auch die Geschichte von Nûr-ed-dîn Ali und Enîs el-dschelîs, S. 253 desselben Bandes. Die Ansicht von Eduard Reuss (*AT* 5, 378) daß der Dichter in der Schilderung des Geliebten *mit Behagen sich selbst persifliere*, ist natürlich verfehlt; VI, x—xv ist keineswegs *nichts als ein Scherz*, wie Reuss meint.

Zu S. 54, A. 10. — Löhr (vgl. oben, S. 101, A. *) sagt dagegen (S. 39) daß man sich jetzt in Palästina zum Schlafengehen nicht ganz ausziehe,

---

Fuß es mir grabend | wie ein reißender, brüllender Leu; vgl. AJSL 23, 232, A. 36.

* Siehe Otto Weber, *Die Literatur der Babylonier und Assyrer* (Leipzig 1907) S. 231; vgl. meine Übersetzung in der *Andover Review*, Mai 1886, S. 546.

** Auf denselben Stamm geht das Wort für *Herz* zurück, hebr. *lev* (für *libb*). Das *Herz* heißt so als *das aufgeregte, pochende*.

§ Vgl. ZDMG 61, 285, Z. 43.

∥ Hit, von wo aus die Kamelpost nach Damaskus quer durch die Wüste geht, ist das Herod. 1, 179 erwähnte Ἴς.

† Auch *Asd* und (mit partieller Assimilation) *Azd*. Das Gebiet von *Asad* war südlich von Ḥîra, nordwestlich von Bahrein, östlich von der Oase *Têmâ* (Luther: *Thema*; vgl. Jes. 21, 14; Jer. 25, 23; Hiob 6, 19).

sondern sich teilweis der Oberkleider entledige und den Gürtel lockere. Auch Amra-al-ḳais sagt Z. 26 seiner Moallaḳa, in Rückerts Übersetzung (vgl. A. 65 zur Einleitung) S. 23: *Und kam ihr als sie eben zum Schlummer ihr Gewand | beim Vorhang abgestreift, und im leichten Kleide stand.* Dies beim Schlafen anbehaltene Kleid heißt im Altarabischen *mifḍal* oder *faḍle*. Jetzt nennt man ein Nachthemd *qamîç linnaum*, eigentlich *ein Kamisol für den Schlaf.* Das letzte Gewand, das der Göttin Istar abgenommen wird, nachdem sie das siebente Tor der Unterwelt durchschritten, heißt (KB 6, 84, Z. 60) *çubât bâlti ša zumriša* 'das Schamgewand ihres Leibes.'*

Zu S. 57, Z. 5. — Herder zitiert dazu Lessings *Eclog. Salom.* p. 90, d. i. *Eclogae Regis Salomonis. Interprete* Ioanne Theophilo Lessingio (Lipsiae 1777). Theophilus Lessing (1732—1808) war ein jüngerer Bruder G. E. Lessings und damals Konrektor in Pirna, später in Chemnitz.

Zu S. 57, A. 18. — Statt Plin. 12, 35; 13, 3 hätte hier konsequenter Weise 12, 68. 70 zitiert werden sollen, d. h. die am Rande der Teubnerschen Ausgabe (von Mayhoff) angegebenen Paragraphen.

Zu S. 58, Z. 3. — Das Linsengericht, für das Esau sein Erstgeburtsrecht verkaufte, wird 1 Mos. 25, 30 *das rote* (hebr. *ha-adhom*) d. h. *das braune* genannt. An arab. *idâm* 'Zukost' (das wären etwa Oliven, Zwiebeln, Lauch und Knoblauch; vgl. 4 Mos. 11, 5) ist nicht zu denken. Auch der dunkelbraune oder braunschwarze Asphalt heißt im Hebräischen *ḥemâr*, d. h. eigentlich 'Rotes.' Über den andern Namen des Asphalts, *kofr*, d. h. eigentlich *Schmiere*, siehe unten, Nachträge zu S. 97, A. 6. Von demselben Stamme *ḥamar* kommt der Name der Alḥam(b)ra, d. h. *die rote* (Burg). Das *b* ist eingeschoben wie in *nombre* = *numerus*.

Zu S. 58, A. 29. — Vgl. die Zeilen in Mörikes Gedicht *Früh im Wagen:* — *Dein blaues Auge steht, | ein dunkler See vor mir.* Hebr. *millêth* entspricht dem syr. *millê'a†* oder *millêja* 'Flut,' auch 'Teich.'

---

* Assyr. *çubâtu* 'Kleid' kommt von *çabâtu* 'fassen,' ebenso wie das mittelhochdeutsche *vazzen* = *fassen* auch *sich kleiden* bedeutet. Assyr. *baltu* = *baštu*, hebr. *bošth*; assyr. *zumru* = arab. *zumre* 'Körperschaft,' talmud. *zĕmôrâh* = σῶμα, δέμας im Sinne von φαλλός wie talmud. *gewijâh* und *gûf*.

† Ursprünglich *mĕlê'a* für *milâ'a*, assyr. *milu* (für *millu*, *mil'u*, *mila'u*) 'Wasserfülle.' Das *ê* für *â* in *mĕlê'â* beruht auf *Imâle*. Ein assyrisches Lehnwort ist *millê'a* nicht. Ebenso wie *millêth* 'Teich' ursprünglich 'Fülle' bedeutet, heißt auch hebr. *berekhâh* 'Teich' ursprünglich 'Fülle' (= *berakhâh*

Zu S. 60, A. 39, am Ende. — Natürlich steht hier *natürlich* nicht im Gegensatz zu *künstlich*, sondern entspricht dem engl. *of course*.

Zu S. 60, A. 40. — Für *pfetzen* vgl. W 164. 280. Zu dem Tätowieren siehe auch Georg Jacob, *Das Leben der vorislamischen Beduinen* (Berlin 1895) S. 50 wo auch die Hennafärbung (siehe oben, S. 70, A. 16) und anderes was zur Erläuterung der biblischen Liebeslieder dienen kann, erwähnt wird. Diese sehr nützliche (auch für weitere Kreise interessante) Zusammenstellung ist 1897 in einer zweiten (um mehrere Kapitel und Zusätze vermehrten) Ausgabe erschienen unter dem Titel *Altarabisches Beduinenleben*; hier sind S. 1—38 und S. 163 bis zum Schluß (S. 278) neu gedruckt. Vgl. A. 58 zur Einleitung.

Zu S. 63, Z. 1. — *Unser Bette wird grünen* heißt natürlich nicht *unsere Bettstelle wird grünen*. Dr. Spoer (vgl. A. 56 zur Einleitung) hält es für nötig zu bemerken *that even at the present day, although in certain wealthy harems bedsteads are to be seen, they are a modern introduction, and rather for ornament than use*. Vgl. den Schluß von A. 34 zur Einleitung.

Zu S. 63, Z. 7. — Der Dichter des Brahmsschen Liedes *Meine Liebe ist grün* ist Ferd. Schumann.

Zu S. 63, A. *. — *Laquearia* bedeutet insbesondere die seilähnlichen (vgl. engl. *rope-work, rope-pattern, rope-stitch*) *Einfassungen* des Plafond, und *lacunaria* wird von den *Vertiefungen* (vertieften Feldern, Kassetten, Füllungen, Paneele, engl. *panels*) zwischen den Einfassungen gebraucht. Wir gebrauchen bei Gewölben die Ausdrücke *Gurtbogen, Längs-* und *Quergurte* usw, ebenso haben wir *Gurtgesimse* bei Häuserfronten.

Zu S. 67, Z. 1. — Z. 52 von ʿAntaras Moallaḳa heißt es in Rückerts Übersetzung (vgl. A. 65 zur Einleitung) *Dem sonst im Winter Würfel durch flinke Hände rollten,* | *und der die Weinshauszeichen abriß, vom Wirt gescholten*, d. h. er trank soviel, daß der Wirt das Zeichen wegnehmen mußte, weil kein Wein mehr da war. An ein Abreißen des Weinhauszeichens von seiten des Dichters (etwa wie es bei uns angeheiterte Studenten gelegentlich tun) ist nicht zu denken. Vgl. auch Z. 58 der Moallaḳa des Lebîd. Das Wort *Kneipe* ist ein semitisches Lehnwort; siehe unten, S. 132.

Zu S. 68, Absatz 3. — Das *Speisesopha* heißt im Lateinischen (neben *triclinium*) auch *accubitum*. Auch *concubitus* wird von dem *bei Tische*

ʿSegen'). Assyr. *nuxšu* ʿSegen' heißt in dem keilschriftlichen Sintfluthbericht noch ʿWasserfülle'; vgl. Haupt, *Die akkad. Sprache* (Berlin 1883) S. xlii.

liegen gebraucht. Andrerseits haben *accubare* und *accumbere* 'bei Tische liegen' auch die Bedeutung 'beiwohnen.' Die Vulgata hat richtig *Dum esset rex in accubitu suo*, während die Lutherbibel *da der König sich her wandte* übersetzt, und das (von Goethe benutzte) englische Bibelwerk (vgl. A. 17 zur Einleitung): *indem der König an seiner runden Tafel ist*, was *seine Ruhe und Vergnügung nach seiner Arbeit* bedeuten soll. Die englische Bibel hat: *While the king* (sitteth) *at his table*. Goethes *solang' der König mich koset* ist eine wesentliche Verbesserung. Selbst Herder hat Luthers farblose Übersetzung *wandte* beibehalten (*Wohin der König sich wandte*).

Zu S. 69, Z. 8. — Nach D. H. Müller, *Komposition und Strophenbau* (Wien 1907) S. 68 bedeutet hebr. *ṭôv* (wie arab. *ṭîb*) als Substantivum *Würze, Wohlgeruch*; hebr. *qanêh haṭṭôv* = 'Würzrohr,' wohlriechendes Rohr (*calamus odoratus*) und *šämn haṭṭôv* = 'Würzöl.' In der Glosse VII, b will Müller lesen *w̌e-rê*ᵃḥ šemanêkha mikkol ṭôvîm* (oder einfach *miṭṭôvîm*) = *und der Duft deiner Salben besser als alle Würzen*; das ist aber ebenso unmöglich wie Müllers Fassung von 7, 10 und Pred. 7, 1; vgl. auch die Anmerkungen zum hebr. Text der Bücher der Könige in der *Regenbogen-Bibel*, S. 133, Z. 7.

Zu S. 70, Z. 2. — Dr. Spoer (vgl. A. 56 zur Einleitung) bemerkt: *Instead of a bag of myrrh the young women of Palestine carry a small bunch of fragrant herbs inside the dress .... For this purpose they employ more especially carnations, rosemary, and above all sweet basil* (vgl. A. 40 zu VIII, Z. 7).

Zu S. 70, vorletzte Zeile. — Für *durch nachträgliche Anwendung von Indigo* lies *durch Mischung der Henna mit Reng*; vgl. S. 301 und 303 des Buches von Dr. Clasen. *Reng** ist der Name der gepulverten Blätter der Indigopflanze (*Indigofera*) ebenso wie von dem Hennastrauch nur die zerriebenen Blätter zum Haarfärben benutzt werden, nicht die Wurzel. Die sogenannte Alkannawurzel, † deren dunkelviolette bis braunrote Rinde den als *Alkannin* bekannten prächtigen roten Farbstoff enthält, ist nicht die Wurzel von *Lawsonia inermis*, sondern die Wurzel von *Alkanna tinctoria*.

Henna allein, ohne Beimischung von Reng, gibt dem Haare eine

---

* *Reng* (genauer *räng*) heißt im Persischen *Farbe*; *färben* ist *räng zädän* oder *räng kärdän* (Farbe machen). Das Wort *räng* ist auch ins Türkische übergegangen.

† *Radix alcannae*, rote Schlangenwurzel, rote Ochsenzungenwurzel; engl. *orchanet, orcanet, alkanet*; franz. *orcanète*.

fuchsrote Färbung. Man benutzt Henna deshalb auch bei Fuchsfellen zur Färbung der weißen Bauchteile. Zur Erzielung einer hellen Haarfarbe nimmt man 60 Gramm Henna und 60 Gramm Reng; für Dunkel: 40 gr Henna und 80 gr Reng; für Schwarz: 30 gr Henna und 90 gr Reng. Die durch die Mischung von Henna und Reng erzielte Färbung ist vollkommen natürlich und besitzt einen wundervollen Glanz.

Guter Reng ist ein feines Pulver von schöner grüner Farbe wie frisches grünes Erbsenkraut. Die mit etwa $^1/_2$ Liter Wasser zu einem Brei verrührte Mischung von Henna und Reng sieht wie gekochter Spinat aus. Auf dem Haar wird der grüne Brei allmählich dunkler und nimmt nach und nach eine schöne dunkelviolett schillernde Farbe an (vgl. oben, S. 116, zu S. 35, Z. 10). Je länger der Brei, der schließlich mit sehr viel Wasser abgespült wird, im Haar belassen wird, desto dunkler fällt die Färbung aus. In Konstantinopel wird die Färbung in den türkischen Bädern vorgenommen. Vgl. auch die oben, S. 124, Z. 5 angeführte Stelle aus der Schrift von Jacob.

Zu S. 71, Z. 4. — Vgl. dazu das Zitat aus Hasselqvist in der ersten Fassung von Herders Bearbeitung des Hohenliedes, S. 643, unten, in Redlichs Ausgabe; siehe A. 26 zur Einleitung.

Zu S. 73, Z. 1. — Auch in Goethes bekanntem (*Auf Kieseln im Bache da, lieg ich, wie helle!* beginnenden) Gedichte *Wechsel* lauteten die Schlußzeilen im ersten Druck: *Es küßt sich so süße der Busen der zweiten, | als kaum sich der Busen der ersten geküßt.* Die Lesart *die Lippe* statt *der Busen* ist eine nachträgliche Milderung.

Zu S. 74, Z. 6. — Vgl. die Erklärung von Nah. 3, 17^b in ZDMG 61, 281. 291; JBL 26, 13. 34.

Zu S. 74, unten. — Zu Mutalammis vgl. oben S. 92, Z. 7.

Zu S. 75, A. 32, Z. 5. — Vgl. auch Sprüche 5, 19.

Zu S. 79, Z. 5. — Das Herodoteische κάρφος ist ein semitisches Lehnwort, ebenso wie κάρτον = arab. *qirṭ* 'Lauch'; es entspricht dem arabischen *ḳirfe* 'Zimtrinde' von *qárafa* 'entrinden, abschälen,' was im Assyrischen als *qalâpu* mit *l* erscheint (AJSL 23, 248, A. *). Für den Wechsel von *l* und *r* vgl. JBL 26, 26 und 45, unten.

Zu S. 97, A. 5. — Goethe schrieb am 14. Juli 1782 an Frau von Stein: *Einen guten Morgen an den schönen Garten, in dem mein Herz immer wie unter Rosen und Lilien spazieren geht*; vgl. S. 46 der Auswahl aus Goethes Briefen und Billeten an Frau von Stein, die kürzlich Rudolf Heyne unter dem (etwas irreführenden) Titel *Das Hohelied der Liebe von Goethe* (Gera-Untermhaus 1907) herausgegeben hat. Natürlich ist diese auf den biblischen Liebesliedern beruhende Ausdrucksweise Goethes ebensowenig grobsinnlich aufzufassen wie die oben, S. 37 angeführten Verse Höltys. Für *Rosen und Lilien* siehe oben, S. 36.

Zu S. 97, A. 3. — Herder sagt in den Bemerkungen zu Nr. 13 seines Manuskripts von 1776 (siehe A. 26 zur Einleitung): *Und gerade diesen Garten, diese lebendige Quelle, das Heiligtum der Reinigkeit und Unschuld haben Säue von Auslegern am meisten verwüstet* (S. 612, unten, in Redlichs Ausgabe) und vorher (S. 611, unten): *Zweideutigkeiten unsrer Art kennt der bescheidne Orient noch bis jetzt nicht. Er nennet mit dem rechten Namen oder schweigt und speit unsern falschen Züchtigkeiten und Säuereien ins Antlitz. In diesem Punkte sind die Europäer ihm am meisten unerträglich.* Auch in den Bemerkungen zu Nr. 19 (S. 623) sagt er im Hinblick auf 7, 8 (II, β): *Wer aber das Bild so wenig verstehet, den Palmbaum so zerreißet und verwüstet, daß er Säuereien dahinträgt — das Nord-Thier ist nicht für das Paradies der Palmen.* Ebenso spricht er (S. 644) von dem *Säurüssel*, mit dem gewisse Erklärer die *zarten, reinen Bilder* des Hohenliedes behandeln. Herders *zartes, reines Bild* von den *verwüstenden Säuen* ist wohl ein Nachklang von Ps. 80, 14. Vgl. den Schluß von A. 25 zur Einleitung. Auch Franz Delitzsch, S. 398, Z. 14 seines in A. 42 zur Einleitung zitierten Kommentars spricht von der *zum Schweinsrüssel entarteten kritischen Nase* gewisser Erklärer.

Zu S. 97, A. 6. — Die ursprüngliche Bedeutung von hebr. *kofr* 'Dorf, Henna, Asphalt, Lösegeld' ist *Schmiere*. Der Stamm *kafár* ist eine Weiterbildung (AJSL 23, 252) von *kaf* 'Hand' und bedeutet ursprünglich *mit der Hand über etwas hinstreichen*. Unser *handeln*, auch im Sinne von *einkaufen und verkaufen* (vgl. engl. *to handle real estate* &c) heißt ursprünglich auch nur *etwas mit der Hand tun, etwas in die Hand nehmen*; in Ps. 115, 7 übersetzt die englische Bibel: *They have hands, but they handle not.* Hebr. *kaf* 'Hand' bezeichnet nicht den *Handrücken*, sondern den *Handteller*, die *Hohlhand*; daher bedeutet es auch *Schale*; vgl. oben, S. 116, zu S. 36, Z. 2. Ursprünglich trank man aus der hohlen Hand. Auch hebr. *kfôr* hat noch die Bedeutung 'Schale, Becher'; die Becher waren flache Trinkschalen. *Kfôr* 'Reif' dagegen heißt so als weiße *Decke*, wie wir von einer *Schneedecke* reden. Umgekehrt wird ein mit weißem Zuckerguß bedeckter Kuchen im Englischen ein *bereifter* Kuchen genannt (*a frosted cake*). Die Bedeutung *decken* liegt auch vor im hebr. *kfîr* 'Löwe,' eigentlich *der Gedeckte*,

d. h. *im Dickicht Verborgene* (vgl. Hiob 38, 40; Ps. 10, 9; 17, 12 und arab. *laiṯ el-ṛâb*). Wenn man etwas anstreicht, so bedeckt man den Gegenstand mit dem Anstrich; vgl. unser *Deckfarben*, auch engl. *deck* im Sinne von *schmücken, putzen* und unser *Putz* im Sinne von *Mörtelüberzug*. Im Englischen sagt man *to coat* oder *to cover with a color*; man spricht von einem *coat of paint* oder *coat of pitch* usw.

Kafár 'mit der Hand über etwas streichen' bedeutet aber nicht bloß *anstreichen, aufstreichen* (dann *decken*) sondern auch das Gegenteil: *abwischen*, ebenso wie der Stamm *mâsaḥa* (von dem das Wort für *Messias* = Christus, d. h. *der Gesalbte* abgeleitet ist) im Arabischen nicht bloß *einreiben, einschmieren*, sondern auch *abreiben, abwischen* bedeutet; auch griech. σμάω hat beide Bedeutungen, ebenso heißt lat. *linere* sowohl *aufstreichen* wie *ausstreichen*; vgl. unser *streichen* = *ausstreichen*.* Hebr. *kafár* 'abwischen' bedeutet dann insbesondere *einen Flecken abwischen, reinigen, entsühnen, Verzeihung gewähren* usw, ebenso wie arab. 'áfā 'verwischen' auch 'verzeihen' heißt.§ Auch im Lateinischen kann man sagen *scelus tergere* für *ein Verbrechen sühnen*. Von dem Intensivstamm *kipper* 'sühnen' kommt der Name des jüdischen Versöhnungstages, hebr. *jôm hakkippûrîm*.

Kofr 'Lösegeld' heißt so als *Sühne*; es bedeutet auch 'Bestechung' wie unser 'schmieren,'† obwohl dieser Ausdruck von dem Schmieren der Räder und Maschinenteile hergenommen ist. Das Sprichwort sagt: *Wer gut schmiert, der gut führt* (= *fährt*). Wir gebrauchen *anschmieren* (ebenso wie *einseifen* oder *über den Löffel barbieren*) im Sinne von *betrügen*, und im Volksmunde tritt dafür noch ein dem engl. *cheat* = franz. *chier* entsprechender derberer Ausdruck (AJSL 22, 254, unten).

Kofr 'Asphalt, Erdpech' heißt so als *Schmiere*, d. h. Mittel zum Verschmieren der Fugen, Ritze usw. Ebenso heißt *Henna* im

---

* Wir sagen *eine Bemerkung streichen* (= ausstreichen) und *einen Fußboden streichen* (= anstreichen).

§ Arab. 'áfā heißt auch *dicht sein* (vom Haar oder Pflanzenwuchs) = *dicht bedeckt sein*, dann auch *die Haardecke entfernen*, d. i. *abscheren* (z. B. Wolle).

† Auch im Türkischen wird *ziftlämäk* 'verpichen' (von arab. *zift* 'Pech') im Sinne von 'bestechen' gebraucht. Arab. *zift* (hebr. *zefth*) entspricht dem syr. *zifta* = *zivta* vom Stamme *zâba, jezûbu* 'fließen.' Im Assyrischen wird der Flußname *Zâb* (der nicht 'Wolf' sondern 'Fluß' bedeutet) häufig *Zâp* geschrieben; vgl. Delitzsch, *Wo lag das Paradies?* (Leipzig 1881) S. 186, Z. 8; Haupt, *Beiträge zur assyrischen Lautlehre* (Göttingen 1883) S. 103. Vgl. auch syr. *sēfa* 'Betrug' und arab. *zujûf* 'falsches Geld, nicht vollwichtige Münzen,' die einem *angeschmiert* werden.

Hebräischen *kofr* als das aufzuschmierende Färbemittel;* vgl. die Bemerkungen auf S. 126. *Kofr* 'Dorf' heißt ursprünglich Asphaltierung, d. h. mit Asphaltmörtel gebautes Mauerwerk (vgl. S. 132, Z. 1. 13). Das Mauern geschah mit Erdpech; vgl. die Legende vom Turm zu Babel (1 Mose 11, 3) wo die Lutherbibel fälschlich *Ton su Kalk* hat statt *Erdpech als Mörtel*. Der moderne Name der Ruinen von Abrahams Vaterstadt, Ur in Chaldäa (1 Mose 11, 28) *el-Muqáijar* bedeutet *mit Erdpech gemauert*.

Die babylonischen Bauwerke wurden *ina kupri u agurri* gebaut, d. h. *mit Erdpech und Backsteinen*.** Assyr. *kupru* ist der als Mörtel§ gebrauchte *Asphalt*, ‖ und *agurru* bedeutet *Verblendung mit Blendsteinen*, insbesondere die Verblendung eines aus lufttrocknen Ziegeln aus ungebranntem Ton bestehenden Baukörpers mit gebrannten Ziegeln oder auch Marmor, Alabaster, Muschelkalk,† Kalkstein, Lasurstein (vgl. A. 39 zu VI) usw. Gleichen Stammes mit *agurru* 'Verblendung, Backsteinmauerwerk' ist assyr. *igaru* 'Wand, Steinmauer, Steinbau,' das im Arabischen als *ḥiǵr* 'Mauer, Wand' erscheint. Das gewöhnliche arabische Wort für 'Stein,' *ḥáǵar* heißt ursprünglich *Mauerstein*. Die Bedeutung *Mauer* geht dann über in die Bedeutung *Ummauerung, Einfriedigung, Hof, Niederlassung, Dorf, Stadt*; vgl. griech. τεῖχος 'Mauer' und 'Burg' sowie hebr. *ḥaçér* (siehe oben, S. 119, A. * und Jes. 42, 11) und äthiop. *hágar* (arab. *hágar* besonders in Bahrein) was eine Abschwächung von *hágar* ist. Das engl. *town*, das etymologisch unserm *Zaun* entspricht, wird in Schottland, Irland und Nordengland noch im Sinne von *Gehöft, Bauernhof* gebraucht. Im Angelsächsischen

---

* Nach Herder (in Meyers Ausgabe, S. 40, Z. 5) heißt *kópher* 'verhüllt'; vgl. in der ersten Fassung von 1776 (siehe A. 26 zur Einleitung) S. 644 von Redlichs Ausgabe.

** Man vergleiche dazu die Berichte über die deutschen Ausgrabungen in Babylon in den *Mitteilungen der Deutschen Orient-Gesellschaft zu Berlin*, z. B. in Nr. 12 (April 1902) S. 2; Nr. 22, S. 47; Nr. 27, S. 25.

§ Später (etwa von der Zeit Nebukadnezars an) gebrauchte man auch Kalkmörtel, dann auch Gipsmörtel.

‖ Auch heutzutage verwendet man Asphaltkitt als Mörtel bei Wasserbauten.

† Vgl. *Mitteilungen der Deutschen Orient-Gesellschaft*, Nr. 26, S. 35. 44. Muschelkalk heißt im Assyrischen *pilu* was als πῶρος auch in das Griechische übergegangen ist. Der Name *Mespila*, den Xenophon für Ninive gebraucht, bedeutet wahrscheinlich *aus Muschelkalk gebaut*; vgl. ZDMG 61, 284, Z. 15; JBL 26, 16, A. 15; JAOS 28, 102.

heißt *tûn*: Zaun, Einfriedigung, Gehöft. Das Wort ist auch enthalten in dem Namen *Lugdunum*.

Auch assyr. *kâru* 'Wand, Mauer, Mauerwerk' (insbesondere *Kaimauer, Futtermauer*,[*] engl. *revetment*, franz. *revêtement*) das im Hebräischen als *qîr* erscheint, wird im Sinne von *Stadt* gebraucht. Es erscheint im Syrischen als *gĕrîtha*, Plur. *qûrja*; im Hebräischen als *qerth* und *qirjâ*; im Arabischen als *qârje*; *Karthago* = *Karthağo* (mit engl. *j* = *dsch*) = *Ḳart-ḥadšâ* 'Neustadt' (OLZ 10, 308)[§] auch in *Cirta, Tigranocerta* usw, aber wie das gewöhnliche Wort für Stadt, hebr. '*îr* (= sumer. *eri, uru*)[‖] ist es ursprünglich sumerisch (AJSL 23, 243, Z. 13) d. h. aus der Sprache der alten nichtsemitischen Bewohner Babyloniens entlehnt (AJSL 23, 233, A. 41). Hebr. *qîr* 'Mauer' = assyr. *kâru* hängt mit dem aram. *qîra* 'Pech, Teer, Asphalt' zusammen, das auch in das Arabische als *qîr* übergegangen ist. Es ist nicht aus dem griech. κηρός entlehnt, sondern ursprünglich sumerisch; auch lat. *cera*, franz. *cire* sind sumerische Lehnwörter. In Z. 66 des keilschriftlichen Sintflutberichts (KB 6, 234) erscheint dieses *qîr* in der Bedeutung *Verpichung, Kalfatern*[†] (KAT², 516; AJSL 23, 245, Z. 3). Die sumerische Form von *qîr* ist *gir*. Im Syrischen haben wir noch *gîra* in der Bedeutung *Vogelleim*, während im Arabischen *gîr* oder *gaijâr* die Bedeutung *Kalk* hat. Im Englischen ist das unserem *Leim* entsprechende *lime* das gewöhnliche Wort für Kalk; *to lime stones* heißt *Steine zementieren*. Auch das persische *gil* 'Kalk' ist nur eine Umformung des sumer. *gir*, ebenso syr. *kilšâ*, das in das Arabische als *kils* und in das Griechische (mit etwas anderer Bedeutung; siehe unten) als χάλιξ übergegangen ist. Im Talmud erscheint pers. *gil* in dem Kompositum *gilmuhrag* (verschrieben *gulmu hrag*) 'Siegelerde.' Da χάλιξ und lat. *calx* identisch sind, ist unser *Kalk* im letzten Grunde sumerisch.

Auch *Mörtel* ist wohl ein babylonisches Lehnwort, aber nicht sumerisch, sondern semitisch; vgl. syr. *mĕlâṭa*, arab. *milâṭ* und *mâlṭe* 'Lehm, Mörtel.' Syr. *mĕlâṭ* heißt 'aufschmieren, aufstreichen,' auch 'bekleiden'; arab. *mâlaṭa* bedeutet sowohl 'mit Mörtel überziehn' als auch 'abrasieren.' In Jer. 43, 9 ist statt *bammélṭ* 'mit Mörtel' *ballâṭ* 'heimlich' zu lesen.

---

[*] Bei Festungen gebraucht man den Ausdruck *Mauerwerk* speziell von der Bekleidung der Böschungen, namentlich der Eskarpe und Kontreskarpe.

[§] In griech. Καρχηδών ist das *t* und das *š* ausgestoßen; η steht für α.

[‖] Vgl. *Ur* in Chaldäa. *Jerusalem* steht für *Irušalim* = *Urišalim*. Der Name bedeutet *sichere Stadt, feste Burg*.

[†] Arabisch *qâlfaṭa, qâlafa*; vgl. oben, S. 126, zu S. 79, Z. 5.

Die Ansicht, daß der Mörtel im Englischen *mortar* genannt werde, weil er in einem *mortar* = Mörser bereitet werde, ist unannehmbar; *mortar*, Mörser hängt mit lat. *martulus* 'Hammer' zusammen. Das sumerische *gir* 'Asphalt' findet sich im AT in der Bedeutung *Kalk*. In der makkabäischen Stelle Jes. 27, 9 heißt es, daß alle Altäre zerschlagenen Kalksteinen (*kĕ'avnê ghir mĕnuppaçôth*) gleichgemacht werden sollen (χάλιξ wird für *zerschlagene Steine, Kleinschlag* im allgemeinen gebraucht) und in dem makkabäischen Buche Daniel (5, 5) lesen wir, daß die schwer zu enträtselnden* Worte *mĕnê mĕnê tekél upharsin*, d. h. *es ist bestimmt worden eine Mine, ein Sekel, und Halbminen*, § auf dem Kalk ‖ der Wand des königlichen Palastes, gegenüber (d. h. hier *hinter*) dem Kandelaber † erschienen (*loqvél nevráštá 'al-gira di-khĕthál hêkhlá di-málká*). Im Talmud finden wir auch das denominative Verbum *kijár*, was nicht 'täfeln, verschalen,' sondern 'kalken, verputzen' (= *gijár*; vgl. auch *girgipsin* 'Gipspulver') bedeutet (*kijûr* = Mörtelüberzug, Kalkputz, nicht Verschalung).

Im Hebräischen erscheint das ursprüngliche sumerische *gir* 'Asphalt,

---

* Gewisse ideographische Schreibungen in der babylonischen Keilschrift sind oft schwer zu enträtseln; aber wenn die Lesung gegeben wird, sieht jeder Keilschriftkundige sofort, daß die Lesung richtig ist, ebenso wie jemand, der einen Rebus nicht lesen kann, doch sofort im Stande ist, die Richtigkeit einer vorgeschlagenen Deutung zu beurteilen. Wenn jemand zur Zeit des Deutsch-Französischen Krieges von 1870/1 z. B. gefragt wurde, welche Depesche vom Kriegsschauplatze $2 \times 2 = 4$ ii darstellte, so war er nicht imstande, die Frage zu beantworten; wenn ihm aber dann gesagt wurde, $2 \times 2 = 4$ ii bedeute *nichts neues* (nämlich die Angabe $2 \times 2 = 4$) *vor ein paar i's*, d. h. *Nichts Neues vor Paris*, so sah er natürlich sofort die Richtigkeit der Lösung.

§ Die *Mine*, das größte babylonische Gewicht, bezeichnet Nebukadnezar, der nach der Ansicht des Verfassers des Danielbuches der Begründer der babylonischen Weltmacht und Vater Belsazars war. Die *Mine* zerfiel in *Halbminen*, d. h. das babylonische Reich fiel den Medern und Persern anheim, weil Belsazar im Vergleich zu seinem Vater nur den sechzigsten Teil einer Mine, einen Sekel wert war. Im Talmud wird der unbedeutende Sohn eines bedeutenden Vaters *pĕrâs bĕn-manêh* 'eine Halbmine, Sohn einer Mine' genannt. Vgl. die kritischen Noten zum hebr. Texte des Buches Daniel in der *Regenbogen-Bibel*, S. 28, Z. 44.

‖ Mörtelüberzug, Kalkputz, Gipsmörtelputz.

† Der Verfasser nahm vielleicht an, daß die anfänglich unsichtbaren Schriftzüge mit einer Art sympathetischer Tinte geschrieben waren und dann unter dem Einfluß der von dem Kandelaber ausgestrahlten Hitze zum Vorschein kamen. Die Kandelaber trugen nicht bloß Lampen sondern auch Feuerbecken; vgl. A. 4 zu I.

Mörtel, Kalk, Mauerwerk' auch (mit eingesetztem *t*, das dann wegen des vorausgehenden *g* zu *d* wird) als *gadér* 'Mauer,' was wir in dem Namen der (von den Phöniziern um 1100 v. Chr. im Süden von Spanien gegründeten) Stadt *Cadix* (lat. *Gades*, griech. Γάδειρα) wiederfinden. *Cadix* geht also im letzten Grunde auf das sumer. *gir* zurück, und dies hängt möglicherweise mit sumer. *kar, gan* 'umzäuntes Feld, Garten, Baumpflanzung' zusammen, das in das Assyrische als *ginû* (hebr. *gan* 'Garten') und *kirû* (hebr. *kar* 'Aue') übergegangen ist. Auch unser *Garten* bezeichnet ursprünglich nur einen *eingefriedigten Raum*, ein *Gehege*.

Neben *qîr* 'Pech, Teer' (ursprünglich *Asphalt*) finden wir im Arabischen auch *qâr* in derselben Bedeutung. Hier entspricht der Vokal dem *â* in assyr. *kâru* 'Mauer' (eigentlich 'Asphalt, Mauerwerk'). *Kâru* wurde zu *keru, qiru; qîru* (mit *q*) klingt mehr wie *keru* (JBL 26, 35, Z. 5). Alle diese Wörter sind ursprünglich sumerisch. Ebenso gehen lat. *crepido* 'Kai' und *crepida* 'Sohle' = griech. κρηπίς, desgleichen *escarpe* 'innere Grabenböschung' und *escarpins* 'Tanzschuhe' auf babyl. *kibru* 'Böschung' (für *kipru*, eigentlich *Asphaltierung, Verschmierung*; vgl. auch franz. *crépir, crépi*) zurück; auch *dekrepit* (richtiger *dekrepid*, mit *d*) und lat. *crepusculum* hängen damit zusammen; siehe dazu den Aufsatz *Xenophon's Account of the Fall of Nineveh* in JAOS 28, 106. *Ibid.* S. 110 ist auch nachgewiesen, daß die Wörter *Kabinett, Kabarett, Kabine, Kneipe, kaufen* aus dem Semitischen stammen; vgl. hebr. *ḥanûth* (ursprünglich *ḥanauṯ*) 'Bude, Laden, Werkstatt, Wirtschaft.'

Zu S. 104, A. 11. — Die Ausdrücke *cratici, grossi, forniti* fehlen in den Wörterbüchern und sind auch italienischen Sprachforschern nicht bekannt.

Zu S. 107, A. 4. — Nach einer neuen Erklärung des Lic. Dr. Freiherrn von Gall (ZAT 24, 119) soll die Stelle bedeuten: *warum sollte ich sein wie eine Lausende bei den Herden deiner Gefährten?* Die Geliebte will eine andere Beschäftigung, sagt Freiherr v. Gall, als sich bei den Hirten herumdrücken und diesen in der Langeweile die Läuse suchen, oder sie will lieber ihrem Freund diesen Liebesdienst erweisen. Grade im Orient ist es Sitte, daß das Mädchen ihrem Liebhaber diesen Dienst erweist, wenn er seinen Kopf in ihren Schoß gelegt hat. Auch Delila wird es Simson getan haben, als er zwischen ihren Knien lag. — Bei den Zwischendeckspassagieren der transatlantischen Dampfer kann man von der sicheren Höhe des Promenadendecks ähnliche Beobachtungen machen, aber Freiherr v. Gall's Erklärung paßt nicht an unsrer Stelle

Zu S. 111, Z. 23. — Vgl. auch W 141: *Und wer das Mädel haben will, | muß tausend Taler finden*; W 358: *wer mich will haben, muß mich zahlen.*

Druckfeßler.

S. 23, A. 6, Z. 3. — In *A. 40 und 52 zu VIII* streiche *40 und*.
S. 23, A. 8, Z. 3. — Für *vom* lies *von*.
S. 36, A. 20, letzte Zeile. — Für *Hanagid* lies *Hannagid*.
S. 51, A. 6, Z. 2. — Statt *A. 6* lies *A. 3*.
S. 53, A. 3, Z. 1. — Statt des Semikolons hinter X, 1 sollte ein Punkt stehen.
S. 57, A. 18, Z. 4. — Für *prefertur* lies *praefertur*.
S. 62, A. 48, letzte Zeile. — Für *A. 13* lies *A. 14*.
S. 67, A. †, Z. 3. — Für *Himmelkönigin* lies *Himmelskönigin*.
S. 68, zweiter Absatz, letzte Zeile. — Für *hesébbu* lies *hesábbû*.
S. 71, A. 17, Z. 3. — Statt *nennt, ist* lies *nennt. Dies ist*.
S. 117, Z. 18 füge hinzu: *Vgl. Faust 897: Mädchen und Burgen | müssen sich geben.*

Tafel

Zur Auffindung der Verse des überlieferten Textes in der vorliegenden Übersetzung.

Die Ziffern in der ersten Kolumne der umstehenden Tafel geben die Kapitel und Verse in der überlieferten Reihenfolge an, wie wir sie in der Lutherbibel finden. Die fetten Ziffern in der ersten Kolumne bezeichnen die Kapitel; die anderen die Verse; ᵃ und ᵇ steht für *erste* und *zweite Hälfte eines Verses*. In der zweiten Kolumne beziehen sich die großen römischen Ziffern (I—XII) auf die zwölf Lieder, in die die vorliegende Übersetzung gruppiert ist, während die dahinterstehenden kleinen römischen Ziffern (i—xv) die Nummern der Strophen angeben. Die hinter den großen römischen Ziffern stehenden griechischen Buchstaben α, β, &c. bezeichnen Glossen zu den betreffenden Liedern. Alle kleinen römischen Ziffern beziehen sich also auf ursprüngliche Bestandteile der biblischen Liebeslieder, während die griechischen Buchstaben spätere Zusätze von anderer Hand bezeichnen.

In der Lutherbibel ist die Verszählung zum Teil anders als in dem überlieferten hebräischen Texte: der Schluß des 16. Verses im 4. Kapitel des hebräischen Textes wird in der Lutherbibel mit Recht als ein besonderer Vers (4, 17) gezählt, steht aber (ebenfalls richtig) zu Anfang des 5. Kapitels wie in der griechischen und lateinischen Bibel, ähnlich wie bei dem Prediger Salomo in der Lutherbibel 4, 17 zu Anfang des 5. Kapitels steht. Ebenso erscheint 6, 1 im hebräischen Texte des Hohenliedes in der Lutherbibel im Anschluß an die griechische und lateinische Bibel mit Recht als 5, 17, steht aber zu Anfang des 6. Kapitels. In diesem Kapitel ist deshalb die Verszählung in dem überlieferten hebräischen Texte und der Lutherbibel verschieden: 6, 1 der Lutherbibel (sowie der griechischen und lateinischen Bibel) entspricht 6, 2 des hebräischen Textes, usw. Der letzte Vers des 6. Kapitels im hebräischen Texte (6, 12) erscheint in der Lutherbibel als 6, 11, und der erste Vers des 7. Kapitels im hebräischen Text ist in der Lutherbibel (sowie in der griechischen und lateinischen Bibel) als 6, 12 zum vorhergehenden Kapitel gestellt. Infolgedessen differieren auch im 7. Kapitel die Verse im hebräischen Text und in der Lutherbibel um eine Nummer: 7, 2 des hebräischen Textes entspricht 7, 1 der Lutherbibel usw. Das 7. Kapitel hat auf diese Weise in der Lutherbibel nur 13 Verse, während es im hebräischen Texte 14 Verse hat; dagegen haben das 4. und das 5. Kapitel in der Lutherbibel 17 Verse, während sie im hebräischen Texte nur 16 haben.

Übersichtstafel

1, 1	:	I, α	9–16	:	ix–xv
2–4	:	VII, vi. vii	17	:	viii
5. 6	:	III, ii. iii			
7. 8	:	XI,	6, 1	:	IX, vi
9. 10	:	VIII, v	2	:	III, i
11	:	III, ϵ	3. 4ᵃ	:	VIII, vii
12–14	:	VII, iv. v	4ᵇ–6	:	η
15	:	α	7. 8	:	IV, iii. iv
16. 17	:	ι	9	:	II, i
			10	:	IX, iv
2, 1	:	III, i	11	:	I, η
2	:	ϒ	12	:	II, ii
3–6	:	VII, ii–iv			
7	:	x	7, 1	:	iii
8–14	:	X	2	:	vii
15	:	III, δ	3	:	α
16. 17	:	VII, viii. ix	4	:	v
			5	:	iv
3, 1–4ᵃ	:	XII, i–iii (cf. VI, i)	6	:	vi
4ᵇ. 5	:	δ	7	:	iv
6–11	:	I	8	:	β
			9	:	vi
4, 1–4	:	VIII, i–iv	10	:	III, i
5–7	:	vi	11. 12ᵃ	:	IX, i. ii
8	:	V	12ᵇ	:	III, θ
9–12	:	VIII, viii–x	13	:	IX, iii
13. 14	:	xi			
15	:	x	8, 1. 2	:	III, vii. viii
16	:	xii	3 : 4	:	ι
17	:	IX, i	5ᵃ	:	I, β
			5ᵇ	:	VII, κ
5, 1ᵃ	:	v	6. 7	:	XII, iii–v
1ᵇ	:	VII, ζ	8–10	:	III, iv–vi
2–6	:	VI, i–vi	11. 12	:	IV, i. ii
7	:	β	13	:	X, δ
8	:	vii	14	:	VII, η

Druck von W. Drugulin in Leipzig.

PROF. HAUPTS BIBELWERK

KEIN Literaturdenkmal der Welt hat das Sinnen der Menschheit so stark und immer von neuem beschäftigt wie die heiligen Schriften Alten und Neuen Testaments. Für die Gegenwart ist das Charakteristische und Bedeutungsvolle: Die Männer der Wissenschaft haben in den letzten Jahren wie nie zuvor das Sprachliche und Geschichtliche der biblischen Bücher bearbeitet, wozu die babylonischen und ägyptischen Trümmerstätten eine ungeahnte Fülle von Beweisstücken gespendet haben und noch täglich spenden. Und die gebildete Laienwelt antwortet mit neuem lebhaften Interesse an der alten Bibel, durch deren vielfach einseitig erbauliche Behandlung sie sich dem Buche zuvor entfremdet hatte.

Professor PAUL HAUPT, früher Professor für Assyriologie an der Universität Göttingen, jetzt für semitische Sprachen an der Johns-Hopkins-Universität zu Baltimore, zugleich Direktor des Orientalischen Seminars daselbst und Honorar-Kurator der Abteilung für historische Archäologie am Nationalmuseum der Vereinigten Staaten zu Washington, hat nun seit anderthalb Decennien ein internationales Bibelwerk in Angriff genommen, das bestimmt ist, die **Bibel der Gebildeten des zwanzigsten Jahrhunderts** zu sein. In lebendigster, anziehendster Form und in einer wohl schwer zu übertreffenden Vollendung werden die Ergebnisse der neuesten wissenschaftlichen Bibelforschung vor Augen geführt.

MITARBEITER. — Wie Professor Haupts Gedanke in den Kreisen der Wissenschaft diesseits wie jenseits des Ozeans begeisterte Aufnahme fand, zeigt die bis dahin beispiellose Vereinigung der hervorragendsten Bibelforscher Deutschlands, Englands und Amerikas zu der Mitarbeit an den einzelnen Büchern (vgl. das Verzeichnis am Schluß).

TEXTANORDNUNG. — An Stelle der üblichen, fast mechanischen Versabteilung ist der Text durch Untertitel in Abschnitte zerlegt, die eine klare, **inhaltliche Gliederung** der einzelnen Schriften geben. Die hergebrachte Versteilung ist aber am Rande angedeutet.

FARBENDRUCK. — Unzweifelhafte Tatsache ist, daß die biblischen Bücher einen jahrhundertelangen literarischen Werdegang durchgemacht haben. Die uns vorliegende Form ist nicht die erste Fassung. Große Stücke sind ursprünglich als Dichtungen metrisch abgefaßt. Fast in allen

Büchern sind theologische Korrekturen, sonstige polemische Einschübe, Stücke aus älteren Quellen usw. sicher nachweisbar. — Professor Haupt kennzeichnet nun diese verschiedenen Bestandteile durch farbigen Untergrund des Druckes. Blau, rot, gelb, braun vermitteln die Anschauung in augenfälligster Weise. Schraffur, die die Flächen heller macht, bezeichnet außerdem jüngere Schichten der Überlieferung. Die Vereinigung zweier Farben (z. B. violett = rot und blau) ermöglicht auch die Zusammenarbeit zweier Quellen darzustellen.

„REGENBOGENBIBEL" ist das Werk in den Gelehrtenkreisen daher bald trefflich unterscheidend genannt worden. Sinnreiche kleine Zeichen und Wechsel in den Typen lassen der Entwickelung des Wortlautes noch in unzähligen Einzelheiten nachgehen.

REICHER BILDERSCHMUCK ergänzt nach den Gesichtspunkten der Geschichte, Kultur, Kunst, Landes- und Volkskunde usw. die meisterhaften neuen Übersetzungen. Hier „schreien die Steine", und das Gestein der alten Denkmäler spricht hier eine Sprache von bisher nicht gehörter Lebendigkeit. Knappe Anmerkungen ergänzen die Erläuterung, soweit dies erforderlich.

Der HEBRÄISCHE URTEXT liegt ebenfalls in farbigem Druck vor und enthält die Fülle des streng wissenschaftlich zu Behandelnden. Vier Fünftel dieser ersten kritischen Ausgabe des hebräischen Originaltextes sind in den Jahren 1893—1904 erschienen; von den 20 Bänden sind nur noch rückständig: Exodus, Deuteronomium, die kleinen Propheten und die sogenannten fünf Megilloth (Hohelied, Klagelieder, Ruth, Prediger, Esther).

Die eigentliche REGENBOGENBIBEL ist in englischer Sprache begonnen; in den Ländern englischer Zunge ist einerseits das Interesse an der Bibel lebendiger als irgendwo sonst, andererseits bietet vollendetes Englisch auch den gebildeten Deutschen nur geringe Schwierigkeiten. Die enormen Kosten nötigen dazu, weitere Übersetzungen von dem Erfolge des hebräischen bezw. englischen Druckes abhängig zu machen.

IN DEUTSCHER ÜBERSETZUNG liegt aber wenigstens ein Probestück vor in Professor Haupts neuer metrischer Bearbeitung des Prediger Salomo. Aus der Tagespresse ist der große Eindruck bekannt, den des Verfassers erste öffentliche Vorlesung auf dem internationalen Kongreß für allgemeine Religionsgeschichte im September 1904 zu Basel gemacht hat. Der Preis dieses Lieblingsbuches Friedrichs des Grossen unter dem Titel: „Weltschmerz in der Bibel" beträgt in vornehmster Ausstattung 1 M. 20.

DAS FÜNFTE TAUSEND der sechs Bände der englischen „Regenbogenbibel" gelangt soeben durch unsere Firma zur Ausgabe; die hebräische Ausgabe ist von jeher in unserem Verlage gewesen.

Auch in Deutschland dürfte die Zahl derer nicht gering sein, denen die „Regenbogenbibel" ein ebenso neues und interessantes wie fesselndes Bild bieten wird, und die gern an ihrem Teile dazu beitragen wollen, das gewaltige Geisteswerk der Jahrtausende auch den gegenwärtigen wie den künftigen Geschlechtern neu erstehen zu lassen.

„Es ist kaum zu viel gesagt, daß Professor Haupts farbige Bibel den wertvollsten Beitrag zur Bibelforschung seit den Tagen von Colenso bedeute. Das Werk ist allgemein international nach Inhalt und Form. Als Leiter des Ganzen wäre wohl schwerlich ein geeigneterer Mann zu finden gewesen als Professor Dr. Paul Haupt. .... Ihm war es auch vorbehalten, die vortreffliche Idee des Druckes auf verschiedenfarbigem Untergrunde durchzuführen. .... Kaum minder wertvoll als die literarische und historische Analyse der „heil. Schriften" ist die neue Übersetzung, in welcher sie hier erscheinen. Die historischen und archäologischen Anmerkungen bilden eine unschätzbare Hilfe für das Verständnis des Textes."
Bayreuther Blätter, XVI, 53.

„Eine umfassende Aufgabe, der sich der verdienstvolle Semitist unterzogen, um dem Gelehrten, wie dem Laien ein scharf umrissenes Bild der Quellenzusammensetzung aller biblischen Bücher zu geben.
.... Durch den Farbdruck sieht man sich einem gleichsam lebendig gemachten Beispiel der Schicksale gegenüber, welchen eine Handschrift im Altertume ausgesetzt gewesen ist. ....
.... Man darf wohl sagen, daß alles geschehen ist, um ein des Gegenstandes würdiges Werk zu schaffen." *Nordd. Allgem. Zeitung.*

"The most marvellous and most welcome and most useful religious work of the century." *Dial,* Chicago, Jll. — "Entirely unique and absolutely indescribable." *St. Louis Christian Advocate,* St. Louis, Mo. — "The most perfect translation of the Scriptures we have yet had." *The Friend,* London, England. — "The most beautiful version which exists in our language." *The Expositor,* London, England. — "A gigantic enterprise. . . . The noblest and most fitting diction extant in any work equally long sustained." *Press,* Philadelphia, Pa. — "Invests that archaic book with a life and interest that the Authorized Version largely fails to impart. Indeed it becomes a fascinating narrative. . . ." *Tribune,* New York. — "The effect is magnificent." *London Daily Chronicle,* London, England. — "Of the utmost importance and interest." *The Evangelist,* New York. — "A perfect mine of knowledge." *Westminster Budget,* London, England. — "Undoubtedly the most ambitious and able attempt that has ever been made to give in a popular form the results of the most recent biblical scholarship." *Christian Uplook,* Buffalo, N. Y. — "The books, once opened, fairly force their message on the reader. A monument of devotion to Christian truth." — (W. H. Bennett.) Supplement to the *British Weekly.* — "Popularizing, though not superficial." *Church,* Boston, Mass. — "Of inestimable value to everybody who wishes to read the Bible with full comprehension." *Evening Gazette,* Boston, Mass. — "No cultured household can afford to be without this Bible." *The Reform Advocate,* Chicago, Jll. — "By all odds the greatest achievement yet attempted in biblical scholarship." *The Constitution,* Atlanta, Ga. — "One of the most brilliant and edifying books of modern times." *Telegram,* Kalamazoo, Mich. — "One of the most gigantic and noteworthy undertakings of the closing decade of the nineteenth century. . . . Entirely devoid of the obscurity which marks so many passages of the Authorized and Revised Versions." *Jewish Comment,* Baltimore, Md. — "The work done is much more thorough and scholarly than that done on the Revised Version." *Courant,* Hartford, Conn. — "A formidable competitor for the favor which the Revised failed to win." *Christian Work,* New York. — "Conforms to modern standards of perfect English more closely than does the text of any other version." *Public Opinion,* New York. — "Rendered into the best modern English." *Transcript,* Boston, Mass. —

"A remarkable literary feat." *Sun*, Baltimore, Md. — "First-rate literary workmanship." *Literature*, New York. — "A literary masterpiece." *Herald*, Los Angeles, Cal. — "New life and significance is given to passages which conventionalism and literalism had combined to make unmeaning." *The Outlook*, New York. — "New beauties on every page, and new truths and deeper significance in almost every verse. A remarkable work from both a scholarly and a popular point of view." *Evening Telegram*, New York. — "A book for the whole people, and not merely for scholars." *Evening Telegraph*, Philadelphia, Pa. — "So interesting, so vivid, that it will compel attention." *New York Times*, New York City. — "Entirely comprehensible to intelligent men and women." *The Nation*, New York. — "Men of affairs and men of science will be enabled to test the methods as well as the conclusions of biblical scholars." *Sunday School Times*, Philadelphia, Pa. — "Of great interest to medical men." *Mail and Express*, New York. — "Intelligible as for the layman, but without dilution or adaptation to ignorance and prejudice. Marks an epoch." *New York Evening Post*, New York City. — "It has an atmosphere of fidelity, as if it were a recital of current events." *Western Christian Advocate*.

VERZEICHNIS DER ERSCHIENENEN TEILE

Leviticus. Von *S. R. Driver* u. *H. A. White*, Oxford. In 3 Farb. m. 8 Abb. Eleg. geb. M. 6.—
Joshua. Von *W. H. Bennett* in London. In 9 Farben mit 36 Abb. „ „ „ 6.—
Judges. Von *G. F. Moore*, Cambridge (Mass). In 7 Farben m. 28 Abb. „ „ „ 6.—
Isaiah. Von *T. K. Cheyne* in Oxford. In 7 Farben mit 37 Abb. „ „ „ 10.—
Ezekiel. Von *C. H. Toy* in Cambridge (Mass). Mit 111 Abbildungen „ „ „ 10.—
Psalms. Von *Julius Wellhausen* in Göttingen. Mit 66 Abbildungen „ „ „ 10.—

VERZEICHNIS DER MITARBEITER

Genesis: *C. J. Ball* (Oxford)
Exodus: *Herbert E. Ryle* (Exeter)
Leviticus: *S. R. Driver* und *H. A. White* (Oxford)
Numeri: *J. A. Paterson* (Edinburgh)
Deuteronomium: *Geo. A. Smith* (Glasgow)
Josua: *W. H. Bennett* (London)
Richter: *Geo. F. Moore* (Cambridge, Mass.)
Samuel: *K. Budde* (Marburg)
Könige: *B. Stade* und *F. Schwally* (Giessen)
Jesaia: *T. K. Cheyne* (Oxford)
Jeremia: *C. H. Cornill* (Breslau)
Ezechiel: *C. H. Toy* (Cambridge, Mass.)
Hosea: *A. Socin* (Leipzig) und *K. Marti* (Bern)
Joel: *Francis Brown* (New York)
Amos: *John Taylor* (Winchcombe)
Obadia: *Andrew Harper* (Melbourne, Australien)
Jona: *Friedrich Delitzsch* (Berlin)

Micha: *J. F. McCurdy* (Toronto)
Nahum: *Alfred Jeremias* (Leipzig)
Habakuk: *W. H. Ward* (New York)
Zephania: *E. L. Curtis* (New-Haven)
Haggai: *G. A. Cooke* (Dalkeith, N. B.)
Sacharia: *W. R. Harper* (Chicago)
Maleachi: *C. G. Montefiore* und *I. Abrahams* (London)
Psalmen: *J. Wellhausen* (Göttingen)
Sprüche: *A. Müller†* und *E. Kautzsch* (Halle)
Hiob: *C. Siegfried†* (Jena)
Hohelied: *Russell Martineau* (London) und *J. P. Peters* (New York)
Ruth: *C. A. Briggs* (New York)
Klagelieder: *M. Jastrow, Jr.* (Philadelphia)
Prediger: *Paul Haupt* (Baltimore)
Esther: *T. K. Abbott* (Dublin)
Daniel: *A. Kamphausen* (Bonn)
Esra: { *H. Guthe* (Leipzig)
Nehemia: {
Chronik: *R. Kittel* (Leipzig)

www.ingramcontent.com/pod-product-compliance
Lightning Source LLC
Chambersburg PA
CBHW032101300426
44116CB00007B/843